D1135400

Aupairanoia

Nicky Huisman & Leonie Verbeek

Aupairanoia

ARENA

© 2009 Nicky Huisman & Leonie Verbeek en Uitgeverij Arena
Omslagontwerp: marliesvisser.nl
Foto achterzijde omslag: Liselore Chevalier
Typografie en zetwerk: CeevanWee, Amsterdam
ISBN 978-90-8990-124-8
NUR 301

Nice, busy family with 4 kids near Amsterdam

Familienaam: PAUL & MILOU VAN SOMEREN
Kinderen: Tessa (meisje, 5) Pien (meisje, 3) Bram (jongen, 2)
Timo (jongen, 2) Bobbi (hond)

Uren per week: 30 uur volgens een flexibel schema, inclusief oppassen. In principe zijn de weekends vrij, tenzij hulp of oppas nodig is.

Betaling: Wij betalen € 350,- per maand plus kost en inwoning, € 20,- telefoonkosten per maand, ziektekostenverzekering, een taalcursus (mits het verblijf langer is dan zes maanden) en tegemoetkoming in de reiskosten tot een max. van € 800,-.

Accommodatie: Wij wonen in een jaren '30 woning met zes kamers en twee badkamers. De au pair heeft haar eigen appartement van 25 m², voorzien van douche en toilet, gelegen boven de garage. Het appartement heeft een eigen ingang, is voorzien van alle gemakken en de au pair heeft beschikking over haar eigen computer, tv en radio/cd-speler.

Transport: Er is een fiets beschikbaar.

Wij zoeken een lieve, vrolijke au pair die van kleine kinderen houdt, geduld heeft, vindingrijk is en initiatief toont, die het leuk vindt om met de kinderen te spelen en naar buiten te gaan en een echte *teamplayer* is.

De gastvader werkt fulltime bij een IT-bedrijf en de gastmoeder is freelancefotograaf. Wij hebben dus een flexibel persoon nodig die bereid is in te springen waar en wanneer het nodig is. Wij bieden een prachtige woonomgeving, het Gooi, gelegen vlak bij Amsterdam en in het midden van Nederland.

Met vier kinderen en twee werkende ouders hebben we een druk, maar gelukkig en gezellig leven.

AUGUSTUS

Het is maandagochtend zes uur en ik zit rechtop in bed. Paul draait zijn hoofd met een warrige haardos naar me toe.

'Wat was dat?' zegt hij schor. Een doffe dreun, gevolgd door een hoge gil heeft ons op dit onmogelijke tijdstip gewekt. Tessa komt hinkend onze slaapkamer binnen en wrijft over haar knie.

'Uit bed gevallen,' mompelt ze, terwijl ze onhandig over me heen klimt om zich tussen ons in te nestelen.

Kreunend laat ik me weer in mijn kussen vallen in de hoop nog even verder te kunnen slapen, maar het kwaad is al geschied.

'Mam.'

Ik reageer niet.

'Mama.'

Demonstratief trek ik het dekbed over mijn hoofd, maar een halve minuut later voel ik een handje op mijn schouder.

'Mammie, vandaag mag ik toch weer naar school?' Ze klinkt blij en opgewonden, iets wat gelukkig nooit eerder is gebeurd op dit tijdstip.

De slaapkamerdeur gaat nogmaals open en zachte voetstapjes komen mijn kant op. Ik houd het dekbed omhoog en kijk in het slaperige gezichtje van kleine Pien, die zonder iets te zeggen tegen me aan kruipt.

Ziezo, de dag is begonnen.

Tegen half acht schuifel ik voorzichtig de trap af met een huilende Bram op mijn rug. Timo blijft boven aan de trap zitten dommelen tot ik hem kom halen. Mijn twee kleine jongetjes zijn nog te slaapdronken om zelfstandig naar beneden te kunnen.

Tessa en Pien kleden zichzelf aan, vandaag. Belangrijke dag, de eerste schooldag, dus dan moeten er ook belangrijke kleren worden uitgezocht en Pien helpt vrolijk haar grote zus. Paul staat luid fluitend onder de douche.

De telefoon gaat en ik kijk verbaasd op mijn horloge terwijl ik opneem: 'Met Milou van Someren.'

'Lou, met Henriëtta, ik sta bij je voor de deur. Kun jij Charlotte mee naar school nemen? Ik moet om acht uur bij de kapper zijn.'

Ik kijk uit het keukenraam en zie de zwarte Range Rover Vogue van onze buurvrouw schuin achter mijn auto staan met de panieklichten aan. Het portier gaat open en Henriëtta zwaait naar me met haar gsm aan haar oor. Vervolgens duwt ze haar dochter uit de auto.

'Harrie, je dochter zit op een andere school,' zeg ik geïrriteerd.

'Ach Lou, een paar straten verder rijden is toch niet zo'n probleem? Ik moet vliegen. Zoen!' Ze geeft te veel gas en schiet weg terwijl de panieklichten nog steeds knipperen. Terecht.

Het is inmiddels bijna acht uur en Ruella, onze au pair, is in geen velden of wegen te bekennen. Vreemd, ze is eigenlijk altijd keurig op tijd. Haar kamer is boven onze garage en ik kan haar niet gaan halen, want als ik Bram en Timo vijf minuten alleen laat, moet ik óf de dokter óf de loodgieter óf de glaszetter bellen. Het is een ondeugende tweeling en ik vertrouw ze voor geen cent. Ik moet bedenken hoe ik Tessa en Charlotte op tijd op school krijg. Over uiterlijk twintig minuten moeten we de deur uit en ik moet nog ontbijt klaarmaken, rugzakjes inpakken en de kinderen aankleden.

Paul weet niets van mijn stress en komt, nog steeds fluitend, de trap af. Als hij de keuken inloopt vraag ik hem, geïrriteerd door de rust die hij uitstraalt, of hij niet even kan helpen, aangezien Ruella er nog niet is. 'Bovendien is Charlotte hier ook,' zeg ik, met mijn hoofd knikkend naar het meisje op de bank.

Paul trekt zijn wenkbrauwen op en schudt zijn hoofd, maar hij zegt niets, bang dat Charlotte zijn commentaar zal horen.

'Sorry Lou, ik heb een belangrijke afspraak, ik moet echt meteen weg.' Hij ziet me haasten en blijft nog even dralen. 'Ik zal Ruella wel even voor je halen,' zegt hij, en loopt de achterdeur uit. Maar al snel is hij terug: 'Het spijt me, Lou. Ze doet niet open en haar deur zit op slot. Ik moet nu echt gaan.' Hij geeft me een zoen op mijn wang.

'Oké, werk ze vandaag, poep,' zeg ik teleurgesteld. Alle kinderen krijgen een stevige knuffel van Paul, behalve Pien. Die wil niet en staat boos naar mij te kijken.

'Waarom papa poep?' vraagt ze. Ze staat voor me met haar armpjes in haar zij. 'Papa ook lief!' zegt ze streng. Lachend loopt Paul de deur uit. Twee vaste dagen per week helpt hij met het ochtendritueel en brengt hij Tessa naar school. Helaas voor mij niet vandaag.

Ondanks de goede voornemens die ik tijdens de vakantie maakte voor het nieuwe schooljaar, loop ik de eerste dag dus alweer als een kip zonder kop rond te rennen. Om dit te voorkomen hadden we een au pair in huis genomen, maar om een of andere reden is Ruella er nog niet en het opvangen van onverwachte situaties is niet mijn sterkste punt. Toch lukt het me om iets meer dan twintig minuten later met vijf kinderen in de auto te zitten. Weliswaar zijn er twee nog niet aangekleed, Bram en Timo zitten in hun pyjamaatjes, maar dat vinden ze juist prachtig.

Op het moment dat ik wil wegrijden, zie ik een briefje onder de ruitenwisser zitten. Ik stop het in mijn broekzak om er later naar te kijken, maar zodra ik de motor start weet ik de reden van dat briefje. De uitlaat van mijn auto hangt op straat en de achterbumper is beschadigd. Grommend haal ik binnen een stuk touw en een rol tape, zet de uitlaat zo goed mogelijk vast en haal dan het briefje uit mijn zak.

sorry lieverd, bel je later!
Kus, H

Als ik weer instap vraagt Tessa: 'Wat is er gebeurd, mam? Is je auto kapot?'

'Ja Tes, er is iemand tegenaan gereden,' zeg ik en ik knijp zo hard in het stuur dat mijn knokkels wit worden. De haat-liefdeverhouding met mijn buurvrouw is weer even uit balans, zeg maar.

'O, dat heeft mijn moeder vast gedaan.' Het is het eerste wat ik Charlotte vandaag hoor zeggen. 'Die muts kan echt niet rijden in de Vogue.'

Geschrokken draai ik me om naar ons buurmeisje van negen, maar ik kan niet verzinnen wat ik moet zeggen dus ik mompel: 'Nou, laten we maar gaan.'

Tessa gaat dit jaar naar groep twee. Een spannende tijd met weektaken, meer verantwoordelijkheid en het helpen van de 'jonkies' uit groep één. Ik rijd veel te hard naar school in de hoop nog enigszins op tijd te komen. Tessa zit voorin en vindt het heerlijk als we racen.

'Harder door de bocht, mam!' roept ze met een grote grijns op haar gezicht. Ze hangt schuin in haar stoelverhoger als we op het parkeerterrein van de school aankomen.

'Kom Tes, doe snel je riem los, we moeten opschieten!'

Maar dat heeft niet zo veel nut, een kind van vijf kán simpelweg niet opschieten. Ik steek dreigend mijn wijsvinger op naar Pien en de tweeling, maar laat hem snel weer zakken als ik hun lieve gezichtjes zie. Ik moet onwillekeurig glimlachen, want ze zien er nu misschien heel onschuldig uit, over een paar seconden kan het tij gekeerd zijn. Nou ja, ik heb geen keuze; ze allemaal meenemen wordt een drama, dus ik loop snel naar de ingang van de school. Tessa huppelt vrolijk naast me en haar blonde staartje swingt met haar mee. Ik kijk vertederd naar mijn grote, stoere meid en geef haar een kus voor ze in het klaslokaal verdwijnt.

Als ik wegloop, hoor ik Tessa aan haar vriendinnetjes vertellen over de Efteling met opa en oma. Dat heb je met kleine kinderen: we zijn twee weken in Portugal geweest, maar dat is drie weken geleden; dat zijn ze alweer bijna vergeten. Vorig weekend waren Tessa en Pien een dag met mijn ouders naar de Efteling, en daar hebben ze het nog dagelijks over.

Op het schoolplein staan alleen nog een paar 'hekmoeders', die zijn er altijd als eerste en vertrekken als laatste. Ze groeten me vriendelijk. Het is een kleine school en iedereen kent elkaar; we staan tenslotte minimaal tweemaal per dag op het schoolplein, vijf dagen per week. Bovendien spreken de kinderen met elkaar af, waardoor je met een aantal moeders vrij intensief contact onderhoudt. Meestal blijft het daarbij, maar soms ontstaat er een onverwachte vriendschap. 'Mijn nieuwe vriendinnen' noem ik ze dan ook. Ik vind het wel een grappig fenomeen, iets waar ik niet bij had stilgestaan voor Tessa naar school ging.

Als ik de claxon van mijn auto hoor, ren ik als een haas terug naar het parkeerterrein. De lichten knipperen en drie kinderen klimmen driftig door de auto. Dikke pret. Ik vraag me af hoe ze in vredesnaam uit hun autostoeltjes zijn gekomen. Gelukkig had ik de autosleutels uit het slot gehaald. Charlotte is voorin gaan zitten en kijkt verveeld uit het raam. Als ik instap zegt ze: 'Kun je mij nu naar school brengen? Ik trek het echt niet langer met die kids in de auto.'

Ik slik en tel tot tien. Goh, je zult maar zo'n gezellige dochter hebben, denk ik terwijl ik het arrogante meisje van opzij bekijk. Het lijkt wel alsof ze zich nog erger gedraagt dan vóór de zomervakantie.

Charlotte zet ik af op de hoek van de straat waarin haar school staat; ze wil liever niet gezien worden in een rammelende Ford Galaxy.

Op weg naar huis dringt tot me door dat na het heerlijke vakantiegevoel het 'gewone' leven weer is begonnen: de kinderen weer naar school en ik weer aan het werk. Niet meer uitslapen met alle kinderen in mijn bed, geen ochtenden meer in pyjamaatjes luieren op de bank en geen 'we zien wel, vandaag'. Structuur en regelmaat doen hun (r)entree in ons gezinsleven. Nou ja, vanaf morgen dan.

Mijn gsm gaat en ik doe snel het oortje in. 'Met Milou van Someren,' zeg ik opgewekt. 'Wat klink jij vrolijk, Lou!' hoor ik mijn buurman zeggen. 'Baal je niet vreselijk van mijn vrouw?'

Natuurlijk, denk ik bij mezelf, en om diverse redenen. Maar ik zeg: 'Hoi Willem, heb je het al gehoord dan?'

'Ja, ze belde me net om te vragen of ik het kan oplossen. Is Paul vanavond thuis?'

'Eh ja, waarschijnlijk rond acht uur. Hoezo, praat je liever met hem over auto's?' zeg ik lachend.

'Nou nee, misschien kun je voor die tijd even bij mij langskomen voor eh, een wijntje?' Hij klinkt bijna hoopvol en ik besef dat dit een serieuze vraag is.

'Dan is het wel spits bij mij thuis, Willem,' zeg ik voorzichtig.

'Maar je hebt toch een au pair? Toe Milou, kom gezellig langs, dan hebben we het ook even over je auto.'

Ik begrijp nog steeds zijn bedoeling niet en besluit de boot af te houden.

'Sorry Willem, maar ik kan niet zomaar een wijntje gaan drinken bij de buurman en vier kinderen overlaten aan de au pair. We kunnen wel later komen, als Paul ook thuis is.'

'Nou nee, dat was niet... sorry, maar dat komt niet goed uit. Gooi maar een schadeformulier in de bus. Dag, Milou.' Klik, tuut tuut tuut.

Stomverbaasd leg ik het oortje van mijn gsm weg. Heb ik dit nou goed of juist helemaal verkeerd begrepen?

Veel tijd om erover na te denken heb ik niet, want ik ben bijna thuis. Eerst maar eens kijken of Ruella er al is. Pien zit inmiddels rustig in haar autostoeltje met haar duim in haar mond, en Bram en Timo zijn een interessant gesprek begonnen.

'Míjn mama!' roept Bram zo hard mogelijk.

'Nee, míjn mama!' schreeuwt Timo boos.

Mijn tweeling is twee-eiig en totaal verschillend. Maar als ze boos zijn, lijken ze sprekend op elkaar.

Thuis kleed ik snel de jongens aan en daarna stuur ik Ruella een sms'je, want ze is er nog steeds niet. Na vijf minuutjes krijg ik een bericht terug.

`Im with friend. Im sick. Sorry. Will be home 2night.`
Shit.

Tessa en Pien waren voor Paul en mij ware cadeautjes. We wilden dolgraag kinderen en hadden het geluk dat alles redelijk voorspoedig verliep; zowel de zwangerschappen als de bevallingen. De komst van Bram en Timo was echter een grote verrassing. Hoewel Paul graag een derde kindje wilde, liefst een jongetje, was ik terughoudend. Met twee kinderen konden we alles prima regelen, maar de overgang van twee naar drie leek mij erg pittig; tenslotte ben je dan als ouders in de minderheid. Ik was er voor mezelf nog helemaal niet uit, toen ik zwanger bleek te zijn: een penicillinekuur had mijn anticonceptiepil onveilig gemaakt.

Paul was dolblij. Daardoor raakte ik ook weer vrij snel aan het idee gewend, hoewel kleine Pien pas negen maanden oud was. Maar toen we in week acht van de zwangerschap hoorden dat er een tweeling op komst was, sloeg de schrik me om het hart. Vier kinderen! Ik raakte volledig in paniek. Pas na ruim een maand kon ik aan de toekomst denken zonder meteen weer overstuur te raken. Ik moest wel. Paul en ik hebben toen een aantal ingrijpende beslissingen genomen en één daarvan was dat we op zoek zouden gaan naar een au pair. Vier maanden later was ons gezin bijna verdubbeld: (slechts) twee ouders, vier kinderen én een au pair.

Als Paul 's avonds thuiskomt, vertel ik hem over de auto en het gesprek met Willem.

'Tjee, heeft Henriëtta eerst haar Vogue tegen je auto geparkeerd, toen haar dochter gedumpt, en vervolgens haar man op de versiertoer gestuurd?' Zo klinkt het als een echte Gooise soap, en ik moet er bijna om lachen.

'Maar wat vind jij er nou van, Paul, dat hij vraagt of ik een wijntje kom drinken zonder jou erbij?'

'Ach Milou,' zegt Paul luchtig, 'in het Gooi drinkt iedereen wijntjes met elkaar, daar moeten wij nog een beetje aan wennen, denk ik. Je hoeft er toch niet meteen iets achter te zoeken?'

We wonen hier nu vier jaar en hebben het erg naar onze zin, maar over sommige dingen blijf ik me verbazen.

'Laat het me wel weten als hij het nog eens vraagt, goed?' Paul geeft me lachend een kus en zakt onderuit voor de tv.

De volgende ochtend is Paul al vroeg naar kantoor vertrokken. De kinderen (en ik) zijn duidelijk nog niet gewend aan de haastige ochtenden voor school. Ruella is er tot mijn grote teleurstelling weer niet, dus ik smeer razendsnel boterhammen terwijl Bram en Timo langzaam wakker worden met *Sesamstraat*. Tessa en Pien zijn boven aan het spelen. Ze schrikken van mijn strenge stem die door het trapgat galmt en komen met flinke tegenzin naar beneden. Tessa met gekleurde nagels, allemaal in een andere kleur, Pien stralend in een keurig gestreken overhemd van Paul. Ik moet er stiekem om lachen terwijl ik Tessa opdracht geef zich aan te kleden. Pien neem ik zelf onder handen, want die wil het overhemd natuurlijk nooit meer uit.

Uiteindelijk ben ik met alle vier in de auto op weg naar school. Het is me weer niet gelukt Bram en Timo aan te kleden, maar het is niet anders.

Nadat ik Tessa heb afgezet, rijd ik snel naar de peuterspeelzaal. Bram en Timo beginnen in de auto al met 'ikke ook mee!'

en 'ikke eerst!' waarna de discussie goed op gang komt en eindigt met 'ophouwe nou' en 'nie doen!'

Als we binnenkomen, vliegt Pien haar vriendinnetjes in de armen: een blij weerzien na een lange zomervakantie.

'Daag, mammie,' roept ze, en ik krijg een handkusje toegeworpen. Maar dat is makkelijker gezegd dan gedaan want Bram en Timo vinden het hier geweldig. Ze rennen druk door het lokaal en pakken elk speelgoedje op onder een luid 'oooooh moooooi'. Het schaamrood staat op mijn wangen, niet alleen omdat ze zo extreem druk zijn, maar ook vanwege de pyjamaatjes.

Van top tot teen bezweet zit ik een half uur later in de auto met twee boze, huilende jongetjes achterin. Op advies van de juffen heb ik eerst een kop koffie gedronken en een puzzeltje gemaakt met Pien voor ik de jacht op Bram en Timo opende. Gelukkig bood een andere moeder aan even met me mee te lopen naar de auto; dat was absoluut noodzakelijk met mijn twee boeven.

'Nog even volhouden, jongens,' probeer ik opgewekt. 'Jullie mogen zo lekker de tuin in.' Het werkt, na een paar regenachtige dagen vrolijkt het vooruitzicht van de tuin ze meteen op. En ik hoop dat Ruella inmiddels thuis is, dan kan ik even met mijn auto langs de garage.

Eigenlijk moet ik zo snel mogelijk aan het werk. Als freelancefotografe heb ik inmiddels een aardige reputatie opgebouwd en mijn vaste klanten weten dat ik gedurende de zomervakantie geen opdrachten aanneem. Om ervoor te zorgen dat ze me niet vergeten, moet ik nu toch echt kenbaar maken dat ik weer beschikbaar ben. Daarnaast zijn mijn website en portfolio toe aan een update; vóór de vakantie heb ik foto's gemaakt op het zomerfeest van een belangrijke uitgever, en een aantal van die foto's wil ik gebruiken. Ik besluit straks allereerst mijn meest recente foto's te bekijken en te bewerken, voor ik ze doorstuur naar mijn vaste ontwikkelaar. Heerlijk om weer een paar uur per dag creatief bezig te zijn. Door mijn flexibele werktijden kan ik mijn drukke gezinsleven prima combineren met mijn ambities. Tenminste, dat is het idee...

Als ik thuiskom zit Ruella met hangende schouders aan de keukentafel. Ik schrik van haar neerslachtige houding; zo heb ik haar nog nooit gezien. Bram en Timo rennen blij de tuin in en gaan met hun emmertjes en schepjes in de zandbak spelen. Aankleden komt straks wel, denk ik, en ik ga tegenover Ruella aan de keukentafel zitten. Ik probeer haar blik te vangen.

'What's going on? Waar was je gisteren en vanmorgen?'

Ruella staart naar de tafel. 'Sorry Milou, I was with friend omdat...' Ze kijkt me schichtig aan voor ze haar ogen weer neerslaat en fluistert: 'Ik krijg baby.'

Ik val achterover omdat ik, zoals altijd, op de achterste twee poten van mijn stoel balanceer, maar mijn val wordt gebroken door een kinderfietsje (waarom staat dat eigenlijk in de keuken?) waarna ik met mijn hoofd het stenen aanrechtblad raak. Hard. Ik schreeuw het uit van de pijn, en Bram en Timo komen verschrikt naar binnen rennen. Ruella springt op uit haar stoel en rent de keuken uit. Ik voel verdwaasd aan mijn achterhoofd, dat kleverig is. Even lijkt het erop dat ik ga flauwvallen, maar ik spreek mezelf streng toe: 'Dat kan niet, Milou van Someren, niet nu!' In een roes zie ik dat Ruella de tweeling van mijn schoot trekt terwijl ze haar gsm tegen haar oor gedrukt houdt.

'Oké,' denk ik, 'alles is oké.' Ik zak weg.

Als ik bijkom, zit Paul naast me op de keukenvloer. Waar komt hij nou vandaan? vraag ik me af, maar ik voel me weer wegzakken. Als ik voor de tweede keer bijkom, zit ik naast Paul in de auto.

'Hé Loutje,' zegt hij, zodra hij ziet dat ik naar hem kijk. 'We gaan even naar het ziekenhuis, lieverd, je hebt waarschijnlijk een paar hechtingen nodig.' Hij pakt mijn hand en knijpt er zacht in. Ik voel voorzichtig aan mijn hoofd, maar er zit een handdoek omheen gewikkeld. Dan schiet het me weer te binnen.

'Zwanger, Paul, ze is verdomme zwanger.'

'Wat zeg je? Zeg, welke ingang moet ik hebben voor spoedeisende hulp, weet jij dat?' Paul kijkt zoekend om zich heen.

'Zwanger...' probeer ik nog eens, maar een pijnscheut door mijn hoofd snoert me de mond.

Het duurt een eeuwigheid voor ik weer naast Paul in de auto zit, op weg naar huis en maar liefst vijf hechtingen rijker. Mijn haar is een plakkerige puinhoop en ik mag het drie dagen niet wassen. Lang leve de baseballcap.

We beginnen tegelijk te praten. Paul vraagt mij wat er is gebeurd en ik vraag Paul hoe het kan dat hij zo snel thuis was. Hij vertelt me dat hij zijn portemonnee was vergeten en die kwam ophalen. Toen Ruella hem belde, reed hij net de straat weer in.

Ik kijk hem aan en leg mijn hand op zijn arm.

'Paul, hou je vast, Ruella is zwanger!'

Paul grijnst. 'Vermoedde je dat nog niet dan? Dat zag je toch aan haar? Ik wel, tenminste. Ben je daar zo van geschrokken? Viel je daarom van je stoel?'

'Mijn hemel, Paul,' zeg ik boos. 'Ze kent die kerel nauwelijks. Het is een enorme nerd en nu is ze nota bene zwanger van hem! Wat moet ze met een baby? Wat moet ze met die gast? En hoe moet het verder met ons? Een zwangere au pair, het moet niet gekker worden!'

Als ik ben uitgeraasd kijkt Paul me rustig aan. 'Hoe denkt ze er zelf over?' vraagt hij.

'Weet ik veel,' zeg ik geïrriteerd. 'Ik viel van mijn stoel.'

Ik staar zwijgend uit het raam. Paul houdt wijselijk zijn mond. Dit is niet het geschikte moment om ruzie te maken. Mijn hoofd bonst en mijn nek voelt stijf aan. Wat een idiote dag! Als we thuiskomen, rennen Bram en Timo ons vrolijk tegemoet. Ze hebben er uiteraard geen idee van dat ik met vijf hechtingen in mijn hoofd iets minder enthousiast kan reageren dan anders.

'Rustig aan, jongens, voorzichtig met mama,' zegt Paul, terwijl hij probeert ze van me weg te houden. Hij tilt de jongens op, op elke arm een, en neemt ze mee de keuken in.

'Ga jij maar lekker op bed liggen, Lou. Ik haal Pien wel op, dan blijft Ruella bij de jongens,' zegt Paul opgewekt. Ik twijfel even, maar de situatie plus mijn hardnekkige hoofdpijn geven de doorslag. Paul zet de jongens aan de keukentafel met een set kleurpotloden en kleurboekjes. Niet doen, denk ik, levensgevaarlijk. Zonder iets te zeggen vervang ik de scherpe potloden door zachte klei en vertrek naar boven.

Midden op de dag in bed liggen zou toch heerlijk moeten zijn voor een moeder van vier kinderen? Maar ik heb te veel last van mijn hoofd en geen enkele houding voelt prettig aan. Bovendien komen van beneden alarmerende geluiden. Paul is zo te horen vertrokken om Pien op te halen, en Ruella heeft de jongens nooit echt onder controle gekregen.

Tijdens de laatste twee maanden van mijn zwangerschap werd het dragen van de tweeling natuurlijk steeds zwaarder. Een grote, volle buik belemmerde me in mijn dagelijkse activiteiten. Tessa halen en brengen van en naar de peuterspeelzaal werd een uitdaging. Pien was met haar ruim een jaar gelukkig een makkelijke, blije baby.

Mensen keken me natuurlijk wel vreemd aan als ik met Pien in de kinderwagen, Tessa van net drie op het plankje erachter én die enorme buik door het dorp wandelde. Zo, zo, zag je ze denken, niet bepaald stilgezeten. Ik moest altijd lachen om die blikken. Jullie weten de helft nog niet, dacht ik dan. Straks heb ik er nóg twee bij!

Tessa 's ochtends aankleden was bepaald geen feestje. Op het moment dat mijn buik echt goed in de weg ging zitten, had zij de fase bereikt waarin ze zelf wilde kiezen wat ze aantrok. Alles wat ik voorstelde werd afgedaan met 'Nee, mama, ikke kiese'. Kwam ik met een spijkerbroek en gympen binnen, dan wilde zij een 'lok met hakkels' (rok met hakken) of andersom. Ik kon het niet opbrengen hier een issue van te maken en liet haar begaan. Ik had met die dikke buik toch geen overwicht, slechts overgewicht...

Kleine Pien was heel makkelijk. Aankleden ging razendsnel, ze vond alles best en was de hele dag vrolijk. Ze kon net lopen, maar was erg voorzichtig. Braaf hield ze mijn hand vast, waar we ook liepen, en ze hielp keurig mee met het 'opruimen' van haar speelgoed. Gelukkig deden beide dames nog een middagslaapje en dan zag ik mijn kans schoon om ook even een uurtje in bed te kruipen. Het ging eigenlijk prima met die twee kleintjes en mijn dikke buik, zolang ik maar niet te veel ingewikkelde dingen wilde doen. En natuurlijk hielp Paul waar hij kon.

Paul is die avond pas laat thuis en als we tegen tien uur samen aan de keukentafel zitten, Paul relaxed met bier en krant, ik met het zweet in mijn handen, begin ik over ons gesprek in de auto. Het zit me al de hele dag dwars.

'Hoezo had jij al in de gaten dat Ruella zwanger is? En waarom vertel je dat dan niet aan mij?' Ik voel mijn boosheid opborrelen uit mijn buik. 'Als je zoiets denkt, zég je dat toch, dan bespreek je dat toch gewoon even? Zo moeilijk is het toch allemaal niet?'

Paul kijkt verbaasd op van zijn krant en neemt een slok bier. 'Nou zeg, wat doe jij overdreven! Rustig, denk aan je hoofdpijn.'

Hij heeft gelijk, mijn hoofd bonst alweer. Ik haal diep adem.

'Ik begrijp gewoon niet dat jij in de auto doodleuk meedeelt dat je al vermoedde dat ze zwanger is en dat niet tegen mij hebt gezegd!'

'Nou ja,' Paul grinnikt en daar heb ik een hekel aan. 'Ik vond haar borsten wel erg groot geworden.' Hij schrikt als hij mijn blik ziet en vervolgt snel: 'Nee echt, en ze had geen taille meer, nou eh, grotere borsten dus, klagen over vermoeidheid en...' Hij kijkt me nu verontschuldigend aan. 'Kom op, Milou, ik heb jou drie keer zwanger gezien, ik herkende de symptomen gewoon.'

Ik ben even uit het veld geslagen. Paul ziet het en zegt: 'Ga nou morgen eerst eens met Ruella praten voor je allerlei spookscenario's bedenkt.'

Ik weet dat hij gelijk heeft maar ik sta op en begin te ijsberen.

'Het is al geen spookscenario meer, Paul, het scenario is dat onze au pair zwanger is, dat ik straks zonder hulp zit en dat jij daar vrijwel niets van zult merken omdat je de hele week meer tijd op kantoor doorbrengt dan thuis. Daarom doe jij er zo kalm over en ik niet.'

Ik ga te ver en ik weet het.

'Je gaat te ver, en je weet het.' Paul staat op en loopt naar me toe. Ik leun tegen een keukenkastje en hij komt voor me staan. 'Dit leidt tot niets. Morgen ga je met Ruella praten en laten we er nu over ophouden.' Hij kijkt naar beneden en zoekt mijn blik. Ik kan nauwelijks omhoogkijken, mijn hechtingen laten dit niet toe. Ik haal even diep adem en voel een traan over mijn wang rollen. Wat een toestand. Een au pair die zwanger is. Dat verzin je toch niet.

De volgende ochtend brengt Paul Tessa naar school en ik begin de dag met het uitlaten van Bobbi. Tijdens mijn favoriete wandeling bedenk ik dat ik helemaal geen zin heb om straks met Ruella te praten, ik ga veel liever aan het werk. Maar ja, de situatie vraagt om een goed gesprek. Als ik met Bobbi de keuken inkom, zitten Bram, Timo en Pien met een koekje en limonade voor de televisie. Ruella ruimt de ontbijttafel af.

'I would like to talk to you, Ruella,' zeg ik, terwijl ik een kopje koffie voor ons beiden klaarmaak. 'Kun je even bij me komen zitten?'

Schuchter schuift Ruella in een stoel aan de keukentafel. De koffie die ik voor haar neerzet, schuift ze met een vies gezicht opzij. O ja, stom van me!

'Well, yesterday was a very hectic day. We hebben niet echt een moment kunnen vinden om te praten. Hoe gaat het met je?' Ik heb me voorgenomen heel rustig te blijven en open vragen te stellen. Op die manier kom ik hopelijk snel meer te weten over de situatie waarin zij en wij ons bevinden.

'Yes, fine,' zegt Ruella zachtjes.

Perfect. Korte antwoorden, zo komen we geen stap verder.

'Wat bedoel je met "goed"?' vraag ik. Ik wil wel honderd vragen op haar afvuren, maar ik doe mijn best haar zo lief mogelijk aan te kijken.

'I *feel fine*. Ik krijg baby en ik weet niet.'

'Wat weet je niet?' Een onrustig gevoel borrelt op vanuit mijn buik.

'*I don't know what to do.*' Ruella bijt nerveus op haar nagels.

'Wat vindt Bob ervan?' vraag ik voorzichtig. Bob is haar vriend. Paul en ik hebben hem een keer ontmoet. Hij is vijfendertig, elektricien en woont in Duivendrecht. Ze hebben elkaar ontmoet via internet en hij is (volgens ons) ernstig op zoek naar iemand die voor hem kan zorgen. Een Filippijnse au pair klinkt dan natuurlijk ideaal, maar ik betwijfel of er in dat ideale plaatje ook ruimte is voor een baby.

'*Bob also not know.*'

'Wat bedoel je? Wil Bob de baby niet?'

'*No, Bob not know,*' zegt Ruella zachtjes terwijl ze een nieuwe nagel zoekt.

Vol ongeloof staar ik haar aan.

'Heb je Bob nog niet verteld dat je in verwachting bent van hem?'

'*No, I not dare.*'

Van stomme verbazing weet ik even niet wat ik moet zeggen. Ik probeer rustig op mijn stoel te blijven zitten zonder nog eens te vallen. Allerlei gedachten tuimelen door mijn hoofd.

Bob weet het niet. Ze is afgelopen weekend wel bij hem geweest. Zou ze echt niets hebben gezegd? Hij heeft in elk geval niets gemerkt, maar ja, het is dan ook een nerd. En nu, wat moet ik nu zeggen? Ongemerkt zit ik alweer op de achterste twee poten van mijn stoel te balanceren. Opeens schiet me een belangrijke vraag te binnen.

'*When did you find out that you're pregnant?*'

'*I know five days ago.*'

'Vijf dagen. Wanneer was je laatste, eh.. *period?*' Vriendelijk kijk ik Ruella aan terwijl ik vanbinnen steeds zenuwachtiger word.

'*Period? I know now for period of five days.*' Ruella kijkt me nietbegrijpend aan. Als ik nog had gerookt was dit een perfect moment om een sigaret op te steken.

'*Period is another word for, eh..., when a woman is bleeding.*' Het is het beste wat ik zo snel kan verzinnen.

'*O, I had to bleed ten days ago,* maar dat gebeurde niet, dus vriendin zei ik test kopen.' Ik moet over de tafel hangen om haar te verstaan, zo zachtjes praat Ruella. '*Test say plus, plus is pregnant.*'

'*Yep, plus is pregnant.*'

Ik zucht, neem een flinke slok koffie en vervolg met de lastigste vragen.

'Wil je zwanger zijn? Wil je een baby krijgen met Bob? Hou je van Bob?' Geschrokken kijkt Ruella me aan. Oei, nu draaf ik door. Dit zijn meer directe vragen dan ze aankan. Alleen al vanwege het cultuurverschil zal ze deze niet beantwoorden.

Ruella begint te stotteren en ik leg mijn hand op haar arm.

'*You know what,* jij gaat goed nadenken over wat jij wilt. Als je vragen hebt of als ik ergens mee kan helpen, laat het me dan weten. Maar denk eerst goed na over wat jij zelf wilt en dan praten we over een paar dagen verder. Oké, Ruella?'

Ik kijk haar onderzoekend aan en wacht op een antwoord, maar ik zie slechts tranen en onzekerheid in haar ogen.

'Mijne!' hoor ik Bram gillen.

'Nee, míj kast, ikke verve,' roept Timo.

Langzaam dringt het tot me door. Verven? Kwast? Ik schiet uit mijn stoel en ren naar de zitkamer. In de deuropening sla ik verschrikt mijn hand voor mijn mond. Bram en Timo zijn blauw, zo ook de beige bank, een deel van het nieuwe parket en zelfs Bobbi heeft een blauwe veeg op zijn rug. Pien zit rustig duimend naar de *Teletubbies* te kijken en lijkt zich nergens van bewust.

'Vammij,' roept Timo nog driftig, terwijl ik de verfkwast probeer af te pakken. Hoe komen ze hier nu weer aan? Shit!

'*Ruella, can you please come and help me!*' De kwast en het verfpotje gooi ik snel in een papieren zak en dan grijp ik de twee blauwe mannetjes, onder elke arm een. Ruella staat op de drempel van de zitkamer en kijkt afwezig naar de blauwe chaos.

Onze eerste au pair kwam toen de tweeling vier weken oud was. Paul en ik waren volkomen uitgeput, het was een gekkenhuis. We waren dan ook heel blij met de Oostenrijkse Viola. Vanaf de eerste dag was ze helemaal verliefd op de jongetjes en ze kon gelukkig ook goed omgaan met onze mini-baby'tjes. Hoewel Viola geweldig was met de kinderen, ook met de meisjes, had ze twee nadelen. Ze at zo veel, dat we haar al snel een eigen voorraadkast gaven, omdat we zelf vaak misgrepen. En ze was vreselijk onhandig. De eerste keer dat ze met de tweeling ging wandelen, botste ze met de kinderwagen tegen de gloednieuwe Porsche van Willem!

Na twee weken waren we Viola een weekend kwijt. Ze kwam twee nachten niet thuis en nam haar gsm niet op. Toen ze zondagavond laat terugkwam vlogen Paul en ik als twee overbezorgde moederkloeken op haar af. Viola was zich van geen kwaad bewust. Ze bleek een date te hebben gehad met de kapper uit het dorp. De liefde was ook alweer voorbij, want de kapper wilde trouwen en kinderen krijgen, terwijl Viola net aan het grootste avontuur van haar leven was begonnen.

'Mijn hemel, Paul,' zei ik, toen we in bed lagen, 'onze au pair heeft onze kapper gedumpt!' We keken elkaar een halve seconde aan en rolden toen bijna uit bed van het lachen.

Maar we realiseerden ons op dat moment eigenlijk pas goed dat we met een au pair ook een zorg extra in huis hadden gehaald.

De ochtend vliegt voorbij. Na het schoonboenen van de tweeling, de vloer, de hond en de bank, besluit ik Ruella een paar uur vrij te geven; ze ziet er verdomd beroerd uit. Ik voel me met een stevige hoofdpijn ook niet al te best.

Samen met Pien, 'chef bouw', Bram, 'chef sloop' en Timo, 'chef blokken zoeken' bouw ik, 'opperchef', een complete legostad op het terras.

'Zeg, jij werkt toch zogenaamd vandaag?' Ik schrik op en zie het trendy gekapte hoofd van Henriëtta boven de schutting uit komen.

'Nou, zogenaamd niet, maar in het echt wel.' Ik vraag me af of ze deze sneer doorheeft.

'En waarom is jouw au pair dan in geen velden of wegen te bekennen? Jij bent veel te goed voor die meisjes! Ze was zeker weer eens moe.'

'Nee, nou ja, ze voelde zich inderdaad niet zo lekker,' antwoord ik ontwijkend. Het laatste waar ik zin in heb is een discussie met Henriëtta over de zwangere au pair.

'Regel even dat ze straks op de kinderen past. Werken zie ik je nu niet doen, en dan kun je net zo goed even met me lunchen. Hebben we het meteen over je auto, ik voel me daar zo schuldig over. Ik trakteer!'

'Nou, Ruella voelt zich écht niet goed en ik eigenlijk ook niet. Dus ik blijf liever thuis. Een andere keer, goed? Paul vult het schadeformulier in en gooit het bij jullie in de bus. Ik moet alleen nog een garage zoeken die tijd heeft, maar daar kom ik wel uit.'

'Oké, goed, dan niet. Maar de volgende keer ga je mee, hoor. Jij moet er vaker even tussenuit, of het nou is om te lunchen of om naar de kapper te gaan.' Ze verdwijnt weer achter de schutting. Onwillekeurig grijp ik naar mijn baseballcap.

De kinderen en ik eten in de legostad onze boterhammen waarna iedereen uitgeput naar zijn bed gaat voor een middagslaapje. Tessa speelt bij een vriendje uit haar klas, dus ik grijp direct mijn kans om naar 'kantoor' te gaan. Met een beetje geluk kan ik een kleine twee uur werken. Gewapend met babyfoon, laptop en een grote beker koffie verkeerd loop ik over het grasveld naar mijn tot kantoor getransformeerde tuinhuis. Ik werk 'buitenshuis' zodat ik niet steeds alles hoor en zie wat de kinderen doen; dat geeft mij de nodige rust en de au pair iets meer bewegingsvrijheid.

Mijn bureau is voornamelijk gevuld met stapels post, die ik al dagen consequent voor mij uit weet te schuiven. Vandaag is het niet anders, ik duw de stapel wederom opzij om ruimte te maken voor mijn laptop. De post doe ik morgen wel.

Ik ga zitten, zet de computer aan en geniet van de stilte en mijn koffie. Mijn inbox is gevuld met mail over Duitse palmbomen, Viagra-pillen en retrobarkrukken. Shit, zo te zien is mijn antivirusprogramma verlopen. Snel scan ik door de mail en vind twee berichten van opdrachtgevers. Een lokaal verzekeringskantoor wil foto's van alle medewerkers en van het kantoorpand voor in een nieuwe brochure. En de gemeente wil het nieuwe gemeentehuis en het omliggende park gefotografeerd hebben voor op de website.

Ik bel ze beiden direct om een afspraak te maken. Het is altijd lastig een goed moment te vinden voor zakelijke afspraken. Ik plan het meestal zo dat in elk geval Tessa en Pien op school en naar de speelzaal zijn; het is niet haalbaar om Ruella alleen te laten met alle vier de kinderen. Zeker nu niet!

Ik ben precies twee uur aan het werk als de babyfoon begint te kraken.

'Mama!' weergalmt het door het tuinhuisje.

'Hoe laat zullen we vanavond komen?' vraagt mijn schoonmoeder opgewekt door de telefoon.

'Eh, wat bedoel je?' is mijn wazige antwoord. Ik zit in de auto om Tessa op te halen.

'Nou, we zouden vanavond toch komen eten?' Ze klinkt ietwat gepikeerd. 'We hebben ons er enorm op verheugd en allemaal leuke cadeaus voor de kinderen meegenomen van onze reis naar Schotland.'

Mijn schoonmoeder is het type dat geen nee accepteert. En ik durf ook geen nee tegen haar te zeggen, terwijl ik toch een volwassen, zelfstandige vrouw ben en zelf kinderen heb. Ik kijk in de achteruitkijkspiegel naar mijn charmante baseballcap.

Moet ik dat dan ook nog uitleggen, denk ik met een zucht.

'Eh, nou, ik was het helemaal vergeten en ik ben niet echt voorbereid. Ik...'

'Ach kind,' onderbreekt mijn schoonmoeder me, 'we regelen wel wat. Weet je wat, wij halen wel Chinees. We hebben ons er zo op verheugd de kinderen te zien. We zijn er om half zeven, goed?'

Wij wij wij! Ik zucht. 'Ja, nou ja, goed. Maar ik voel me niet zo lekker, ik ben geval...' Mijn laatste zwakke poging wordt eveneens onderbroken. 'Maak je niet druk, Milou, wíj zijn het maar. Tot straks. Gezellig!' Ze heeft al opgehangen, niets meer aan te doen. Ik ben ook zo'n slappeling; waarom kan ik nou niet gewoon zeggen dat het vanavond écht niet uitkomt?

Mijn schoonouders zijn, nou ja, prima schoonouders. Mijn schoonmoeder, Margreet, is het type dat na een zware bevalling rustig vier uur lang in de ziekenhuiskamer naast mijn bed het hoogste woord voert. Mijn schoonvader, Pieter, heeft weinig in te brengen. Hij heeft zijn hele leven hard gewerkt en was de baas op kantoor, zij was thuis de baas. En dat is zo gebleven na zijn pensioen: hij doet mee, maar naar zijn mening wordt nauwelijks geluisterd. Ik vind hem een grote, geduldige schat.

Tijdens de bridgesessies, het tuinclubje, het knutselclubje en de tennislessen van Margreet wordt iedereen in het Gooi besproken. Margreet weet graag alles, hoort graag alles en praat graag over alles. Gelukkig is Paul het tegenovergestelde van zijn moeder; roddels interesseren hem absoluut niet.

Als ik Tessa ga halen bij haar vriendje Tom, zie ik haar op het pleintje voor zijn huis driftig achter hem aan rennen. 'Ik wil je alleen maar een zoentje geven,' hoor ik haar gillen, terwijl het jongetje hard de andere kant op rent. Roos, zijn moeder, staat bij haar voordeur en kijkt mij lachend aan.

'Volgens mij is jouw dochter verliefd op mijn zoon,' zegt ze met een knipoog. Twee kinderen vliegen om onze benen.

'Hou op,' roept Tom angstig en verstopt zich achter de benen van Roos.

Ik pak snel Tessa's hand vast. 'Kom meisje, we gaan naar huis. Opi en omi komen vanavond!' Met mijn overdreven enthousiasme hoop ik haar snel mee te krijgen. 'Daahaaag!' roept Tessa vrolijk naar Tom, die zich nog steeds achter de broek van zijn moeder verschuilt.

'Ik ben verliefd op Tom,' zegt Tessa gedecideerd als we naar de auto lopen. 'Ja, die indruk had ik al,' antwoord ik zo serieus mogelijk. 'Wil je hem steeds zoentjes geven?'

'Ja, maar dat wil hij niet.' Ik hoor de irritatie in haar stem.

Wat zal ik hierop zeggen? Hard to get is the way to play? Maar Tessa is vijf.

'Misschien moet je hem wat minder zoentjes geven.'

Ze kijkt verbaasd naar me op.

'Waarom?'

'Nou, als je hem maar heel af en toe een zoentje geeft, wil hij misschien juist dat je hem meer zoentjes geeft. En dan is hij ook echt blij als hij er een krijgt.'

Goh, dat klinkt best goed. Tevreden over mijn advies help ik mijn dochter de auto in. In de achteruitkijkspiegel zie ik haar naar buiten turen, nadenkend over wat ik heb gezegd.

'Maar volgens mij is hij helemaal niet verliefd op mij.'

Mijn hart breekt. De manier waarop ze dit zegt klinkt nog schattig, maar toch ook al zo echt.

'Hij zal toch gek zijn als hij niet verliefd is op zo'n leuk, lief, knap en prachtig meisje als jij!' Tessa's trieste blik verandert spontaan in een grote grijns en haar ogen glinsteren. Vrolijk zingend rijden we naar huis.

Aan het einde van de middag zitten de kinderen braaf in pyjama, badjasje en slofjes voor de televisie. Het was een grote uitdaging om iedereen op tijd klaar te hebben voor de komst van opi en omi. Ruella zit weer op haar kamer en ik laat het maar even zo, ze heeft genoeg aan haar hoofd.

'Hoe laat komen ze nou?' vraagt Tessa ongeduldig. 'Mag ik tippies?' vraagt Pien er direct achteraan. Het is half zeven en de kinderen hebben nog niet gegeten. De deurbel redt me uit het chipsmoment.

Snel draait Pien zich om naar haar twee kleine broertjes op de bank: 'Opi en omi zijn er!' roept ze enthousiast. Gillend en duwend rennen de kinderen naar de voordeur, Tessa voorop. Gewapend met allerlei tassen en twee brede glimlachen staan de ouders van Paul voor de deur. De kinderen zijn helemaal door het dolle en beginnen als een stel idioten aan de tassen te trekken.

'Hallo, mijn engeltjes!' hoor ik omi roepen. 'Even wachten, even wachten, opi en omi moeten eerst nog binnenkomen.'

Nadat ik het gekrioel bij de voordeur even heb gadegeslagen besluit ik in te grijpen, maar ik ben nét te laat. Een gezinsbak bami valt op de grond en Bobbi, onze gewoonlijk zo rustige retriever, wurmt zich tussen alle slofjes door en begint gulzig het eten op te schrokken. Natuurlijk komt op dat moment Paul erbij en hij kijkt mij met opgetrokken wenkbrauwen aan. Ik moet bijna huilen maar tegelijk ook vreselijk lachen om het hele tafereel. Er staan maar liefst vier grote mensen, vier kleine mensjes, een paar grote tassen vol cadeautjes, kleine tasjes vol eten en een hond in ons kleine halletje, het is werkelijk een chaos!

Even later zitten we allemaal in de woonkamer. De kinderen rennen hyperactief door het huis en praten allemaal door elkaar. Als de grootouders op bezoek zijn, wordt in een razend tempo alles uit de kast gehaald, zowel letterlijk als figuurlijk. In een zo kort mogelijk tijdsbestek laten onze kinderen zien welke nieuwe trucjes, tekeningen, dansjes en liedjes ze nu weer hebben geleerd.

'Kijk eens naar mij, kijk eens wat ik kan, kijk! Vaarlijk hè!'

Na twintig minuten kijken opi en omi totaal verwilderd in het rond en proberen alles op zich in te laten werken.

De cadeaus zijn driftig uitgepakt: Schotse rokjes voor de dames en Schotse pyjama's voor de heren. Bram en Timo zijn zichtbaar teleurgesteld; een pyjama vinden ze duidelijk niet zo spannend. De meisjes daarentegen zijn dolgelukkig met hun nieuwe rokjes, die ze natuurlijk al óver hun pyjama's hebben aangetrokken.

Van de vakantieverhalen van Margreet en Pieter komt weinig terecht.

'Wat een enig petje heb je op, Milou,' zegt Margreet droogjes. We zitten inmiddels aan de keukentafel. Ik zit naast haar en geef Bram een hapje eten. 'Bad hair day?' Ze gniffelt. Ik haal diep adem.

'Nou, het is een iets langer verhaal, Margreet,' begin ik, maar ik word onderbroken door de deurbel.

'Verwacht jij iemand?' Paul kijkt me vragend aan.

Voor ik kan antwoorden, zijn Pien en Tessa al van hun stoelen gesprongen en ze rennen naar de voordeur.

'Ikke doen, ikke opedoen.'

Even is het stil en dan horen we de deur weer dichtvallen. Tessa komt terug en gaat zonder iets te zeggen weer verder met eten. We kijken haar allemaal vragend aan.

'Wie was er aan de deur, lieverd?' zegt Paul.

'Een vreemde meneer, die mag ik toch niet binnenlaten?'

Paul staat op en loopt naar de voordeur, waar hij Pien aantreft, zittend op de grond. Ze is uitgegleden over een restje bami. Hij neemt haar op zijn arm, opent de voordeur en ziet twee beslagen brillenglazen. Het duurt even voor hij de man herkent, maar het is Bob, de vriend van Ruella.

'Hallo Bob, wat kan ik voor je doen?'

'Eh... goedenavond. Is Ruella ook thuis?' Bob hijgt een beetje.

'Ik denk het wel, ze is vast op haar kamer. Je kunt achterom via de poort.'

'Ja... eh, sorry, die zit op slot.'

'Oké, kom dan maar even binnendoor.'

Bob komt de keuken binnen, waar het voltallige gezelschap hem nieuwsgierig bekijkt.

'Hallo Bob, hoe gaat het met je?' Ik sta snel op om hem even een hand te geven, maar kan door de beslagen bril nauwelijks zijn ogen zien.

'Wie ben jij?' Margreet kijkt vragend en wat achterdochtig naar Bob. 'Wie is dat?' vraagt ze vervolgens aan mij.

'Margreet, dit is Bob, de vriend van Ruella, je weet wel, onze au pair.' Bob knikt vriendelijk naar Margreet, van wie ik een zacht 'o' hoor. Vervolgens verdwijnt Bob door de achterdeur.

'Hè jongens, ik vind het écht niet verstandig dat jullie dit soort types in huis halen. Ik bedoel, al jullie spullen liggen open en bloot, de kinderen lopen rond.' De deur is nog niet dichtgevallen of Margreet barst los.

Gelukkig neemt Paul het over: 'Niet in het bijzijn van de kinderen, mam. Straks mag je vertellen wat je ervan vindt en dan hebben we ook nog een mooi verhaal voor jou!' Paul knikt lachend naar mijn baseballcap, alsof het allemaal zo ontzettend geestig is.

Als de kinderen in bed liggen, hebben we eindelijk tijd om naar de vakantieverhalen van mijn schoonouders te luisteren, maar ik kan me nauwelijks concentreren. In mijn hoofd speel ik scenario's af met Bob en Ruella. Hoe zou hij reageren, zou hij boos zijn of juist blij?

'Je moet écht oppassen hoor, met die ongure types in je huis,' zegt Margreet nogmaals. Ze maakt zich duidelijk zorgen.

'Mam, maak je niet zo druk. Bob is gewoon een nerd en hij ziet er wat vreemd uit. Verder valt hij best mee. Maar ik zal je wat anders vertellen: Ruella is zwanger van Bob en waarschijnlijk is ze hem dat nu aan het vertellen.' Zo. Daar valt de bom. Ik kijk Paul wat verbaasd aan, dit was wel heel direct. Het is stil aan tafel. Margreet en Pieter kijken verbijsterd.

'Maar dat kan toch niet? En nu, wat nu? Hoe moet dat met zo'n meisje in een ander land, met zo'n jongen die ze helemaal niet kent? Wat halen jullie je niet allemaal op de hals?' Margreet kan het niet bevatten, ze begint nog net niet te stotteren.

'Ach schatje, maak je niet zo druk. De au pair heeft een probleem en dat zal ze zelf moeten oplossen. Daar komen ze vast wel uit.' Pieter leunt rustig achterover in zijn stoel.

'Maar Pieter, hoe kun je daar nou zo... zo kalm onder blijven. Ze is zwanger, dat is niet zomaar wat. Dat is nou echt weer iets voor jou om zo te reageren!' Margreet schuift onrustig heen en weer op haar stoel.

'Pas maar op, mam, dat je niet achterovervalt,' lacht Paul. 'De baseballcap van Milou is niet voor niks. Gisteren, toen Ruella vertelde dat ze zwanger is, is Milou van schrik van haar stoel gevallen. Vijf hechtingen in haar hoofd!'

'Och, arm kind, wat vreselijk!' roept Margreet uit. De hele situatie wordt haar te veel. 'Jullie moeten echt verstandiger zijn in dit soort dingen. Jullie doen maar! Waarom regelen jullie niet gewoon zo'n oppasmevrouw? Ik bedoel, gewoon, een nette Nederlandse dame, die kan de kinderen tenminste ook nog iets bijbrengen. Dat gedoe met die au pairs, dat is toch niks. En dan te bedenken dat er een jaar geleden hier in de buurt een man is aangereden door de vriend van zijn au pair! Die man had uit bezorgdheid tegen zijn au pair gezegd dat haar vriendje toch wel uit een heel ander milieu kwam. Zoiets kan jullie ook overkomen hoor, vergis je niet!'

Vanuit mijn ooghoeken zie ik Bob door de achtertuin lopen.

Met grote passen beent hij naar onze keukendeur en opent die, kennelijk vergeten dat de keukentafel vol mensen zit. Margreet houdt acuut op met haar relaas. Ik voel me opgelaten, wat moet ik tegen Bob zeggen? Hij weet het, ik zie het aan zijn bezwete hoofd en verwilderde blik. Hij loopt snel door, via de zitkamer naar de voordeur. Nog voor Margreet een opmerking kan maken, gaat de achterdeur nogmaals open. Ruella staat in de deuropening met grote rode ogen in een bleek gezichtje. Ze heeft haar jas aan en een tas in haar hand.

'O, *hello*,' mompelt ze beduusd tegen de ouders van Paul. Dan richt ze zich, iets zelfverzekerder, tot mij: '*Milou, I go to Duivendrecht with Bob. We* moeten praten. Is het goed?'

Wat kan ik zeggen? Morgen was ik echt van plan te gaan werken, maar ik kan haar dit moeilijk verbieden.

'Eh, *yes, it's okay. I understand.* Maar ik wil graag dat je morgen om elf uur terug bent. Ik moet echt werken.' Ruella knikt en loopt, zonder nog iets te zeggen, de voordeur uit. Even is het stil, dan horen we de deur in het slot vallen.

'Zie je nu wel. Aan een au pair heb je niks,' verbreekt Margreet ruw de stilte.

Als ik thuiskom van mijn schoolrondje, gaan de jongens blokkentorens bouwen. Mijn computer staat in de keuken en ik hoop tussen de bedrijven door nog wat te kunnen werken.

Ik heb opnieuw erg slecht geslapen. Ruella's zwangerschap houdt mij nu al drie nachten wakker. Wie had ooit gedacht dat een au pair je slapeloze nachten kon bezorgen? Maar ik maak me zorgen en vraag me af hoe het verder moet met haar en met de baby. Verdwaald in mijn gedachten, schrik ik op van mijn mobiele telefoon.

De naam Ruella knippert op het scherm. Ik kijk op mijn

horloge, tien uur. Ze zal wel wat later komen, denk ik, terwijl ik opneem.

'Hello Ruella, how are you?' Ik doe mijn best opgewekt te klinken.

'Yes, fine. Thank you. Ik... we moeten praten, over jou en de kinderen en over mij. Ik heb probleem.'

Dat had ik ook in de gaten, denk ik, terwijl ik aandachtig luister.

'I talk to Bob and he wants to have baby.'

Opeens schrik ik klaarwakker overeind.

'Wil hij de baby? Wat bedoel je? En jij dan?'

'Yes, no, he wants baby with me also,' antwoordt Ruella snel. Opgelucht zak ik weer terug in mijn stoel.

'Now he wants to see me more before baby comes. Hij wil me leren kennen.'

'Yes, Ruella, ik begrijp dat hij dat wil. Dat is fijn, toch?' Ik begrijp nog niet helemaal waar dit gesprek naartoe moet gaan.

'Yes, good. But, we want to live together now.'

Even geloof ik niet wat ik hoor. Achter me worden blokjes lego door de kamer gegooid en ik hoor de jongens ruziemaken, maar ik moet me nu echt even concentreren. Ik loop naar buiten en vraag aarzelend: 'Live together now, wat bedoel je precies?'

'I mean, I want to live now in Duivendrecht. Ik wil bij Bob zijn. Ik kom niet terug.'

'Wat?'

'I not coming back no more.'

'WAT?!'

'Rustig Milou, ik snap niets van wat je zegt. Begin even bij het begin.' Paul probeert mijn onsamenhangende verhaal te begrijpen, maar ik heb het zelf ook nog niet op een rijtje. Sinds Ruella me vertelde dat ze niet meer terugkomt, heb ik eerst een half uur enigszins verdoofd met de jongens gespeeld, toen heb ik het au-pairbureau gebeld en daarna Paul.

'Sorry hoor, ik ben gewoon zo overdonderd. Ik heb hechtingen in mijn kop en een paar slapeloze nachten achter de rug. Ik heb Ruella zo veel mogelijk geholpen en ontzien en nu vertelt ze me doodleuk dat ze niet meer terugkomt. Ik ben moe, boos en teleurgesteld. En toch maak ik me nog steeds zorgen om haar. Verdomme.'

Ik heb zin om een flink potje te gaan janken, maar dat is geen goed idee. Er lopen twee jongetjes rond die als magneetjes op me af vliegen omdat ze aanvoelen dat er iets met mama aan de hand is.

'Isser mama?' Timo legt zijn kleine handje tegen mijn wang.

'Taantjes? Kusje?' Ik glimlach door mijn tranen heen en neem het liefste kusje ooit in ontvangst.

's Avonds, als Paul thuis is en de kinderen in bed liggen, kunnen we ons gesprek voortzetten.

'Paul, ik heb het bureau vanmorgen gesproken. Ze leefden erg mee en zijn natuurlijk net als wij vreselijk teleurgesteld in Ruella. Ze gaan in elk geval contact met haar opnemen over de gemaakte kosten. Wij hebben haar vliegticket en visum betaald, bij elkaar toch ruim vijftienhonderd euro, en ze gaan uitzoeken of Ruella en Bob het restant, verrekend met de drie maanden dat ze hier was, aan ons kunnen terugbetalen.'

'Zo had ik het nog niet eens bekeken. Maar madam komt op onze kosten naar Nederland, neemt het door ons betaalde visum in ontvangst, raakt zwanger en laat ons stikken. Te gek voor woorden, eigenlijk,' zegt Paul nu ook verongelijkt. 'Naar dat geld kunnen we fluiten.'

Ik heb geen zin om hier lang over na te denken. Iedere werknemer is een risico, een au pair niet minder, dat blijkt maar weer.

Ik zucht en vervolg: 'Hoe dan ook, ze hebben eventueel per direct een ander meisje voor ons. Een Amerikaanse. Ze logeert nu bij een vriend omdat ze bij een ander gezin is weggegaan; het klikte niet, of zoiets. Ze heeft ons gezinsprofiel al gelezen en wil graag langskomen om kennis te maken. Wat vind jij?'

'Goed idee. Goh, wat super dat ze zo snel alweer een nieuwe au pair kunnen regelen. Staat ze op de site van het bureau?'

Ik knik. 'Het ziet er prima uit, kijk maar even. Ik heb dat vorige gezin gebeld om te informeren naar de situatie en een bericht achtergelaten op de voicemail. Zullen we haar volgende week zaterdag laten komen? Dan zijn de kinderen ook thuis, dat is misschien wel zo leuk.'

Paul gaat akkoord en opent zijn laptop.

Ik stort uitgeput in mijn bed en droom over een kleine baby die met beslagen brillenglazen in een wiegje vol vliegtickets, geld en visa ligt.

SEPTEMBER

Zaterdagochtend worden Paul en ik tegelijk wakker van alarmerende kindergeluiden die van beneden lijken te komen. Samen rennen we de trap af en we treffen een woonkamer vol kinderen aan. Trots komt Tessa naar ons toe: 'En? Hoe laat is het? Jullie hebben lekker lang kunnen slapen, hè? Daar houden jullie toch zo van!'

Ik kijk op mijn horloge en zie tot mijn verbazing dat het al acht uur is. Ik ben in tijden niet zo laat wakker geworden.

Tessa praat gewoon door: 'Ik heb de jongens helemaal zelf naar beneden gebracht en Pien heeft drinken voor ze gepakt. En? En? Hoe laat is het nou? Zijn jullie blij?' Nou... blij, verbijsterd komt meer in de buurt.

We kijken naar de chaos in de woonkamer. Links onder de eettafel zit Timo met de zaterdagkrant in een miljoen kleine stukjes om zich heen, rechts zien we Bram op de bank met een stuk of zes half aangebroken Danoontjes. Pien zit met open mond naar de tv te kijken; ze is zo te zien zwaar onder de indruk van een leeuw die een antilope heeft gegrepen. Aha, Animal Planet, echt iets voor kleine kinderen. Tessa kijkt ons nog steeds verwachtingsvol aan en nadat we haar uitgebreid hebben bedankt en geknuffeld, drukken we haar op het hart dat ze dit écht niet nog eens hoeft te doen.

Anderhalf uur later sta ik met drie dames op de tennisbaan. Ik ben lid geworden van de tennisclub om mijn favoriete jeugdsport weer op te pakken, en in de hoop leuke nieuwe mensen te leren kennen. Het heeft nét iets anders uitgepakt: ik ben ingedeeld met drie vrouwen die tien jaar ouder, tien keer rijker en tien kilo lichter zijn dan ik. We hebben dus weinig gemeen, maar het goede aan mijn zaterdagochtend tennissen is het niveau: de dames kunnen heerlijk 'meppen tijdens het beppen'.

Terwijl ik me helemaal uitleef op de bal, hoor ik hun gesprekjes aan. Aangezien de zomervakantie alweer enige tijd achter de rug is gaat het over bestemmingen voor de herfstvakantie. De eerste gaat naar Bali, de tweede naar Malibu en de derde gaat zeilen in de Cariben. De kwestie die hen bezighoudt, is of iemand nog een leuke bestemming weet voor de meivakantie, want met kerst gaan ze al naar respectievelijk Brazilië, Maleisië en New York.

'Wat is er mis met Europa?' vraag ik nonchalant en drie paar grote ogen kijken me geschrokken aan. De enige die lacht is onze trainer, een jonge god uit Amsterdam die de dames op onze club voor het uitkiezen heeft.

Die middag komt Cindy bij ons langs, het Amerikaanse meisje dat misschien onze nieuwe au pair wordt. Het kennismakingsgesprek verloopt nogal rommelig, omdat de kinderen helemaal door het dolle heen zijn, maar ze komt heel lief en bescheiden over. Als ze na een klein uur weer vertrekt, zegt ze: 'I think I can be really happy here, with you guys.' Paul en ik kijken elkaar tevreden aan.

Een week later sta ik met mijn moeder in onze keuken. Paul is Cindy aan het ophalen.

'Ik ben heel benieuwd hoe het zal gaan met Cindy, mam,' zeg

ik, terwijl ik warme melk sta te kloppen voor in de koffie.

'Nou, ik ook. Waar komt ze ook alweer vandaan?' Mijn moeder staat te strijken, pap scharrelt in de tuin. Ze komen eigenlijk nooit langs zonder iets voor me te doen. Zo lief.

'Montana. Maar ze heeft de afgelopen vier jaar in Florida gestudeerd en gewerkt.'

Ik schenk de melk in en zet de bekers op tafel.

'Goh,' zegt mijn moeder verbaasd. 'Is een au-pairbaantje dan niet te min voor haar? Ik bedoel, het is toch in elk geval een flinke stap terug in salaris.'

'Ja, dat heb ik haar ook gevraagd. Maar ze was hier op vakantie, kreeg een vriendje en besloot te blijven. Toen had ze een visum nodig en au pair worden was eigenlijk de enige optie. Met het vriendje is het trouwens alweer uit. Ik ben echt zo benieuwd, een Amerikaanse is natuurlijk weer heel anders dan een Filippijnse.' Lachend vervolg ik: 'Volgens mij komen er uit Montana maar twee soorten meisjes: of ze hebben op twaalfjarige leeftijd hun eerste beer geschoten, of ze lagen op die leeftijd al te rommelen in de hooischuur!'

'Welke heb je liever?' Mijn moeder lacht vrolijk met me mee.

'Niet zo moeilijk, mam, degene die op haar twaalfde haar eerste beer schoot. Die raakt waarschijnlijk het minst snel zwanger!'

We krijgen de slappe lach.

Als we de auto van Paul horen, springen we op van de keukentafel. We lopen naar buiten en zien Paul de auto uitladen. Er komen maar liefst drie enorme zwarte koffers tevoorschijn. Paul grijnst een beetje als hij langsloopt, en op dat moment zie ik een gat in de koffer die hij draagt.

'Wat is dat?' vraag ik verbaasd.

'Een massagetafel, Lou.' Paul grijnst nu breed. Mijn mond valt open.

'Hi, Milou,' Cindy draagt de andere twee koffers, tenminste... ja gelukkig, dat zijn gewoon koffers.

Terwijl ik nog herstel van het feit dat onze nieuwe au pair haar eigen massagetafel meebrengt, bestudeer ik Cindy. Ik zie hakken, make-up en lange, zorgvuldig geföhnde haren. Ze ziet er heel anders uit dan vorige week, toen ze gympen en een sweater droeg en haar haren rommelig had opgestoken. Ik moet er stiekem een beetje om lachen; je zou bijna denken dat ze wilde plannen heeft.

Hoe dan ook, zodra de kinderen in de gaten hebben dat Cindy er is, vliegen ze op haar af. Vier paar handjes trekken haar naar binnen en duwen haar op de bank. Uit alle macht proberen de kinderen bij haar op schoot te klimmen. Cindy laat hun overweldigende enthousiasme rustig over zich heen komen en lacht een beetje schaapachtig naar me. De kinderen zijn verkocht. Tessa gaat zelfs haar wereldbol halen zodat Cindy kan aanwijzen waar ze vandaan komt.

Als de rust weer een beetje is teruggekeerd, bel ik mijn beste vriendin Anne. Lachend vertel ik over Cindy, de geföhnde haren en natuurlijk over de massagetafel. Maar Anne lacht niet met me mee.

'Wat heb je nu weer in huis gehaald, Milou? Waarom stel je je dierbare gezin bloot aan zo'n meisje? Je neemt een risico in huis en plant haar zo onder Pauls neus. Mét een massagetafel! Ben je nou echt zo naïef, Lou? Ik snap er niets van. Het lijkt wel *Temptation Island*!'

Daar moet ik hard om lachen, maar Anne is bloedserieus. Ze heeft zelf twee kinderen en moet niet aan een au pair denken.

Voor geen goud ter wereld zou ze haar privacy willen opgeven voor een vreemde jonge vrouw in huis. Maar ja, ze heeft ook geen idee hoe het er met vier kinderen aan toegaat. Bovendien werkt Anne niet.

Ondanks Anne's betoog blijf ik het vooral grappig vinden dat onze nieuwe au pair op hakjes binnen komt huppelen en met een grote glimlach haar massagetafel door Paul naar binnen laat dragen.

Viola, onze eerste au pair, was net een week weg toen ik werd gebeld door het bemiddelingsbureau. Myryam, de nieuwe Zuid-Afrikaanse au pair, stond op ons te wachten op Schiphol. Paul was die ochtend voor twee dagen naar Londen vertrokken. Myryam had gemaild dat ze de vierentwintigste zou komen, maar kennelijk bedoelde ze de veertiende. Shit, goed begin; volgende keer toch maar een kopie van het ticket vragen.

Snel laadde ik alle kinderen in de auto en ging op weg naar het vliegveld.

Op Schiphol kon ik Myryam nergens vinden. Gelukkig lag de tweeling lekker te slapen in de kinderwagen, maar Pien rende als een dolle heen en weer. Op een bepaald moment werd ik zo boos dat ik tegen haar gilde: 'Nou Pien, ga dan maar, ren dan maar weg. Dan zien we je nooit meer terug. Daaag Pien!' Waarop Tessa voor me kwam staan, met haar wijsvinger boos tegen mijn borst prikte en zei: 'Mam, het is anders wel je dochter, hoor! Ze is pas twee!'

Mijn boosheid smolt als sneeuw voor de zon en Pien was zo van me geschrokken, dat ze direct naar me toe kwam. Op mijn knieën gaf ik mijn meisjes een stevige knuffel.

'You must be Mrs. Van Someren,' Toen ik opkeek zag ik een prachtige witte lach in een donkerbruin gezicht.

'Yeah, how did you know?' vroeg ik verbaasd.

'Well, er zijn niet zo veel moeders met twee kleine meisjes én twee kleine jongetjes op het vliegveld.' Weer die lach. Ik was onder de indruk; wat een rij tanden! De meisjes zeiden geen woord en keken Myryam met grote ogen aan.

'Tessa, Pien, dit is Myryam, jullie nieuwe oppas.'

'Mim?' probeerde Pien, maar ze schudde meteen boos haar hoofdje: 'Mimim.' Tevreden met haar uitspraak legde ze haar handje in die van Myryam.

Tessa pakte Myryams andere hand en trok haar mee. 'Kom, Mimim, we gaan naar huis,' zei ze gedecideerd.

Myryam keek me stralend aan en ik lachte breed terug: 'Welcome in my family, Mimim!'

Inwerken is altijd zwaar, voor beide partijen. Maar het is voor een goed doel, dus vol goede moed begin ik aan de eerste dag met Cindy. Ze is de eerste aan wie ik niet hoef uit te leggen wat een vaatwasser is en vrolijk vertel ik welke vragen mij de laatste jaren nog meer werden gesteld. 'Hoe werkt de douche? Uit de ene kraan komt ijskoud water en de andere is veel te heet.' En: 'Wat is dat voor ding onder het raam? Verwarming? Waar is die voor?' Er was een meisje dat dacht dat onze strijkplank Tessa's surfplank was. En dat je een houten vloer beter niet kunt dweilen moet je je ook op tijd uitleggen, anders gaan er hele emmers water overheen. Het klinkt erger dan het is, maar de meeste meisjes komen gewoon uit een totaal andere wereld.

Cindy en ik praten tussen de bedrijven door over van alles. Hoe ons gezin werkt, waar de luiers liggen, waar de pindakaas staat en hoe de koffiemachine werkt. Ik probeer zo veel mogelijk uit te leggen, maar ik weet dat ik het nog vele malen zal moeten herhalen.

Tijdens het middagslaapje van Bram en Timo nemen we samen uitgebreid het weekschema door. Ik vertel Cindy dat dit schema voor mij heel belangrijk is omdat álles wat ik doe hierop is afgestemd. Cindy kijkt meteen naar het kopje 'free time'. Voor een au pair is het nu eenmaal ook belangrijk om te weten wanneer ze vrij heeft, dat begrijp ik best. Ik benadruk dat ze soms iets meer en soms iets minder zal werken, en dat die flexibiliteit voor ons een van de belangrijkste redenen was om met een au pair in zee te gaan. Cindy knikt en begint hardop de uren bij elkaar op te tellen. Ze constateert dat ze niet meer dan de wettelijk vastgestelde dertig uur per week werkt en vraagt: 'So I'm off in the weekends?'

'Yes, tenzij je moet babysitten, maar dat zullen we je op tijd laten weten.' Nou zeg, denk ik erachteraan, ik hoop niet dat ze het erg vindt om af en toe te moeten werken.

Gelukkig gaat de eerste dag prima. Cindy doet erg haar best en de kinderen zijn dol op haar. Als we 's avonds samen de kinderen in bed hebben gelegd, vraag ik haar om nog even bij me aan de keukentafel te komen zitten. Het is tijd voor 'mijn praatje'. Ze kijkt me een beetje verveeld aan, maar ik negeer het. Ik vind het nu eenmaal belangrijk.

'Oké, mag ik er een biertje bij pakken?' vraagt ze nonchalant.

'Sure,' antwoord ik beduusd. Tjonge, ze is mijn vierde au pair maar de eerste die om alcohol vraagt. Toch kan ik het niet weigeren. Het is na werktijd en Cindy is drieëntwintig, op die leeftijd dronk ik zelf... nou ja, daar gaat dit boek niet over.

Een beetje van mijn stuk gebracht begin ik aan 'mijn praatje'. Misschien is het op Cindy iets minder van toepassing omdat ze al vier jaar op zichzelf heeft gewoond, maar de meeste meisjes die au pair worden, beginnen aan het grootste avontuur van hun leven. Ze woonden vaak nog bij hun ouders en zijn nog nooit in het buitenland geweest. Ineens zitten ze aan de andere kant van de wereld zonder toezicht van papa en mama. Wow!

Cindy speelt gedachteloos met haar bierflesje terwijl ik mijn verhaal afsteek. Ook voor Cindy geldt namelijk dat ze in het alledaagse leven van een druk gezin terecht is gekomen, 'het grote avontuur' komt dus versus 'alledaags' te staan. Dat kan heel erg botsen als je daar niet bij stilstaat en je zult daar met elkaar een soort gulden middenweg in moeten vinden.

'We really want you to have fun, meet people, see places, to grow and learn. Maar je zult ook onze manier van leven moeten respecteren, onze normen en waarden, met andere woorden: ons gezin. Begrijp je dat, Cindy? Het is tweerichtingsverkeer.'

Tot mijn verbazing staat Cindy op en omhelst me. Vast heel Amerikaans, maar niets voor mij. Houterig sla ik mijn armen even om haar heen en zeg snel: 'See you tomorrow, Cindy, slaap lekker.'

'Thanks, Milou, for everything,' zegt ze. 'Slaap lekker also.'

Hoofdschuddend loop ik naar de zitkamer. Ik begrijp geen fluit van dit meisje.

Na een week merk ik dat Cindy's aandacht verslapt. Op een ochtend komt ze binnen en vraagt met haar handen in haar zakken: 'Okay, so who is going where today?'

Geïrriteerd door haar desinteresse vertel ik dat Tessa gewoon naar school gaat, Pien naar de peuterspeelzaal en dat zij de jongetjes onder haar hoede heeft. Ik moet de deur uit om de meiden weg te brengen, maar laat de tweeling met een raar gevoel in mijn buik bij haar achter.

Als ik terugkom vraag ik direct wat er aan de hand is. Cindy vertelt met tranen in haar ogen dat ze het moeilijk vindt om voor de kinderen te zorgen. Ze is vier jaar geleden uit huis gegaan en heeft sindsdien alleen voor zichzelf gezorgd. Na drie jaar studie is ze gaan werken en een jaar later besloot ze door Europa te gaan reizen. Ze dacht dat ze ook wel au pair kon zijn, maar het valt haar zwaarder dan ze had verwacht.

Ik weet eigenlijk niet goed wat ik moet zeggen. Hopelijk vindt ze haar draai in ons gezin. Dat ze een erg lage 'zorgfactor' heeft is me inmiddels wel duidelijk, het zit niet van nature in haar, maar met een beetje goede wil...

'Just give it some time, okay?' zeg ik na een bemoedigend gesprek.

Diep zuchtend zegt ze: 'I'll try.'

Omdat het me toch niet helemaal lekker zit, besluit ik met mijn laptop aan de keukentafel te gaan werken om een oogje in het zeil te kunnen houden. Met hier en daar wat aanwijzingen gaat het wel, en Bram en Timo vinden het natuurlijk prachtig dat hun mama binnen hand-, huil- en speelbereik zit.

Samen met Cindy leg ik aan het begin van de middag twee vermoeide jongetjes in bed. Pien wil geen slaapje doen en ik zet haar met Cindy aan de keukentafel om te kleuren zodat ik weer even kan werken. Na krap een uur begint de babyfoon alweer te kraken.

'Bam? Bam! Bammie? Bammie wakkel?' horen we Timo's zachte stemmetje. Glimlachend zeg ik tegen Cindy: 'Let's go get the boys.'

Als ik bij de bedjes van de jongens sta, merk ik dat Cindy niet mee naar boven is gekomen. Ik til een vrolijke Timo in zijn slaapzakje naar beneden en zie dat Cindy nog aan de keukentafel zit. Ze draait zich naar me om en neemt rustig een slok van haar koffie.

'Can you bring Bram downstairs?' vraag ik zo vriendelijk mogelijk. Een lichte irritatie begint te borrelen in mijn onderbuik.

'O, sure.' Ze drinkt haar kopje leeg en loopt naar de trap. Onderweg stopt ze even voor de spiegel in de hal en schudt haar haren zorgvuldig naar achteren. Ik sta met opgetrokken wenkbrauwen te kijken en rol met mijn ogen. Timo trekt aan mijn haar en zegt: 'Mammie kijk! Ikke ook!' Hij rolt met zijn ogen, precies als ik. Het ziet er zo grappig uit dat ik hardop moet lachen.

Als Bram en Timo zijn aangekleed, gaan ze buiten spelen. Pien is alsnog in slaap gevallen op de bank. Terwijl de tweeling lekker door de tuin rent, vertelt Cindy me dat ze de volgende dag een afspraak heeft bij de tandarts. Verbaasd reageer ik: 'But Cindy, you have to be with the kids, tomorrow. Ik moet werken.'

'O yeah, sorry, maar ik wil echt gaan, want ik heb de afspraak al een week geleden gemaakt en ik heb echt kiespijn.'

Ik zucht en kijk haar van opzij aan. Ze vertrekt geen spier en ontwijkt mijn blik. Moet ik nu zeggen dat ze van mij niet naar de tandarts mag? Ik durf het niet, lafaard die ik ben.

'Maar de volgende keer moet je dit soort dingen eerst even met mij bespreken, Cindy!'

Ik neem me voor Paul te vragen ook eens met haar te praten. Er is iets met dit meisje waar ik de vinger niet op kan leggen.

's Avonds lig ik al in bed met een tijdschrift als Paul naar boven komt. Hij heeft een lang gesprek met Cindy gehad en is tevreden over wat er is gezegd en besproken. Maar bij mij is er door het incident met de tandartsafspraak iets geknapt.

'Ik weet het niet, Paul. Ze is helemaal niet betrokken, ze neemt geen enkel initiatief, ik moet haar echt alles vragen: "Wil je drinken inschenken voor de kinderen, kun je Bram een schone luier geven, zou je de ontbijtbordjes willen afruimen?" Als ik haar niets vraag, blijft ze gewoon op de bank zitten. Ze is vooral met zichzelf bezig, absoluut niet met ons gezin, ofwel haar werk.'

'Dat komt nog wel, Lou, ze moet enorm wennen. Ze wil wel, maar het lukt gewoon nog niet zo,' zegt Paul opgewekt.

Maar mijn vertrouwen is weg. Ik heb er geen fiducie meer in. De enige reden waarom ik haar nog een kans wil geven, is omdat ik ertegen opzie om weer een nieuwe au pair te moeten zoeken.

'O ja, Willem stond net voor de deur,' Paul grinnikt en daar heb ik echt een hekel aan. 'Hij wilde weten of Cindy hem kon masseren, maar ik mocht het niet aan Henriëtte vertellen!'

Hij lacht en ik vraag: 'Wat heb je gezegd?'

'Dat we daar niet aan beginnen natuurlijk. Straks ligt de hele straat op haar tafel en heeft Cindy geen tijd en geen zin meer om onze au pair te zijn!'

Tegen wil en dank moet ik toch lachen; stel je eens voor! Uiteindelijk val ik toch nog ontspannen in slaap.

Als ik de volgende ochtend terugkom van mijn wandeling met Bobbi, zie ik door het keukenraam dat Timo boven op de stofzuiger staat te springen. Bram wast zijn handen in de wasbak met een bubbelende berg zeepsop en het hele aanrecht staat blank. Pien zit fanatiek te puzzelen, Cindy lijkt nergens te bekennen. Ik loop naar binnen en ben met stomheid geslagen als ik zie dat ze onderuitgezakt op de bank tv ligt te kijken; een duim steekt in haar mond en met haar andere hand draait ze rondjes om haar paardenstaart.

Even weet ik niet wat ik moet zeggen. Word ik boos? Daar heb ik wel het meeste zin in. Ik tel tot tien, haal diep adem en zeg zo rustig mogelijk: 'At what time do you have to go to the dentist, Cindy?'

49

Ze schrikt op en ontwijkt, als gebruikelijk, mijn blik. 'I have to be there at twelve.' Ze kijkt op haar horloge en ziet, net als ik, dat het pas half tien is.

'You can go, Cindy. Ik ga naar buiten met de kinderen.'

Ik ben er even helemaal klaar mee. Ik kan nu toch niet rustig in mijn kantoortje gaan zitten werken; ik wil mijn kinderen helemaal niet meer bij haar achterlaten. Ik draai me om en zie Bram en Timo druk in de weer met theedoeken. De hele keuken is nat en er zweven honderden zeepbellen door de lucht. Ach, wat mij betreft maken we er gewoon een gezellige dag van, zonder Cindy. Met haar ga ik morgenochtend een heel pittig gesprek voeren.

Zo ver komt het echter niet. Als ik 's middags de jongens uit bed haal, staat ze opeens naast me in hun slaapkamer.

'Milou, I have to tell you something.' Ze kijkt me voor het eerst in tijden recht aan.

Nu komt het, denk ik cynisch.

'I... I am leaving today, Milou. Ik geloof dat au pair zijn niet echt mijn ding is.'

Joh, denk ik, fijn dat je het zelf ook hebt bedacht.

Ik doe geen enkele moeite om haar tegen te houden; in feite ben ik zelfs opgelucht. Beneden hoor ik de telefoon gaan, maar ik kan nu moeilijk weglopen.

'I really tried, but I'm not happy here.'

Whatever, Cindy. Ik kan het niet helpen, het interesseert me geen klap meer.

'Het ligt niet aan jullie of aan de kinderen, die zijn lief. Het ligt aan mij.' Cindy kijkt me aan en ik realiseer me dat ik nog niets hardop heb teruggezegd. 'Oké Cindy, dus wat ga je nu doen?'

'Eh... Ik... Er staat buiten iemand op me te wachten.'

Daar weet ze me toch weer even mee te verrassen. Ik loop naar het raam en zie een hippe gast met een zwarte Mini Cooper Sport. Hij kijkt verveeld om zich heen. Naast de auto staan Cindy's grote zwarte koffers.

'Well, goodbye then Cindy. Ik moet natuurlijk bij de kinderen blijven. Pas goed op jezelf.'

Wat zeg je in zo'n geval? Ik steek mijn hand uit en Cindy schudt die kort. Goddank probeert ze me niet te omhelzen.

'Have a nice life,' durft ze nog te zeggen. Dan draait ze zich om en loopt weg.

Stom kind, denk ik boos.

Ze kijkt niet eens meer om naar Timo en Bram, die wonderbaarlijk stil naar ons hebben zitten luisteren. Straks moet ik het uitleggen aan Tessa en Pien. Het zal hun hartjes breken.

Als ik weer beneden ben met de jongens, hoor ik op de voicemail het volgende bericht: 'Hallo, met Marjolein, de... eh, ex-gastmoeder van Cindy. Sorry dat ik nu pas terugbel, maar ik luister mijn voicemail eigenlijk nooit af. Je had gevraagd waarom Cindy bij ons was weggegaan. Nou ja, ze was best een aardig meisje hoor, een beetje ijdel misschien. En hopelijk pakt het bij jullie beter uit, maar wij vonden haar absoluut niet geschikt als au pair.'

Niet geschikt als au pair. Bedankt voor de tip.

Tring, TRIiing, TRIIING.

Mijn gsm! Ik schrik wakker en ontdek tot mijn verbazing dat ik in de kamer van de tweeling in slaap ben gevallen. Beneden hoor ik mijn telefoontje van zacht naar steeds harder gaan en plotseling weer stoppen. Te laat.

Bram en Timo slapen gelukkig rustig verder.

Ik heb waarschijnlijk maar een kwartier geslapen of zo, denk ik optimistisch, maar als ik geeuwend op mijn horloge kijk, zie ik dat het een dik uur later is. Pff, ik ben niet bepaald opgeknapt. Ik rek me uit en laat me weer terugzakken in de schommelstoel.

Het is alweer een week geleden dat Cindy is vertrokken en ik loop alleen maar te rennen, te sjouwen, te regelen en te plannen. Gelukkig schieten de opa's en oma's, een paar goede vriendinnen en zelfs Henriëtta me regelmatig te hulp en in elke vrije seconde bekijk ik gretig gegevens van mogelijke nieuwe au pairs.

Een vriendin tipte me over een website voor au pairs die op zoek zijn naar een gezin, een soort Marktplaats noemde ze het. Op deze site vind je au pairs uit alle mogelijke landen met een kort verhaal over henzelf en een aantal foto's. Het werkt als een open gemeenschap. Zowel au pairs als gezinnen maken een profiel aan en vervolgens kun je elkaar laten weten of je interesse hebt. Na betaling van veertig euro worden telefoon- en e-mailgegevens vrijgegeven, zodat je contact met elkaar kunt zoeken om te zien of er een match is. Ik moet wel even wennen aan het idee, de meisjes via een bureau worden immers eerst gescreend; althans, zo noemen ze het. Maar na de ervaringen met Ruella en Cindy heb ik daar nog maar weinig vertrouwen in en in tijden van nood neem ik graag het heft in handen. Zelf screenen kost wel veel tijd en het is altijd maar de vraag of er überhaupt een reactie komt. Daarom heb ik besloten zo veel mogelijk kandidates tegelijk te benaderen. Dan wordt vanzelf duidelijk wie écht geïnteresseerd is; die meisjes antwoorden altijd het snelst! Als ik op mijn gevoel durf te vertrouwen, denk ik dat mijn eigen screening wellicht beter zal uitpakken dan die van de bureaus. Tijd is mijn enige vijand.

Ons profiel staat nu op de website en ik heb een aantal meisjes zelf benaderd, maar hier kwam al snel een aantal afwijzingen op binnen.

```
Au pair Katy Rilvnyk heeft gereageerd. Het blijkt
dat Katy niet geïnteresseerd is in de functie van
au pair bij uw gezin.
```

Toch heb ik al met een paar meisjes een leuk e-mailcontact opgebouwd. Ik ben volledig op de hoogte van hun dagelijkse activiteiten, hoor hoe leuk ze met kinderen kunnen omgaan en dat ze heel graag Engels willen leren. O ja, en Nederlands natuurlijk. Met één meisje, Jana uit Tsjechië, heb ik het meeste contact, maar helaas heeft ze op mijn laatste e-mail nog niet gereageerd. Toch heb ik een goed gevoel bij haar, en als ik naar haar manier van schrijven kijk, lijkt ze me een leuk, gezellig, spontaan meisje. Maar ja, wat zegt mijn gevoel inmiddels nog? Het blijft natuurlijk altijd een risico, of we nu kiezen voor een au pair via een bureau of via internet. Je moet behoorlijk tussen de regels kunnen lezen om er een goede tussenuit te vissen, en dan nog kun je de plank volledig misslaan.

Bovendien heb ik zelf ook mijn eisen en wensen. Ze moet niet te knap zijn maar ook niet lelijk. Ze moet wel Engels spreken en niet roken. En uiteraard ervaring hebben met kleine kinderen. Nee, ik wil geen jongen. Ze moet kunnen fietsen en absoluut kunnen zwemmen. Eventueel koken. Niet te jong maar ook weer niet te oud en... nou ja, speld-in-hooibergachtige toestanden dus.

Als mijn gsm weer gaat, sprint ik snel naar beneden en zodra ik opneem hoor ik Paul opgewekt vragen: 'Hi Lou, met mij. Hoe was het vanochtend?'

Vanochtend. Tja, wat zal ik zeggen? Ik zat met drie kinderen in de aula van school omdat Tessa met haar klas een optreden had. Het lukte niet om oppas te vinden, dus toog ik vanmorgen met onze vier kinderen naar school om Tessa verkleed te zien als... boom.

Het thema van het optreden was Herfst en Tessa mocht als enige het hele optreden op het podium staan, iets waar ze heel trots op was. Het was de bedoeling dat Paul mee zou gaan, maar die heeft het te druk met het afsluiten van een megacontract. Zijn werk is op dit moment erg hectisch en dat komt natuurlijk slecht uit. Maar ja, daar doe je niets aan.

'Het ging prima hoor,' zeg ik, een geeuw onderdrukkend. De eerste tien minuten ging het inderdaad prima. Pien mocht bij de juf van Tessa op schoot zitten, zodat ik alleen maar op de tweeling hoefde te letten. Het ging echter fout toen Bram een poepluier had die zo stonk dat ik hem wel móést verschonen. Achter in de aula stond ik met die vieze luier in mijn ene hand en luierdoekjes in mijn andere, toen ik Timo uit het oog verloor. Ik probeerde de billen van Bram zo snel mogelijk schoon te vegen en tegelijkertijd Timo op te sporen, toen ik hem weer in het vizier kreeg. Hij stond halverwege het trapje van het podium. Snel trok ik Bram zijn schone luier aan, slingerde hem op mijn heup en rende naar het podium. Te laat. Timo lag onder aan het trapje te brullen op de grond. Ik zag Tessa naar hem toe wankelen en gilde beschamend hoog toen ik haar over het snoer van een microfoon zag struikelen. Door het onhandige boompak viel ze domweg om en rolde pal voor mijn neus het podium af.

Twee tellen later zat ik onder aan het podium met drie huilende kinderen. Kleine Pien kwam naar ons toe rennen, sloeg haar armpjes om mijn nek en zei met haar allerliefste stemmetje: 'O mammie, wat nou beurt?'

Op dat moment kon ik wel huilen, maar gelukkig kwamen een paar mensen om mij heen snel in actie. De twee toneeljuffen hielpen Tessa het podium weer op, en een bevriende moeder hielp mij met de tweeling en Pien. Veilig achter in de aula zei ze: 'Zal ik Pien straks mee naar huis nemen? Dat vindt mijn Kiki vast heel gezellig.' Ik kon alleen maar dankbaar knikken.

Nu ik Paul een samenvatting van de gebeurtenissen geef, kan ik er ook wel weer om lachen.

'Ik hoop wel dat er snel hulp komt, Paul. Dat is niet alleen beter voor mij maar ook voor de kinderen. Het optreden van Tessa had iets speciaals moeten zijn en... nou ja, dat was het ook wel, maar om de verkeerde reden.' We lachen allebei, maar al snel word ik weer serieus.

'Het is voor de kinderen helemaal niet leuk dat ze steeds van hot naar her worden gesleept. Hier worden we geen van allen vrolijker van.'

'Dan heb ik goed nieuws voor je: Maurits heeft misschien een interessant adres voor ons. Maar ik moet nu terug naar de vergaderruimte. Kus, tot vanavond!'

Als Paul heeft opgehangen, loop ik naar de badkamer en gooi een plens water in mijn gezicht. Ik schrik als ik in de spiegel de vermoeidheid op mijn gezicht zie. Vroeg naar bed vanavond, denk ik, terwijl ik snel wat nieuwe make-up aanbreng. Helaas moet ik eerst het hele middag- en avondprogramma nog afdraaien: Pien ophalen bij Kiki en daarna Tessa bij Tom, haar grote liefde. Maar eerst eens kijken of Bram en Timo wakker zijn, want die moeten natuurlijk mee.

'Het zijn dus de buren van Maurits, Monique en Gerard, en die hebben vijf kinderen. De oudste is net acht. Toen werd Monique ziek en ze moest geopereerd worden. Via kennissen kwamen zij aan dit adres. Ze maakten een afspraak en konden een week later langskomen op een boerderij. Ze zijn erheen gegaan en je gelooft niet wat ze aantroffen: er stonden een stuk of acht piepjonge Oostblokmeisjes op een rij en Monique en Gerard mochten er ter plekke, tegen betaling, een uitzoeken en meenemen! Pure handel! Er waren misschien twee of drie fatsoenlijke stellen, maar er liepen ook behoorlijk ongure types rond.'

Paul stopt even om een slok bier te nemen. Ik zit ademloos te luisteren.

'En weet je, Milou, ze hebben het gedaan! Ze hebben een Roemeens meisje gekozen en mee naar huis genomen. Het kind was nog maar net achttien en ze had alleen een rugzakje bij zich.'

'Mijn god,' is het enige wat ik kan uitbrengen.

'Toen ze thuiskwamen en hun huis, het zwembad en het *guesthouse* aan dat meisje lieten zien, was ze huilend op haar knieën gevallen: "I will do anything for you!" had ze gezegd.'

'Dat meen je niet,' zeg ik geschokt.

'Ja, echt! Nou, Monique heeft bijna een maand in het ziekenhuis gelegen en dit Roemeense meisje heeft samen met een van de oma's het hele gezin en het huishouden gerund. Gerard was ofwel aan het werk ofwel in het ziekenhuis, bij zijn vrouw. Gekkenhuis Milou, stel je toch voor!'

'Wat een verhaal, zeg,' zucht ik. 'Maar wat was nou het goede nieuws? Wil je ook een meisje gaan uitzoeken?' Ik kan het niet eens opbrengen erom te lachen. Wat een trieste toestand!

'Nee, natuurlijk niet,' zegt Paul snel. 'Maurits vertelde terloops dat hij het adres had van een "heel speciaal au-pairbureau", pas later vertelde hij dit bizarre verhaal. Maar ik ben nog niet klaar; wil je de rest ook horen?'

Ik knik weifelend.

'Dit is allemaal alweer drie jaar geleden gebeurd. Het meisje is nog steeds bij Maurits en zijn gezin en studeert inmiddels. Ze hebben elkaar zo'n beetje eeuwige trouw beloofd; zij hebben het gevoel dat ze dat meisje hebben gered en dat meisje heeft destijds hen gered.'

'Ach, wat aandoenlijk,' reageer ik cynisch. 'En wat is er van die andere meisjes terechtgekomen? De meisjes die ze niet hebben gered?' Ik ben boos, heel boos. Belachelijk.

'Weet je wat nog het ergste is, Milou? Maurits vertelde dat deze au-pairboerderij nog steeds bestaat en zolang er mensen zijn die deze meisjes komen "uitzoeken", blijft het bestaan. Monique is oprecht blij dat ze een zo'n meisje heeft kunnen redden van de prostitutie of erger.'

'Jeetje, Paul, het is dat ik al genoeg aan mijn hoofd heb, maar ik ben bijna in staat uit te zoeken waar dat bureau zit om die hele smerige handel op te rollen.'

'Weet je wat het probleem is?' Henriëtta kijkt me vragend aan terwijl we beiden weten dat ze zelf het antwoord zal geven. Met haar perfect gekapte haren, een grote donkere zonnebril op en een sigaret in de hand, zit ze bij me aan de tuintafel.

'Je gaat te veel uit van de goedheid van zo'n kind. Je moet ze veel harder aanpakken. Direct de zweep erover!'

Ik schiet in de lach. 'Nou ja, Harrie, doe even gewoon! De zweep erover; denk je dat zo'n meisje dan méér haar best zal doen? Het is gewoon een kwestie van geluk hebben. Je moet maar net een goede treffen.'

'En daar zit nu net jouw probleem: je moet ze opvoeden, sturen en africhten.' Henriëtta neemt een flinke hijs van haar sigaret, zet haar bril op het puntje van haar neus en kijkt me streng aan.

Ik ontwijk haar blik en probeer niet te lachen, maar ik zie aan haar dat ze bloedserieus is. Africhten? Ze haalt paarden en au pairs door elkaar. Ach, laat ook maar, dat kan ik haar toch niet duidelijk maken.

Ik trek de stapel post die naast me ligt, naar me toe. Witte enveloppen, blauwe en een gouden enveloppe. Nieuwsgierig maak ik de goudkleurige open. Het is een uitnodiging voor het huwelijk van Bob en Ruella.

'Zo zo, wat is dat voor spannends?' Henriëtta buigt zich over de tafel om de inhoud van de gouden enveloppe te bekijken.

'Een annonce? Wat leuk, wat heerlijk toch die huwelijken. Jammer dat wij daar helemaal uit zijn; iedereen om ons heen is al getrouwd. Trouwens, nu ik erover nadenk zijn er ook alweer veel gescheiden. Er zijn natuurlijk wel tweede huwelijken, maar die worden meestal niet zo groots gevierd. Wie gaat er trouwen?'

Ik hoor nauwelijks haar geratel. Ruella en Bob gaan trouwen. Wow. Dat had ik echt niet verwacht. Gelukkig neemt Bob toch zijn verantwoordelijkheid.

'Nou, wie is het?' Henriëtta staat inmiddels ongeduldig naast me en leunt over mijn schouder. 'Ruella? Ruella Cruella, de au pair?'

De slok koffie die ik net had genomen, proest ik uit over de annonce. Ruella Cruella? Hoe verzint ze het?! Om het verbaasde gezicht van Henriëtta moet ik nog harder lachen.

'Wat?' zegt ze meelachend. 'Had je die zelf nog niet bedacht? Ze was toch een Cruella!'

De annonce is verziekt, zit volledig onder de koffie. Maar gelukkig kan ik nog net lezen waar en wanneer het is.

'Toch leuk dat we zijn uitgenodigd, de kinderen zullen het geweldig vinden. De dames zijn dol op mooie jurken en de heren zijn dol op taart.' Enthousiast kijk ik Henriëtta aan, die haar wenkbrauwen optrekt en zegt: 'Ik begrijp niet dat je daarop zit te wachten. Ook dát kind heeft je in de steek gelaten. Je hebt toch wel wat beters te doen? Je kent er niemand en voor je netwerk kun je het ook laten.' Ze kijkt op haar horloge en schrikt. 'Moet weg, lieverd, de manicure wacht!' Henriëtta zweeft de deur uit. Hoofdschuddend loop ik naar binnen.

Van mijn werk komt weinig terecht. Ik heb tot mijn grote spijt al twee leuke opdrachten moeten afzeggen omdat ik er domweg geen tijd voor heb. 's Avonds, als de kinderen in bed liggen, beantwoord ik mijn e-mail en probeer mijn website te updaten. Ik doe mijn best de lopende opdrachten netjes af te ronden en mijn klanten aan het lijntje te houden. Het is even niet anders.

Na het afronden van onze studies hadden Paul en ik geen van beiden zin om direct te gaan werken. De wereld ontdekken, dát was onze droom. Via vrienden van vrienden konden we tijdelijk terecht in een prachtige villa in Puerto Vallarta, Mexico. Het huis lag in een villapark, boven op een klif en met uitzicht over zee. Geen slecht begin vonden we, vooral omdat we geen idee hadden waar we naartoe wilden en hoe we dat precies gingen betalen. Het leven in Mexico was heerlijk: geen zorgen, we zien wel, mañana.

We kwamen al snel in contact met Diego, de eigenaar van een primitief strandtentje onder aan het klif, op het privéstrand van het villapark. En daar begon ons avontuur. Gefinancierd door Diego, een welgesteld zakenman, toverden we het strandhutje om in een hippe tent, geheel in stijl, met loungebedden, rieten parasollen, mellow-housemuziek en perfecte cocktails. De bouwmaterialen, het meubilair en later de kratten drank en eten sjouwden we dagelijks het klif af. Al snel kreeg ons strandtentje bekendheid in de wijde omgeving en het rijke publiek van de vakantievilla's stroomde toe. Paul en ik werkten zeven dagen per week, overdag en 's avonds. In minder dan twee maanden tijd hadden we drie prachtige Mexicaanse dames in kleine bikini's in dienst die de cocktails op zwoele wijze aan de man brachten. We werkten hard, maar hadden lol en verdienden goed geld; Diego had nooit gedacht dat onze deal van zestig procent van de omzet een goed salaris zou opleveren. En daar zat dus ook het probleem: na zes maanden kwamen onze bestellingen opeens niet meer op tijd. Vreemd, vooral omdat de leverancier een goede vriend was van Diego. Twee van de drie Mexicaanse meisjes namen zonder uitleg ontslag. Ook vreemd, vooral omdat zij dochters waren van een goede vriend van Diego. Toen we op een dag ons salaris niet uitbetaald kregen, hadden we er genoeg van: hij won. We konden niet op tegen deze macho met zijn connecties en macht. Ons avontuur was fantastisch, maar als je zo wordt tegengewerkt, is het tijd om verder te gaan. Daarvoor hadden we inmiddels genoeg geld verdiend en na (ont)spannende tijden in Chili, Venezuela en Tibet, met tot slot een heerlijke strandvakantie op Bali, hadden we écht zin om samen een nieuw leven op te bouwen in Nederland.

'Geef hier! Nie doen!' hoor ik Pien gillen. Een van de jongens begint hard te huilen. Tijd om naar buiten te gaan; het is mooi weer en we kunnen allemaal wel wat frisse lucht gebruiken. Ik neem de kinderen mee naar de speeltuin in het dorp. Na een paar minuten klinkt er een bekend nasaal geluid achter me.

'Ik hoorde dat je au pair is weggelopen.'

Ik draai me om en zie Agnes staan. Agnes weet altijd alles. Je vraagt je af hoe zo'n mens het allemaal kan bijhouden.

'Ja, dat klopt, ze is weg,' antwoord ik kortaf.

'Wat vervelend voor je. Ben je op zoek naar een nieuwe?' Agnes praat erover alsof we op een veemarkt met beschikbare koeien staan: wordt het die of deze?

'Eigenlijk wel. Ik werk voor mezelf en met vier kinderen kom ik daar zonder vaste hulp niet aan toe. Maar het is niet zo makkelijk. We zien wel.' Ik heb geen zin om de opperroddeltante van het dorp de ins & outs van onze zoektocht te vertellen.

'Misschien weet ik wel wat voor je. Ik hoorde van een vriendin dat zij weer een vriendin heeft met een Filippijnse au pair. Het meisje moet terug naar huis omdat haar visum is verlopen, maar dat wil ze helemaal niet, ze heeft het hier veel te goed. Misschien is zij iets voor jullie? Ze is per volgende week beschikbaar.'

Heel even ben ik enthousiast door haar snelle beschikbaarheid, maar een illegale au pair lijkt mij bij nader inzien bepaald geen oplossing.

'Ik neem aan dat je bedoelt dat ze dan illegaal bij ons komt werken?'

'Ja, maar dat maakt toch niet uit? Jij hebt iemand nodig, zij is beschikbaar. Maak je niet druk, er zijn zo veel mensen met een illegale Filippino.'

Van verbazing struikel ik bijna over de glijbaan. Ongelooflijk. Ze ziet het echt als een veemarkt.

'Agnes, bedankt dat je aan me denkt, maar nee, daar begin ik niet aan. Ik wil liever geen boete van ruim achtduizend euro riskeren.'

Agnes is duidelijk beledigd en loopt zonder nog iets te zeggen weg.

Diezelfde avond zie ik in mijn inbox een e-mail van Viola, onze eerste au pair.

Dearest family, hope u guys r doing well, miss u
lots, hope can visit u soon, cant w8☺

Ook het Tsjechische meisje Jana heeft gereageerd. Ik ben benieuwd of ze nog interesse heeft.

Yes Im intrested still.I like becoming ur new
aupair☺. Ik kan naar Holland komen 22 november. Is
dat goed?? Omdat ik moet half November Engels exa-
men, daarna ik kan komen en blijven een hele tijd☺
Dus ik ben 19 jaar.Ik woon in Hradec Kralove, vlakbij Praag, ik denk 100 km. Ik spreek oké Engels. Ik
wil graag studeren in Holland. Als kan. Ik heb ook
een jong broertje. Hij is 8 jaar. Dus ik heb ervaring met kinderen. Ook ik hou van zwemmen, fietsen,
lezen en gaan naar de film Dus ik hou overal van☺
Ik kan sport met de kinderen, als kan (als ze
willen) Tennis of voetbal of andere sport. En het
is geen probleem voor mij om te koken of helpen in
huis. Als je vragen hebt mag ze stellen.

Regards Jana ☺

Eigenlijk moet ik wel lachen om dit mailtje. Ze heeft gelukkig
nog interesse en noemt zelfs al een datum! Ik heb haar nummer en besluit haar te bellen.

'Drosim.'
   'Hello, is this Jana?' vraag ik.
   'Yes, this is Jana.'
   'Hello, this is Milou, from Holland. We hebben met elkaar ge-
maild omdat je misschien onze au pair wilt worden. Bel ik
gelegen?'

'O yes, hello Milou, of course.'

'Oké, ik dacht dat het goed zou zijn als we even praten om elkaar iets beter te leren kennen. Je wilt au pair worden. Kun je me uitleggen waarom in Nederland?' Uit ervaring weet ik dat dit een belangrijke vraag is. Er zijn genoeg meisjes die naar Nederland willen komen vanwege een jongen die ze tijdens een vakantie hebben ontmoet. Na Ruella heb ik niet zo veel zin meer in een romantisch avontuur van de au pair.

'O, I don't really want to be an au pair in Holland. Maar jouw gezin klinkt leuk, dus ik dacht dat dat ook goed was.'

Even ben ik van mijn à propos, dit antwoord had ik niet verwacht. Misschien ligt het aan haar slechte Engels.

'But you do like to come to Holland?'

'Sure, it's fine. Ik wil graag naar ander land, Holland is goed. Ik hier woon met mijn moeder en broer in klein huis. Mijn broer is in mijn slaapkamer. Ik wil gewoon graag weg bij mijn familie. Dus daarom.'

Ik durf niet eens te vragen waar haar vader is. Jeetje, wat moet ik hier nu weer mee? Ik had net zo'n goed gevoel bij dit meisje. Zou ik haar dan toch verkeerd hebben ingeschat?

'O, oké.' Ik stotter een beetje. 'Dus je wilt au pair worden omdat je weg wilt bij je familie? Is je familie niet leuk?'

'O, yes, no.' Ik hoor dat ze zich probeert te herstellen. 'I really, really want to be an au pair. Ik hou veel van kinderen. Ik kan ook helpen in huis als jij wilt, dat is geen probleem voor mij. Ik speel graag met kinderen, ik vind sport leuk en ben graag buiten. Ik denk goed voor mij de wereld zien. Mijn cursus bijna klaar dus goede tijd om te gaan.'

'En wat verwacht je precies van het werken als au pair?' vraag ik.

'I will be with kids, play with them, go outdoor with them. Ik wil graag sport met de kinderen, plezier hebben en met ze lachen. Ik kan ook koken, dat is geen probleem voor mij. Ik kan veel Tjechische maaltijden klaarmaken, maar ik niet weten of jouw kinderen het lekker vinden?'

'Yes, that's right! Dat zullen we inderdaad moeten afwachten.' Ik moet lachen om haar enthousiasme. 'Heb je nog vragen over mijn gezin?'

'Your kids, do they also speak English or only Dutch?'

'Tessa, onze oudste spreekt een beetje Engels en ze verstaat het goed. De andere kinderen zijn nog te klein, maar Tessa vertaalt graag voor ze.' Tja, zo grappig hoe ze dat altijd doet.

'I really would like to come to your family, I think it will be great. Ik kan komen zaterdag 22 november. Ik heb de bustijden al bekeken, is dat goed?'

Daar overvalt ze me weer mee en even aarzel ik. Ze is een snelle tante, dat is duidelijk. Eigenlijk heb ik tijd nodig om te bedenken of zij echt de goede keuze is. Het feit dat Cindy vertrok zonder gedag te zeggen heeft veel indruk op de kinderen gemaakt. Tessa barstte in tranen uit en vroeg: 'Maar vond ze me dan niet leuk genoeg?' Ik wil die kwetsbare kinderhartjes niet nog eens breken.

Ik spreek met Jana af dat zij nog een keer goed gaat nadenken of dit echt is wat ze wil en dat ik alles zal bespreken met mijn echtgenoot.

'Let's have e-mail contact again in a few days.'

'Yes, that's fine for me.'

'Goed, het was leuk even met je te praten, Jana.'

'Dank je, Milou. Ik kan niet wachten om naar Holland komen.'

Klik, en weg is ze. Ze klonk heel opgewekt en enthousiast, maar ook jong. Ze is pas negentien. Aan de andere kant geeft haar vrolijkheid me wel een goed gevoel. Die nacht droom ik over een heleboel au pairs, die allemaal heel graag met onze kinderen willen spelen. Ze gaan allemaal in de rij staan in onze tuin en ik moet kiezen. Met een gil schrik ik wakker.

OKTOBER

Met een prachtige boog, waarna haar buikje plat op het water belandt, duikt Tessa dapper het water in. Inmiddels zit ze (en ik) al ruim vijftien maanden op zwemles, maar het A-diploma is nog niet in zicht. Na haar allereerste les ging Tessa met haar handen in haar zij voor de badmeester staan en vroeg vastberaden: 'Zo, krijg ik dan nu mijn zwemdiploma?' Helaas had hij net zo vastberaden geweigerd, en dat doet hij nog steeds: 'Ze heeft het juiste gevoel nog niet te pakken,' zei hij stellig toen ik vorige week maar weer eens informeerde naar het afzwemmen.

Terwijl ik naar Tessa's zwemkunsten kijk, zijn Bram, Timo en Pien in de kleine zitruimte tikkertje aan het spelen. Een paar moeders kijken af en toe geïrriteerd mijn kant op vanwege het lawaai dat mijn kinderen maken.

'Kom jongens, dan gaan we even buiten kijken.' Drie overactieve kinderen rennen voor me uit. Buiten is niets te beleven, maar alles is beter dan binnenblijven. Ik bedenk een briljante versie van de stoelendans met de fietsenrekjes op het pleintje, zodat een half uur toch nog omvliegt. Snel gaan we weer naar binnen om Tessa aan te kleden.

Zwetend sta ik even later met vier kinderen in de benauwde kleedkamer. Timo leunt per ongeluk tegen de doucheknop en Bram en Pien springen net te laat opzij. Tegen de tijd dat ik klaar ben met Tessa, zijn mijn andere kinderen kletsnat en lawaaiiger dan ooit.

Als we eindelijk zijn vertrokken, zit ik hoofdschuddend in de auto naar huis. Zwemles met vier kinderen is niet ideaal, om het mild uit te drukken. Ik haal even diep adem en hou mezelf voor dat er ergere dingen zijn dan natte kleren.

Met piepende remmen en daarna een klap kom ik tot stilstand; de kinderen schieten strak in hun riemen. Met mijn handen stijf om het stuur staar ik door de voorruit.

Heb ik die jongen nou aangereden? Ik draai me snel om en zie vier lijkbleke koppies met grote ogen naar me kijken.

'Gaat het jongens? Hebben jullie pijn?' Mijn stem trilt. Hun nee-schuddende hoofdjes stellen me enigszins gerust en ik stap uit. Waar is hij gebleven? Wat gebeurde er? Ineens stond hij op straat! Dan zie ik de jongen zitten op de stoeprand, met zijn hoofd tussen zijn knieën.

'Gaat het? Moet ik de ambulance bellen?' vraag ik bezorgd.

Schichtig kijkt hij me aan, met donkere, diepliggende ogen. Zijn gezicht ziet grauw van de pijn, de wallen onder zijn ogen zijn duidelijk zichtbaar.

'Nee, niet bellen, ik moet weggaan.' Hij probeert op te staan, maar heeft duidelijk last van zijn knie. Zijn broek is gescheurd en ik zie bloed.

'Maar zo kun je toch niet weggaan? Je bent gewond, ik ga de ambulance bellen.'

'Nee zeg ik toch, geen ambulance. Ik moet gaan.' Hij draait zich om en hinkt de straat uit. Verbijsterd kijk ik hem na.

'Milou, alles goed?' Het hoofd van onze oudere buurvrouw Evelien steekt uit een raam. 'Ik zag het gebeuren! Hij kwam uit jouw oprit rennen en vloog zo voor je auto.'

Het duurt even voor het tot me doordringt. 'Uit mijn oprit? Zei je dat?'

'Ja, ken je hem niet? Hij is toch al vaker bij jullie geweest?'

'Nee, ik heb geen idee wie hij is.' Ik draai me om, maar de jongen is verdwenen. Ik kan het nauwelijks bevatten en stap verward weer in de auto. Het ging ook allemaal zo snel. Als ik de auto naast het huis heb geparkeerd, zegt Tessa: 'Wow mama, jij kan echt goed remmen!' Ze kijkt me trots aan. 'Hebben wij met de auto die jongen pijn gedaan?' Haar trotsheid heeft plaatsgemaakt voor bezorgdheid.

'Nee schat, dat viel wel mee,' zeg ik, terwijl ik mijn jongetjes uit de auto help. Opeens zie ik vanuit mijn ooghoeken de voordeur op een kier staan. Mijn hart slaat over, maar ik probeer mijn schrik weg te slikken. Het zal toch niet waar zijn.

'Kom jongens, jullie mogen even bij Evelien spelen.'

'Ik wil daa nie pelen.' Pien trekt aan mijn arm.

'Niet zeuren, jullie gaan even naar Evelien.' Ik duw de kinderen voor me uit over de stoep, mijn hele lijf stijf van de angst.

'Evelien, mogen de kinderen even bij jou blijven? Onze voordeur staat open en, nou goed... Ik denk... Die jongen... Ik ben bang dat...'

Ze begrijpt het onmiddellijk en gaat op haar knieën voor de tegenstribbelende kinderen zitten. 'Wie wil er een ijsje?' Onder luid gejoel trekt mijn viertal onze bejaarde buurvrouw naar binnen. 'Ga maar snel,' roept ze nog naar mij.

Ik ren terug naar huis, sta even stil bij de voordeur en stap voorzichtig de hal in. Mijn gsm hou ik stevig in mijn hand, voor het geval dat. Ik zie direct waar ik al bang voor was: in de zitkamer ligt ons plasmascherm op de grond, samen met mijn laptop en mijn fotocamera's inclusief mijn nieuwste telelens en statief.

Mijn hemel, denk ik paniekerig, ik stond oog in oog met de inbreker! Met mijn kinderen erbij! Op klaarlichte dag! Wat nu?

Ik moet mezelf dwingen logisch na te denken. Wat doe je in zo'n situatie? De politie bellen. Daarna bel ik Paul en leg met trillende stem uit wat er is gebeurd.

'Ik kom eraan, Loutje. Blijf rustig, er is niemand gewond en zo te horen is er zeer waarschijnlijk ook niets meegenomen. Ik ben er over twintig minuten.'

Op het moment dat Paul binnenkomt, word ik ondervraagd door de politie en ik probeer zo helder mogelijk te antwoorden. Ik ben blij dat Paul er is en ontspan een beetje.

Inmiddels is er een derde agent gearriveerd, een man in burger die onderzoek doet naar vingerafdrukken en eventuele andere sporen. Met een kop koffie in de hand luister ik naar de bevindingen die hij meldt aan de agente: 'Geen sporen van braak. Te veel vingerafdrukken op de voordeur om een duidelijk beeld te krijgen. Alle ramen beneden en boven intact.'

'Sorry, mag ik even iets vragen? Wat bedoelt u precies met "geen sporen van braak"?' vraag ik.

'Nou mevrouwtje, dat is vrij simpel. Geen sporen van braak, betekent geen sporen van braak. Oftewel: er is niet ingebroken.' Hij grinnikt. Mijn hemel, wat heb ik daar toch een ongelooflijke hekel aan.

'Niet ingebroken? Nee, IK heb al die spullen op de grond gelegd, puur voor de werkverschaffing. Meneertje.' Ik heb geen zin in de neerbuigende houding van deze agent en dat mag hij weten ook.

'Nou eh, wat ik eigenlijk, eh, wil zeggen...' De agent stottert even en herstelt zich dan. 'Er is geen deur geforceerd of raam ingeslagen. Er is niets te vinden wat erop wijst dat er bij u is ingebroken. Dat wil zeggen, we hebben geen enkel idee hoe de dader is binnengekomen.' De agent kijkt me onderzoekend aan en ik kijk fronsend terug.

'Hebt u misschien een raam open laten staan of de voordeur niet goed dichtgedaan?' Voor ik kan reageren vraagt hij: 'Of heeft iemand anders misschien een sleutel van uw huis?'

'Een sleutel van mijn huis? Een sleutel? Eh, onze buurvrouw heeft een sleutel, maar die is ergens in de zeventig. Verder niemand.'

'Nou mevrouw, dan weet ik het ook niet. U moet nog maar eens goed nadenken, want in het hele huis is geen spoor van braak te vinden.'

De twee agenten lopen naar de hoop spullen in de zitkamer.

Geen sporen van braak, sleutel van mijn huis. Wie heeft er een sleutel? Paul en ik, en Evelien voor noodgevallen. En... de au pair. Cindy. Cindy had een sleutel.

Ik trek Paul aan zijn jas mee naar buiten. 'Paul, er zijn geen sporen van braak. De politie zegt dat de deur niet goed dichtzat, maar ik doe altijd de voordeur op slot, dat weet je. Misschien had de dader een sleutel van ons huis. Wie heeft er een sleutel, Paul? Jij en ik en Evelien, én de au pairs. Ik durf het bijna niet te zeggen, maar Cindy had volgens mij niet de meest betrouwbare vrienden...'

Paul kijkt me oprecht verbaasd aan. 'Denk je serieus dat Cindy een vriendje van haar bij ons heeft laten inbreken?'

'Paul, er is op klaarlichte dag ingebroken, op de middag dat ik met de kinderen naar zwemles ga. Ze wisten dus dat er niemand thuis was, wat niet vaak voorkomt bij ons. De enige die dat soort dingen weet, is Cindy. Bovendien wist Evelien me te vertellen dat ze die jongen vaker bij ons had gezien. Ja, of we hebben voor de deur een stake-out gehad, maar dat lijkt me sterk.'

Ik zie aan Paul dat mijn gedachtegang zo gek nog niet is.

'Stel dat je gelijk hebt, bewijs dat dan maar eens.' Paul kijkt bedenkelijk naar de grond, terwijl ik de agenten hoor lachen. Wat valt er te lachen op een moment als dit? Geïrriteerd loop ik weer naar binnen, waar ik de agent in burger languit op een tafel zie liggen. Het duurt even, maar dan realiseer ik me dat hij op Cindy's massagetafel ligt. Die had ze niet meegenomen omdat dat rotding niet in de Mini Cooper Sport paste. Luid lachend roept de agent: 'Wie jat er nou een massagetafel?' Hij heeft duidelijk niet in de gaten dat ik in de deuropening sta te kijken.

De massagetafel van Cindy lag dus bij de andere spullen, gereed om mee te nemen. Mijn vermoedens zijn bevestigd.

'Pech mevrouwtje, hier kun je alleen verder met de benenwagen.' Lachend om zichzelf draait de man in de oranje werkbroek een sjekkie. Ik kijk naar de opgebroken dijk en parkeer met tegenzin mijn auto. Natuurlijk had ik juist vanmorgen bedacht een 'lok met hakkels' aan te trekken en nu moet ik daar dus mee door de modder ploeteren. Ik ben op weg naar een opdracht voor een kunstgalerie, gevestigd in een oude boerderij net buiten Amsterdam. De eigenaresse heeft me gevraagd de boerderij, de beeldentuin, de collectie en haarzelf te fotograferen voor diverse doeleinden, alles bij elkaar flink wat werk. Maar de dijk waar de boerderij aan ligt is dus opgebroken en nu wandel ik met mijn reiskoffer vol apparatuur tussen de weilanden. Zowel links als rechts staan tientallen koeien. Het is nauwelijks te geloven dat je hiervandaan binnen tien minuten in het centrum van Amsterdam kunt zijn.

De eerste boerderij waar ik langskom is, uiteraard, nummer 1 en de moed zinkt me in de schoenen. Ik moet op nummer 7 zijn! De eerstvolgende boerderij is minimaal tien minuten lopen en hoofdschuddend laat ik mijn spullen op de grond zakken.

Dan komt links vanuit het weiland met veel kabaal een tractor aanrijden en als hij dichterbij is, zie ik een boer vrolijk naar me zwaaien. Haastig pak ik mijn kostbare apparatuur van de grond, bang dat het gevaarte er dwars overheen zal rijden, maar hij stopt keurig naast me.

'Waar moet je zijn, dame?' vraagt de boer opgewekt terwijl hij zijn pet wat hoger op zijn voorhoofd zet. 'Ben je verdwaald?' Hij kijkt grijnzend naar mijn misplaatste outfit.

'Ik ben op weg naar de Art Hoeve, op nummer 7. Weet u misschien hoe ver ik nog moet lopen?'

De aardige boer krabt op zijn hoofd en tuurt in de verte. Ik hou mijn adem in. Dan kijkt hij me aan en zegt: 'Kom, ik breng je wel even.' Hij steekt een grote, vieze hand naar me uit en lachend geef ik mijn reiskoffer aan.

'Voorzichtig ermee, hoor!' roep ik waarschuwend. 'Er zitten fotocamera's en lenzen in.' Ik trek mijn hakjes uit, klim naar boven en laat me in het kuipje zakken.

De boer zit grijnzend met zijn hand in de lucht en met een luid 'Jeehah' geef ik hem een high five. Mijn opdracht rond ik soepel en vlekkeloos af en tevreden rijd ik 's middags naar huis.

De herfstvakantie is begonnen en we zitten op de veerboot De Oerd naar Ameland, waar we een huisje hebben gehuurd. Even lekker uitwaaien en weg uit de dagelijkse routine, altijd goed.

'Wow, kijk!' Bram vindt de hoge golven helemaal geweldig. We houden de tweeling stevig vast terwijl ze over de hoge reling naar het wilde water kijken. Top, de kinderen genieten nu al! Zelfs als het begint te miezeren, willen ze absoluut niet naar binnen. Veel te mooi, al dat water, de boot en de schreeuwende meeuwen. De overtocht duurt maar drie kwartier, dus dat beetje regen kunnen we wel aan. Uiteindelijk rijden we volledig verregend Ameland op. Ons huisje ligt niet ver rijden van de boot, vlak achter de duinen, met uitzicht op de indrukwekkende vuurtoren. Een perfect huisje voor ons gezin, met drie slaapkamers, een tv en dvd-speler, een open keuken en een klein tuintje, dat we waarschijnlijk nauwelijks zullen gebruiken.

Ik hoop veel te gaan wandelen en fietsen door de prachtige natuurgebieden, naar de verschillende dorpjes op het eiland en ik wil misschien zelfs een keer picknicken op het strand. Maar, dan moet het weer wel wat gaan meewerken...

'Joepie, een dvd-speler! Mam, je hebt toch wel filmpjes meegenomen?'

'Tes, we gaan hier helemaal geen tv-kijken. We gaan zo lekker naar buiten,' antwoord ik streng.

'Eh, Milou, heb je al naar buiten gekeken?' Paul kijkt me met een schuin hoofd aan en helaas, hij heeft gelijk, het miezeren is omgeslagen in een stortbui.

'Koffie, schat?' Paul loopt lachend naar de keuken.

'Is er ook warme chocolademelk?'

Nou ja, dan maar de koffers uitpakken. Onze eerste gezinswandeling zal even moeten wachten, denk ik. Maar als ik halverwege de trap sta, hoor ik vreemde geluiden die klinken als gehijg en gekreun.

'Paul?'

'Zit op de wc, Lou!'

Ik loop terug naar de zitkamer en zie vier kleine hoofdjes op nog geen meter afstand van de tv. Tot mijn grote schrik zie ik een naakte man en dito vrouw in een houding waarvan ik niet wist dat die mogelijk was.

Met een ruk trek ik de stekker uit de muur, het eerste wat er in me opkomt, omdat ik de afstandsbediening zo snel nergens zie liggen.

De kinderen kijken me aan alsof ze willen zeggen: zaten we net lekker seks te kijken, doe jij de tv uit!

'Neehee, we zaten net die film te kijken!' Tessa kijkt verontwaardigd op.

'Wat bedoel je? Wat voor film? Hoe kom je daaraan?' Ik ben volledig in shock door wat ik zojuist heb gezien.

'Gewoon, die zat er al in toen ik hem aandeed.' Verongelijkt haalt ze haar schouders op.

'Nou, dát gaan jullie dus niet kijken. Ik heb filmpjes meegenomen, kínderfilmpjes! Hier.'

Ik geef de kinderen de stapel dvd's, maar de jongens hebben duidelijk geen belangstelling meer. Alsof Tarzan niet meer interessant is nadat je seks hebt gezien. Snel trek ik het onheilspellende ding uit het apparaat. Op de dvd staat handgeschreven:

Ilja & Robert Intiem, Costa Rica 2006

Yep, intiem was het zeker.

Paul komt nietsvermoedend de woonkamer binnen.

'Zeg, hoorde jij ook zo'n raar gekreun? Het zal toch niet zo zijn dat we de buren letterlijk kunnen horen!' Hij lacht om zijn grap en heeft natuurlijk niets in de gaten.

'Niet de buren, wel de vorige huurders,' mompel ik zo zacht dat alleen Paul het kan horen. En dan luider: 'Is de koffie al klaar, schat?'

Paul kijkt me met grote ogen aan. 'Als jij hier even naar kijkt...' fluister ik terwijl ik de dvd in zijn handen druk, '... dan weet je meteen waar dat geluid vandaan kwam.'

Pauls ogen worden nog groter en hij kijkt me verbaasd aan. 'Dit meen je niet!'

'Ja, en nu weten Tessa, Pien, Bram en Timo ook wat én hoe Ilja en Robert het deden in Costa Rica!'

De regen houdt niet op en aan het eind van onze eerste dag op Ameland is niemand van ons nog buiten geweest. Wel hebben we allemaal lekker een middagslaapje gedaan. We waren dan ook hard toe aan deze vakantie en wat rust.

De dag na de inbraak moest ik me melden op het politiebureau om aangifte te doen van 'poging tot inbraak'. Bijzonder is dat, 'poging tot inbraak'. De dader heeft immers niets meegenomen en er zijn geen 'sporen van braak'. Technisch gezien kan deze jongen dus nauwelijks iets worden aangerekend. Dat hij bij ons binnen is geweest, alles overhoop heeft gehaald en Bobbi heeft opgesloten in de wc, doet er allemaal niet toe. Dat hij een groot aantal spullen had verzameld midden in onze zitkamer én dat ik hem heb betrapt, ook niet. Het blijft een 'poging', niets meer en niets minder. De politie was nauwelijks geïnteresseerd in het profiel van de dader, want er was op die dag in ons dorp nergens anders ingebroken. Puur voor de vorm, en op mijn aandringen, werd mijn beschrijving van de jongen genoteerd en met een vervelende blik deelde men mij mee dat ik, indien ze de dader zouden traceren, in aanmerking kwam voor een fotoconfrontatie. Ik hoorde dat indien ze eventueel, heel misschien, mogelijk de dader zouden vinden – mijn vertrouwen was bij al deze slagen om de arm spontaan verdwenen – hij zou worden uitgenodigd voor verhoor.

'Uitgenodigd? Kunt u mij uitleggen wat u daarmee bedoelt? Gaat u hem een ansichtkaart sturen?' Ik was een beetje boos en een beetje verbaasd, maar ik moest er ook een beetje om lachen.

'Eh, nou ja, inderdaad. Wij zullen hem per post vragen naar het bureau te komen,' antwoordde de sullige agent die mijn aangifte behandelde.

'En dan? Wat als hij niet komt?'

'Dan gaan we hem opzoeken en alsnog verzoeken naar het bureau te komen voor verhoor.'

Goed, prima, dat wordt dus niks. Toch liet ik mijn vermoedens over het verband tussen de dader en onze ex-au pair (dat woord moest ik even uitleggen aan de politieman) noteren in mijn aangifteformulier.

Op weg naar huis belde ik een goede vriendin die voor het hooggerechtshof in Amsterdam werkt. Zij vertelde mij dat als ze de dader vinden, hij een maximale boete kan krijgen van driehonderd euro voor poging tot inbraak. Ik reed bijna van de weg toen ik dat hoorde: maar driehonderd euro! Inbreken is zo gek nog niet.

Onze vakantie op Ameland is heerlijk! De tweede dag breekt er gelukkig een bleek zonnetje door en ik pak enthousiast de picknickmand in met lekkere hapjes voor de lunch. Na een wandeling langs de vloedlijn gaan Paul en ik op een beschutte plek tegen de duinen zitten. De kinderen rennen druk heen en weer, Tessa en Pien half in het water met hoog opgetrokken broeken. Bram en Timo blijven op een veilige afstand van de zee, dat is nog nét iets te indrukwekkend voor ze. Allemaal genieten ze zichtbaar van de frisse zeewind in hun gezicht.

'Papa! Mama! Kom snel! Boel veel mooie kalen!' Pien is druk in de weer met een plastic tasje. Als we dichterbij komen, zien we dat ze kleine kwalletjes verzamelt.

'Nou, dat is niet zo'n goed idee, Pien,' zegt Paul rustig.

'Getver, wat doe jij nou vies!' Tessa kijkt met een half oog in het plastic tasje en doet een grote stap opzij.

Paul legt uit dat het geen kraaltjes zijn, maar kwalletjes, waarop Tessa roept: 'Hier ga ik dus écht niet zwemmen!'

'Tes, doe niet zo raar. In elke zee zitten kwallen. Het ligt aan de wind of de kwallen naar de kust zwemmen of niet. En deze zeedruifjes, die je natuurlijk niet kunt eten, doen echt niemand kwaad,' zeg ik sussend.

'Ja Tes, doeniesso waar!' Pien kijkt haar zusje zogenaamd streng aan.

'En het water is veel te koud dames, het is al oktober hoor, jullie moeten helemaal niet gaan zwemmen!' Ik sla bibberend mijn armen om me heen, ter illustratie, maar er is paniek uitgebroken: de jongetjes hebben hun handjes in het plastic tasje van Pien gestoken.

'Nee, niet doen!' roep ik nog, maar ik ben al te laat. Gierend van de pret gooien ze de kwalletjes over Tessa heen, die het uitschreeuwt en wild op en neer begint te springen omdat de kwalletjes overal zitten, zelfs in haar paardenstaart! Pien huilt ook, want zij is haar kraaltjes kwijt.

Bram en Timo zijn allang weer met iets anders bezig.

Gelukkig blijft het de rest van de week droog. Het waait wel erg hard, maar we trekken er dagelijks op uit. We beklimmen de vuurtoren, doen de robbentocht – Pien wil nu thuis ook een zeehond – en gaan kijken naar de Amelander reddingboot. De kinderen zijn erg onder de indruk van de tien grote, sterke paarden die, net als vroeger, de reddingsboot vanuit het dorp over de duinen het strand op trekken, en door de branding de zee in.

Tijdens een wandeling door de duinen word ik gebeld door Eleny, een Griekse au pair uit ons dorp. Ze klinkt wat nerveus, maar heeft een belangrijke vraag: een vriendin van haar uit Griekenland, Monica, wil graag voor drie weken naar Nederland komen, maar Eleny's gastgezin vindt het geen goed idee als Monica zo'n lange periode in hun huis logeert. Of ik misschien voor drie weken een au pair zou willen? Eleny denkt dat als Monica werkt, net als zij, ze minder afhankelijk van haar zal zijn en zich niet zo snel zal vervelen. Bovendien verdient zij dan ook geld en heeft ze onderdak, en ik heb een paar extra handen.

Het klinkt goed. Paul en ik bespreken het voorstel als de kinderen in bed liggen. Eleny vinden wij beiden een heel leuk meisje, en als het zo'n goede vriendin van haar betreft, dan is die vast ook leuk. Een redenatie van likmijnvestje natuurlijk, maar we geloven er graag in, want het komt ons op dit moment heel goed uit. Hoewel zo'n korte periode misschien verwarrend is voor de kinderen, besluiten we het risico te nemen.

En alsof ze dit aanvoelde, belt diezelfde dag mijn zusje Maggie. Zij is chef mode bij een beauty en lifestyle-magazine en vraagt of ik een *modeshoot* voor haar wil doen. Enthousiast beloof ik dat ik het, hoe dan ook, ga regelen!

Aan het einde van de week zijn we allemaal ruimschoots uitgerust, uitgewaaid en volledige gescrubd door het rondvliegende zand. De dvd van Ilja en Robert laten we achter in het huisje; wellicht kunnen de volgende huurders er nog wat lol aan beleven...

De eerste schooldagen na onze heerlijke herfstvakantie moeten we weer helemaal aan het dagelijks ritme wennen. Heel goed, dat betekent dat de vakantie zin heeft gehad!

Terwijl mijn ouders op de jongens passen, ruim ik de kamer boven de garage op. Nadat Cindy was vertrokken, ben ik er nauwelijks meer geweest. Ik vind niet alleen een groot aantal lege bierflesjes, maar ook tientallen verzorgingsproducten. Er staan wel vijf verschillende shampoos in de douche, ik zie meerdere flessen bodylotion van allerlei merken, een stuk of tien flesjes nagellak en overal liggen sponsjes, watjes en nagelvijlen. Mijn hemel, ze was nog erger dan wij dachten! Even wil ik alles weggooien, maar ik hou me in en zet alle spullen die nog niet zijn aangebroken voor Monica in de badkamer.

Paul en ik leerden elkaar kennen in onze studententijd. Als stagiair bij een magazine voor sportkleding mocht ik voor een fotoshoot mee naar Thailand. Ik was assistent van de assistent van de fotograaf, met andere woorden: het slaafje van de crew. Niet echt sexy. Paul was daar met vakantie met een aantal vrienden. Als hij elke dag tegen het einde van de ochtend het strand op strompelde na een avond stappen, stond ik alle troep van de shoot op te ruimen. Mijn dag begon meestal al rond een uur of half zes in de ochtend, dan is het licht het meest geschikt. Na afloop van de shoot liep de hele crew zonder om te kijken het strand af, terwijl ik alle rondslingerende papiertjes en etensresten bij elkaar stond te harken. Af en toe keek ik jaloers naar Paul en zijn vrienden die luierend en lachend op het strand zaten met een cocktail, terwijl ik liep te sloven. Mijn collega's hadden het onderling erg gezellig, maar omgang met mij, de laagste in de rangorde, stond niet op hun prioriteitenlijstje. Onze werkdagen begonnen zo vroeg dat er 's middags niet gewerkt werd; de meesten sliepen tot het avondeten. Zelf ging ik 's middags vaak snorkelen, dat was geweldig mooi. En ik probeerde een beetje in de buurt te zijn van Paul, die ik de eerste dag al in het vizier had. Hij mij nog niet; hij had het veel te druk met zijn vrienden en het spotten van de modellen. Tijdens een van hun beautyslaapjes, zag ik mijn kans schoon en ging in zijn buurt snorkelen. Op zich niet de meest charmante houding, met het hoofd in het water en de billen omhoog, maar daar was ik me toen niet van bewust. En toen was ik zo dom om mijn voet op een zee-egel te zetten. Hinkend kwam ik het water uit en liet me in het zand vallen. Huilend van ellende begon ik de stekels uit mijn voet te trekken. Paul zag het en kwam meteen naar me toe. 'Niet doen!' riep hij. 'Dan breken ze!' Toen hij naast me stond zei hij: 'Sorry, ik ga iets heel smerigs doen.' En voor ik het goed en wel besefte, stond hij over mijn pijnlijke voet te plassen. Vol afschuw schold ik hem de huid vol, maar Paul legde uit dat het zuur in de urine de stekels, die uit kalk bestaan, uiteindelijk zou oplossen. En inderdaad: ruim een uur later was er niets meer te zien. De rest van de week kwam Paul regelmatig naar me toe, en op onze laatste avond hebben we gezoend op het strand. Hij vroeg mijn telefoonnummer en tot mijn grote vreugde stond hij binnen een week op mijn voicemail.

Een paar dagen later rijd ik samen met Eleny, Bram en Timo naar Schiphol om Monica op te halen. Ondanks onze weloverwogen beslissing voel ik me toch een beetje schuldig; we hadden tenslotte besloten niet zomaar weer in een nieuw au-pairavontuur te stappen. Maar als ik kan regelen dat ik zo veel mogelijk onder schooltijd op locatie ben, dan hebben de meisjes, die er het meest gevoelig voor zijn, het misschien nauwelijks in de gaten. De jongens zijn nog te klein; als ze maar aandacht krijgen, vinden ze alles en iedereen prachtig.

Na aankomst op Schiphol besluit ik samen met Bram en Timo in de auto te wachten op Eleny, die haar vriendin zal ophalen in de aankomsthal. Ik heb al snel spijt van die beslissing; de jongens vinden het helemaal niks om rustig in hun stoeltjes te blijven zitten. Nadat ik een kwartier lang al mijn entertainment uit de kast heb gehaald, geef ik het op. Bram en Timo hebben bewegingsruimte nodig.

'Kom maar mee, boeven, dan gaan we een stukje wandelen. Maar!' Ik steek waarschuwend mijn vinger in de lucht: 'Jullie gaan héél goed naar me luisteren!'

Ik haal Timo uit de auto en klem hem tussen mijn benen zodat hij niet weg kan rennen. Dan haal ik Bram eruit en voordat we gaan lopen, zorg ik dat ik van beiden een handje stevig vast heb.

De parkeerplaats voor de aankomsthal is een komen en gaan van auto's en zeker niet de beste plek om met twee nieuwsgierige jongetjes van twee te gaan wandelen. Ik had de kinderwagen mee moeten nemen, maar helaas ben ik die vergeten. We steken snel over naar het pleintje voor de ingang en staan nog maar net veilig op de stoep of Timo struikelt en valt lelijk op z'n knietjes. Als ik hem overeind wil helpen, moet ik Bram even loslaten en, ik had het kunnen weten, die rent onmiddellijk weg, zonder nog om te kijken. Timo huilt hard om zijn pijnlijke knietjes, maar ik moet nú achter Bram aan. Ik slinger Timo op mijn heup en zoek Bram in de menigte. Hij is nergens te zien. De schrik slaat me om het hart. Ik ren heen en weer en zoek overal met nog steeds een huilende Timo op mijn heup. Bram kan nooit ver zijn, toch? Opeens zie ik twee kleine beentjes uit een taxideur bungelen. In de auto zit Bram met een walkietalkie in zijn hand, op de rand van de bijrijdersstoel.

'Bram, kom hier! Ben je helemaal gek geworden!' Mijn boosheid komt voort uit die enorme angst: een van de kinderen kwijtraken. Het is zo gepiept, dat is zojuist maar weer gebleken.

'Niks aan 't handje, wijfie. Hij stond nieuwsgierig bij de wagen te koekeloeren naar al die knoppies, dus ik heb het hem maar effe laten zien.'

De taxichauffeur, een oudere man met een te grote neus en een te grote snor, kijkt mij geruststellend aan. 'Tweeling?'

Ik knik en ga op mijn hurken zitten. 'Bram, dat mag je nooit meer doen! NIET wegrennen, hoor je me Bram, NIET wegrennen!'

'Jahaa,' is het antwoord. Bram is helemaal in de ban van de walkietalkie en niet geïnteresseerd in zijn strenge moeder.

'Mama, kijk! Kijk daa! Loze hale!' Timo wijst giechelend naar een meisje dat net voorbijloopt. Ze heeft knalroze haar en een grote tas om haar schouders. Het meisje kijkt onze kant op en lacht, duidelijk gewend aan de aandacht die haar haren haar opleveren.

Ik pak Bram en Timo stevig bij de hand. 'Bedankt hoor. Tot ziens!' roep ik over mijn schouder naar de chauffeur.

'Tuurlijk! Succes ermee!'

Bram zwaait naar zijn nieuwe vriend.

'Kijk mama daa! Loze hale!' Timo wijst weer met zijn kleine vingertje, maar nu in de richting van onze auto. Het meisje met de roze haren staat met Eleny bij onze auto.

'Hello, mrs. Van Someren.' Ze steekt kordaat haar hand uit. 'I'm Monica, nice to meet you.'

'Hi Monica, nice to meet you too. Just a moment.'

Eerst zet ik de jongens in hun autostoeltjes en trek de riemen stevig aan. Dan draai ik me om en schud haar enthousiast de hand. 'Welcome to Holland, Monica!'

Ik moet me echt inhouden, want dat roze haar werkt op mijn lachspieren.

'En dit zijn Bram en Timo, mijn tweeling. Ze zijn twee.'

Monica steekt haar hoofd in de auto en Timo raakt voorzichtig de roze haren aan. Ze lacht vriendelijk en Timo trekt snel zijn handje weer terug. Bram kijkt de kat uit de boom en zegt niets. Zodra Eleny en Monica instappen beginnen ze druk te kletsen, dus ik zet voor de jongens een muziekje op en verheug me op de avond. Eleny heeft aangeboden samen met Monica op te passen, als dank voor het feit dat Monica bij ons mag wonen. Daar ben ik natuurlijk direct mee akkoord gegaan. Paul wilde na zijn werk gaan sporten, dus ik heb een paar vriendinnen gebeld om lekker uit eten te gaan.

In de achteruitkijkspiegel zie ik Monica's roze haren, een roze jas, een roze sjaal en zelfs een klein roze knopje in haar bovenlip. Mijn hemel, de nieuwe oppas is een wandelende zuurstok!

We rijden van Schiphol direct door naar school. Monica stelt zich aan Tessa voor als de vriendin van Eleny en ze legt uit dat ze een tijdje bij ons blijft logeren. Tessa kijkt haar onderzoekend aan en vraagt met een frons: 'Why you have roze hair?'

'Because I like it,' antwoordt Monica simpel.

Daar moet Tessa even over nadenken, maar dan knikt ze tevreden.

Als we Pien ophalen bij de peuterspeelzaal, begint die heel hard te giechelen zodra ze Monica's haar ziet, ze kan haast niet meer ophouden. Ze lacht zo aanstekelijk, dat iedereen met haar meelacht.

's Avonds vertel ik het verhaal van de roze haren aan mijn zusje Maggie en drie vriendinnen. We zitten in het jazzcafé in het dorp, waar vanavond ook nog livemuziek is en we hangen allemaal gierend van de lach om de tafel. Alhoewel, dat zie ik verkeerd: mijn beste vriendin Anne lacht niet mee en kijkt me hoofdschuddend aan.

'Hè Anne, hier heb ik geen zin in hoor!' Ik geef een por tegen haar elleboog, maar Anne zegt: 'Ja sorry hoor, Lou, maar ik heb nooit begrepen waarom je zo nodig een au pair in huis wilde, laat staan een met roze haar!' Maggie begint weer te proesten en Angela, de moeder van Kiki, lacht vrolijk mee.

'Mijn au pair heeft laatst een piercing in haar tong laten zetten en was een week lang niet verstaanbaar!' vertelt ze.

'Dat moet een geweldige week zijn geweest voor je kids,' giechelt Maggie en ze neemt een flinke slok wijn. 'Ik kan me er echt niets bij voorstellen, zowel bij het hebben van kinderen als bij een au pair in je huis.' Maggie is vijf jaar jonger dan ik en ze woont en werkt in Amsterdam. Ze is single, reist als chefmode de halve wereld rond en geniet intens van wat ze doet.

'Ik wist niet dat jij ook een au pair had, Angela,' zegt Roos, Toms moeder verbaasd. 'Ik moet er ook niet aan denken hoor, Anne. Ik zou mijn kleintjes nooit toevertrouwen aan zo'n jong ding die de taal niet eens spreekt.'

'Hè dames, laten we nou afspreken dat we op ons avondje uit geen waardeoordeel gaan geven over het fenomeen au pair, oké?' Smekend kijk ik de tafel rond, en ik hef mijn glas. 'Op een gezellige avond!' Alle glazen raken elkaar en op dat moment staat Francesca naast onze tafel. Iedereen kent haar, en haar zoontje Frederik is een goed vriendje van Tom.

'Wie zijn dit allemaal, Roos?' Francesca kijkt hooghartig de tafel rond. Haar blik blijft hangen op mijn uitgroei. Beschaamd haal ik mijn hand door mijn haar, wat geen enkele zin heeft, natuurlijk.

'O hoi, Francesca,' Roos schiet overeind. 'Dit is mijn vrien-

din Milou, haar zusje Maggie, dat is Anne en Angela ken je geloof ik van het bestuur van de tennisclub, is het niet?' Roos
babbelt er flink op los. 'Gefeliciteerd met Frederik! Zes jaar alweer! Heeft hij een leuk feestje gehad vanmiddag? Zeg, Tom
kwam in totaal andere kleren thuis dan toen hij naar jullie toe
ging. Weet jij wat er is gebeurd?'

'Nee, ik kom net terug uit Milaan, ik heb Frederik net alleen
even een nachtzoen gegeven. De au pairs hebben het feestje
verzorgd, dat hoor ik morgen allemaal wel. Zeg, ik moet gaan,
mijn echtgenoot wacht. Dag Roos.' Ze negeert de rest van de
dames aan tafel, draait zich op haar hoge hakken om en gooit
haar haren met een overdreven gebaar naar achteren. Als we
onze openhangende monden weer hebben gesloten, lachen,
kletsen en drinken we tot in de kleine uurtjes.

De rest van de week kan Pien alleen maar giechelen als ze Monica ziet. Tessa heeft al haar vriendinnen verteld over het roze
haar en ze willen allemaal komen kijken. Op een avond vraagt
Tessa als ik haar naar bed breng: 'Mam, mag ik ook roze haar?'

Timo heeft Monica ook helemaal geaccepteerd, alleen Bram
moet niets van haar hebben. Gelukkig trekt Monica zich nergens iets van aan, ze doet gewoon wat ze moet doen. Ze is geweldig goed met de jongens, ze heeft absoluut de overhand en
dat geeft mij veel rust en ruimte om te werken.

Monica zorgt voor de jongens en haalt met hen in de bakfiets Pien van de peuterspeelzaal. Daarna neem ik het van haar
over, tenzij ik ook 's middags moet werken. Twee keer in de
week helpt ze me 's avonds met badderen en naar bed brengen.
Monica is echt een schat. Ze is al negenentwintig en in Griekenland was ze kapster. Het traditionele leven in haar dorp benauwde haar; ze wilde niets liever dan het keurslijf waarin ze

zat ontvluchten. In overleg met haar familie en met Eleny heeft ze haar baan opgezegd en nu wil ze nadenken over haar toekomst. Op de tijden dat ze niet werkt is ze bij Eleny. Na een week ben ik al zo aan haar gewend, dat ik het nu al jammer vind dat ze over twee weken weer naar huis gaat. Maar met Jana is inmiddels alles rondgebreid.

'I heard there's a public swimming pool in town. Ik zou het leuk vinden daar met Tessa naartoe te gaan. Vind je dat goed?' Monica kijkt me vragend aan.

Verbaasd over dit leuke plan kijk ik haar aan: 'Yes, that would be great! Tessa heeft haar diploma nog niet, maar ik denk dat het haar enorm zal motiveren om naar het zwembad te gaan!'

Tessa is door het dolle heen als ze hoort dat ze met Monica mag gaan zwemmen. Zij ziet haar van alle kinderen het minst, en dat vindt ze erg jammer. Tessa vindt Monica 'vet cool' en als ik ze samen afzet bij het zwembad gaat ze vrolijk huppelend aan Monica's hand mee naar binnen.

's Avonds aan tafel heeft Tessa het hoogste woord. Nog met natte haren, rode ogen en vol zwemverhalen vergeet ze volkomen van haar bordje pasta te eten.

'En mam, ik heb een heel groot geheim!' Tessa is er hyper van.

'O, wat spannend! Mag ik het ook weten?' Haar gedrag maakt me nieuwsgierig.

'Ja, maar het is wel een geheim. Je mag het dus echt niet doorvertellen!'

'Natuurlijk doe ik dat niet.' Ik zit ondertussen als een klein kind op het puntje van mijn stoel. Dan buigt Tessa zich naar me toe en fluistert heel hard: 'Monica heeft een oorbel, daar!' En ze wijst met haar vinger naar mijn borst.

Ik verslik me bijna in mijn pasta en het duurt even voor ik begrijp wat ze bedoelt: Monica heeft een tepelpiercing.

'O.' Ik probeer zo nonchalant mogelijk te doen. 'Hoe weet jij dat?'

'Heb ik in het zwembad gezien toen we ons verkleedden. Cool hè, mam?'

NOVEMBER

'Hallo, hier spreekt Christina von Biesterheuvel.'

Ik graaf in mijn geheugen, wie is ook alweer Christina von Biesterheuvel?

'Ja hallo, bist du da?'

'Sorry, ik hoorde u niet goed. Hoe gaat het met u?' Ik heb nog steeds geen idee wie ik aan de lijn heb, maar besluit maar te doen alsof.

'Ja, ja. Mij gaat het goed. Ik roep je aan, omdat ik een vraag heb. Ik heb van mein freundin Alexandra, die met jou tennis spielt, gehoord dat jij een au pair hebt. Stimmt das?'

'Ja, dat klopt. Ik heb een au pair.' Ik vraag me af waar dit gesprek naartoe gaat. Christina von Biesterheuvel klinkt als een oudere dame.

'Ik woon naast Alexandra, wij hebben ons daar een keer bij een verjaardagsfeest getroffen.'

Ineens weet ik weer precies wie Christina is. Een geweldig mens, zo zie je er maar weinig. Ze loopt altijd in écht bont, nep is voor de nouveaux riche. Ze rijdt in een Porsche Carrera alsof het een SUV is en ze heeft drie kleine chihuahua's, die ze praktisch overal mee naartoe neemt. Christina is van oorsprong Duits en woont al dertig jaar in Nederland, maar haar zware Duitse accent wil maar niet verdwijnen. En inderdaad, Christina is al eind zestig, hoewel ze er niet zo uitziet.

'Also, ik heb een nieuwe hond gekauft, aber deze hond zusammen met die andere honden haut niet zo goed ein. Deze hond ist etwas grösser als de anderen en daarom kan ik hem niet überall hin mitnehmen. Dat gaat einfach niet. Dat versta je natürlich wel, oder?'

'Ja, natuurlijk. Dat begrijp ik.'

'Gut, ik ben namelijk op zoek naar einem mädchen dat meinen hond so ab und zu versorgen will. Ein mädchen das lieb ist.'

'Begrijp ik het goed dat u op zoek bent naar een au pair voor uw hond?'

'Ja, genau. Dat sage ik doch!'

'O, ja, sorry.' Ik moet mijn lach inhouden.

'Gut. Ik frage mich ob dein mädchen vielleicht etwas zeit over heeft om meinen hond op te passen als ik weg ben?'

'Eh, ja. Ik denk dat dat wel moet kunnen, ze werkt natuurlijk niet continu bij mij. Maar wilt u haar op vaste tijden?' Ik kan nauwelijks geloven dat dit een serieus gesprek is over een au pair voor de hond.

'Ja, ik had das mädchen gerne einmal per week en dan moet sie natürlich met dem hond wandelen gaan, hem strelen en so weiter. En voeren natürlich. Ach, du weisst wat ik bedoel. Einfach versorgen. Dan kan ik me met mijn freundinnen treffen, zonder me sorgen over de hond te maken. Is dat möglich?'

Wat moet ik hier nou mee? Wat moet ik zeggen? Maar vooral, wat moet ik tegen Monica zeggen? Er is een oudere dame in het dorp op zoek naar een au pair voor haar hond? Iets voor jou?

'Wat mij betreft kan het wel. Onze au pair, Monica, heeft vrij op woensdag, komt dat u uit?'

'Ja ja. Das ist gut.'

'Goed, dan zal ik het even met Monica overleggen. Zij is hier maar voor een paar weken, is dat een probleem?'

'Nein, nein, kein probleem. Zo lange zij den hond versorgen kan en hem lief behandelt, ist alles in ordnung.'

Haha, ik ben benieuwd wat Monica vindt van 'dogsitting'.

De kinderen liggen in bed, rust in huis. Mijn avond zappen kan niet meer stuk. Paul komt vanavond laat thuis en zo af en toe vind ik dat heerlijk! Maar ik lig nog geen twee minuten op de bank of de telefoon gaat.

'Milou, met Margreet!' Ik haal snel de hoorn bij mijn oor vandaan. Wat kan mijn schoonmoeder toch hard praten. 'Ik wil even langskomen, voor een gezellig wijntje. Ik rijd toevallig bij jullie in de straat.'

Margreet en toeval, die twee gaan echt niet samen. Voor ik antwoord kan geven, hoor ik op straat al getoeter; geen ontkomen meer aan. Ik kijk nog even in de spiegel, trek mijn haar recht en open met flinke tegenzin de voordeur. Binnen vijf minuten steekt Margreet aan de keukentafel van wal.

'Kind, er moet me echt iets van het hart.' Haar stem is plotseling zacht en met een bezorgde blik kijkt ze me aan.

'Vind je het nou echt nodig wéér zo'n meisje in huis te nemen, voor zo'n korte periode nog wel? Moet je juist nu, nu de kinderen nog zo klein zijn, je hobby weer oppakken?'

Ik zucht diep en tel langzaam tot tien. Ik had echt liever op de bank gehangen met een slappe B-film, een zak M&M's en mijn kopje thee. Moet ik hier serieus op reageren of zal ik het gewoon laten overwaaien?

Mediation, dat is toch het woord van nu? De energie moet uit mijn tenen komen, maar ik wil toch graag weten wat mijn schoonmoeder precies dwarszit.

'Wat bedoel je, Margreet? Vind je dat we het niet goed doen

met de kinderen? Of dat we niet genoeg tijd met ze doorbrengen? Wat is het probleem?'

'Nou ja, inderdaad.' Margreet klinkt ineens onzeker, dat heb ik nog niet eerder meegemaakt. Wellicht dat mijn mediationtechniek niet zo'n slecht idee was.

'Ik vind gewoon dat je aan de kinderen moet denken en niet aan jezelf. Ga toch lekker voor ze zorgen, echt, dat is veel beter dan al dit gedoe. Financieel gezien hoeft het niet, en die kleintjes hebben jou nodig, niet een meisje dat ook nog eens voortdurend wisselt.'

Ik probeer me te concentreren op mijn ademhaling en zeg: 'Je hebt gelijk als je zegt dat steeds wisselende au pairs niet goed is voor de kinderen. Daar zijn Paul en ik ons zeker van bewust.'

'Dat is mooi om te horen.' Margreet knikt voldaan.

Ik gooi een paar M&M's in mijn mond en tuur even naar een vochtplek op het plafond. 'Maar we hebben de laatste tijd ook niet zo veel geluk gehad met de au pairs. Daar ben je het toch wel mee eens?'

'Ja, maar zou het dan ooit wel goed gaan?'

'Margreet, we hebben toch ook twee leuke, goede au pairs gehad. Jij was bijvoorbeeld groot fan van Myryam, die Zuid-Afrikaanse.'

'Dat was ook een geweldig leuk meisje. Zij zag wat er nodig was, keek vooruit, was assertief en fantastisch met de kinderen!' Margreet knikt, maar er is meer.

'Lou, de kinderen zijn nog klein en ze hebben je nodig. Straks als ze groot zijn, vinden ze het niet meer zo leuk om bij je te zijn. Neem dat nu maar van mij aan, I've been there!'

'Maar ik bén er toch voor ze,' antwoord ik. 'Bijna altijd zelfs! Meestal zit ik in het tuinhuisje te werken, weet precies wat er gebeurt en ben er als het nodig is. Als ik weg ben voor een shoot, is Paul op tijd thuis. Ik haal elke dag Tessa van school en Pien ophalen doe ik pas om en om sinds Monica er is. Ik zie eerlijk gezegd het probleem niet.' Rustig kijk ik Margreet recht in de ogen.

'Dat fotograferen kun je toch ook oppakken als de kinderen groot en zelfstandiger zijn. Dat is op dit moment toch niet van belang.' Margreet weet van geen wijken en het begint in mijn onderbuik een beetje te borrelen.

'Ik geloof toch echt dat jij heel anders naar mijn werk kijkt dan ik. Ik ben freelancefotograaf en ik heb heel hard gewerkt om iets op te bouwen. Voor we kinderen kregen, werd ik non-stop geboekt door de meest uiteenlopende opdrachtgevers. Ik ben er inderdaad even tussenuit geweest, want toen de jongens kwamen werd het allemaal erg heftig en was het niet meer te combineren. Nu zijn ze twee en binnenkort gaan ze naar de peuterspeelzaal. Dit is juist het moment om ook weer aan mijn ambities te denken.'

'Maar...'

'Nee, sorry Margreet. Ik geloof niet dat jij begrijpt hoe belangrijk het voor mij is, om mijn eigen ding te hebben. Het is niet alleen goed voor mijn zelfvertrouwen, ik ben ook erg trots op wat ik doe, op wat ik heb bereikt en op wie ik ben.' Zo, dat is gezegd.

Maar helaas, Margreet veegt het direct weer van tafel. 'Wat een onzin, Milou! Toen ik moeder was, was ik ook verschrikkelijk trots op mezelf. Het is toch niet zo dat je moet werken om trots te zijn op jezelf? Het was enorm druk hoor, met drie kinderen en een man die veel tijd in het buitenland doorbracht. Maar ik heb het gedaan en ik ben nooit ontevreden geweest over mijn positie als moeder.' Kordaat schenkt ze zich nog een glas wijn in.

'Dat is dan toch prachtig? Maar iedereen is anders en ik denk dat ik een leukere moeder ben als ik, naast mijn moederschap, ook mijn werk kan doen.' Ik zeg het heel vriendelijk maar ook heel nadrukkelijk.

'Nou, ja, dat zou kunnen.' Ik zie teleurstelling omdat ze niet heeft kunnen overbrengen waarvoor ze is gekomen. Ik vind het wel prima zo, het is in elk geval een effectievere avond dan in mijn eentje voor de buis.

Niet veel later gaat Margreet weer naar huis. Ze heeft me bedankt voor het goede gesprek en met een voldaan gevoel stap ik in bed.

Nadat ik Tessa 's morgens naar school heb gebracht, bel ik Christina. Ik vertel haar dat Monica het fantastisch vindt om op haar hond te passen, een beetje overdrijven kan nooit kwaad bij Christina, maar leg haar nog wel even uit dat Monica niet kan komen als ik een opdracht heb. Ze gaat akkoord en we spreken af dat Monica en ik de eerste keer even samen komen om kennis te maken. Ze wil graag 'das liebe mädchen even zien' (ik noem dat 'keuren') en de mand, het hondenvoer et cetera aanwijzen, waarna Monica meteen mag beginnen met 'oppassen'.

De shoot voor Maggie gaat de hele dag duren. Dat betekent dat ik niet voor het eten thuis zal zijn. Monica vangt Pien en de jongens op, Tessa gaat na school spelen bij haar vriendin Livia. Paul zal Tessa daar ophalen en vervolgens met Monica het avondritueel verzorgen.

Monica gaat vanavond voor het eerst koken, en ik ben benieuwd of dat wordt opgegeten door het hele stelletje. Zelf hou ik erg van koken en van lekker eten, ik vind echt alle soorten gerechten lekker, maar tot mijn grote verdriet houden mijn kinderen voornamelijk van vissticks, pannenkoeken, hamburgers en kant-en-klare lasagne; zelfs mijn zelfgemaakte lasagne wordt niet gewaardeerd. Tessa is als oudste het grote voorbeeld voor haar zusje en broers; eettechnisch gezien is dit helaas niet erg gunstig. Aan tafel zit ze nog geen vijf minuten stil, haar eten beweegt op het bord van links naar rechts met haar mee en uiteindelijk blijft het overgrote deel liggen. Meestal vraagt Tessa direct als ze uit school komt wat er 's avonds gegeten zal worden en als het haar niet aanstaat, laat ze dat de rest van de middag merken.

Vanavond zal Monica voor een Griekse maaltijd zorgen. Ik heb wat geld achtergelaten voor boodschappen en ze verheugde zich erop om met de jongens te gaan winkelen en daarna lekker te koken. Ik heb haar maar niets verteld, ook niet dat Paul al even kieskeurig is als zijn oudste dochter. Het enige wat ik heb gezegd, is dat de kinderen eventueel het eten een beetje vreemd 'zouden kunnen' vinden en het daarom misschien niet 'zouden kunnen' opeten. Ik wilde simpelweg haar pret niet bederven.

Als ik aankom op de locatie voor de modeshoot, zie ik meteen twee modellen, die met een chagrijnig hoofd in een hoek staan te roken. Altijd bijzonder; heb je zo'n fraai uiterlijk dat je model mag zijn, ben je niet te pruimen. Gelukkig is dit niet altijd het geval, maar deze twee meisjes hebben er vandaag duidelijk geen zin in. En dat is nu net iets wat ik niet kan gebruiken bij mijn eerste grote opdracht sinds tijden! De styliste heeft de kledingsetjes al klaar gehangen en de visagist is met het derde model bezig.

'Hoi, ik ben Katelijn.' Ik zie een lief gezicht, een vrolijke paardenstaart en een uitgestoken hand die de mijne stevig schudt.

'Hoi Katelijn, ik ben Milou.' Mijn handtas glijdt bijna van mijn schouder door de kracht waarmee ze mijn hand schudt, en houterig probeer ik mijn schouder hoog te houden om dat te voorkomen.

'Fijn dat je er bent. Ik ben de assistente van Maggie. Jij bent haar zus, toch? Leuk je te ontmoeten. Goh, jullie lijken sprekend op elkaar!'

'Wat bedoel je?' zeg ik geschrokken. 'Ik ben toch zeker veel knapper!' Lachend lopen we de volgende ruimte binnen.

'We hebben al een aantal zaken klaargezet,' vertelt Katelijn. 'En Sjors, de visagist, bereidt de meisjes voor. Hij is erg goed, dus daar hoef jij je geen zorgen over te maken. Zullen we maar meteen de locatie gaan verkennen?'

De opzet voor de shoot hebben we reeds besproken, dus samen met Katelijn en de styliste gaan we op zoek naar de beste lichtinval in het leegstaande pakhuis. Het is een prachtige locatie, ik word er helemaal blij van en de opwinding stroomt door mijn lichaam!

Sjors laat weten dat het eerste meisje over tien minuten gereed is. De styliste wijst op een hoek bij het raam met een prachtige lichtinval. De afgebladderde vensterbank was ooit turkooizen en naast het raam zit een roestige pijpleiding. Perfect! Katelijn knikt, ze is net zo enthousiast als ik.

'Kun je even omhoogkijken, naar het raam?' Het model houdt haar hoofd hoog. Door mijn lens zie ik een enorme pukkel op haar kin. Lang leve Photoshop, denk ik terwijl ik mijn eerste shots maak.

De dag vliegt voorbij en inderdaad, pas rond acht uur 's avonds zit ik weer in de auto op weg naar huis met een paar honderd waanzinnige foto's op mijn laptop. De muziek staat extra hard en ik zing en swing mee. Wow, wat een topdag! Ik gil door de auto van blijdschap. Ik krijg er echt een kick van en geef mezelf in de achteruitkijkspiegel een vette knipoog.

Thuis lijkt alles goed te zijn verlopen. De kinderen liggen in bed en Paul zit achter zijn computer. Enthousiast vertel ik Paul in sneltreinvaart over mijn geweldige dag en de prachtige foto's die ik heb gemaakt. Paul slaat zijn armen om me heen, tilt me op en draait me rond.

'Milou, je weet toch dat je fantastisch bent!' Hij geeft me een dikke zoen op mijn mond en zet me rustig weer op de grond.

Monica staat in de keuken nog de afwas te doen. Haar roze haren blinken nog feller op onder de spots in onze keuken. Ze ziet er moe en bleek uit. Misschien was het toch wat veel voor haar, de hele dag die drie kleintjes om haar heen.

'Hi Monica! How did it go today?' Ik doe zo enthousiast mogelijk.

'It went okay, Milou.' Ze kijkt me aan en ik zie dat ze veel meer te vertellen heeft, maar niet weet waar ze moet beginnen. Ik ben zo nieuwsgierig dat ik vraag: 'Did they like your dinner?'

'Well, no, not really.' Arme Monica, ik heb echt met haar te doen. 'Ze vonden het er vreemd uitzien en prikten er met hun vorkjes in, zelfs Paul. Dus uiteindelijk heb ik de bordjes maar weer van tafel gehaald. Maar mijn baklava maakte alles weer goed, ze hebben alles opgegeten.'

Daar moet ik erg om lachen; zo ken ik mijn pappenheimers weer. 'Yes, of course they did!' Ik sla mijn arm om Monica heen en knijp haar zachtjes. 'Is er nog iets over? Ik weet zeker dat ik het wel lekker vind!'

Terwijl ik van Monica's spanakopita geniet, vraag ik toch nog even door over de dag. Ik ben namelijk ook erg benieuwd naar het winkelavontuur met de jongens.

'Well.' Monica begint wat huiverig en denkt dan even rustig na. 'You see, het was eerlijk gezegd een beetje hectisch.'

'O really? Hoezo?' Ik weet niet zeker of ik moet lachen of meelevend moet kijken.

'Where to begin. Toen we de winkel binnenkwamen wilden ze niet meer in de kinderwagen, dus heb ik hen eruit gelaten.'

Oei, denk ik bij mezelf, beginnersfout!

'Daarna wilden ze allebei zo'n miniboodschappenwagentje, dus heb ik hen dat gegeven.' Ik hou mijn hand voor mijn mond, dan kan Monica tenminste niet zien of ik lach of verschrikt kijk.

'Maar halverwege de winkel hadden ze daar geen interesse meer in en lieten ze de wagentjes staan. Ik moest dus met die twee wagentjes én mijn eigen winkelwagen achter de jongetjes aan, die alle kanten op renden.'

Ik kan er niets aan doen, ik schiet nu toch hardop in de lach, ik ken het scenario maar al te goed. Door mijn gelach is Monica duidelijk even de draad kwijt. Ze lacht een beetje schichtig mee en gaat dan door.

'Toen ik eindelijk bij de kassa stond om af te rekenen, hoorde ik de jongens roepen en lachen: "bouter, bouter". Ik kon ze niet zien, dus begreep niet wat ze bedoelden.'

Inmiddels zit ik op het puntje van mijn stoel. Ik voel een lichte bezorgdheid opkomen.

'Don't worry.' Monica ziet de verontruste blik in mijn ogen. 'Toen ik ze vond, stonden ze te lachen en te wijzen naar een kleine man. Ik weet niet hoe jullie dat noemen, een volwassen man die heel klein is.'

Even weet ik niet wat ze bedoelt, maar dan, natuurlijk, dat is het!

'Je bedoelt een lilliputter!'

'Ik denk het. Ze stonden voor de kleine man en lachten, wezen met hun vingertjes naar hem en riepen steeds "bouter, bouter". Arme man, hij keek echt verdrietig.'

'Dat klinkt vreselijk gênant!' Ik moet er toch een beetje om lachen. 'En met "bouter" bedoelden ze kabouter, de dwerg met de rode puntmuts!'

De volgende ochtend begin ik met het zorgvuldig bekijken van de foto's die we op de set al hadden geselecteerd. Hier en daar bewerk ik wat pukkels en andere oneffenheden. Zelfs modellen met een slechte dag komen zo altijd goed tevoorschijn. Als ik met Maggie en Katelijn een datum probeer te plannen voor de overdracht van de foto's, stuit ik tot mijn schrik op 'Huwelijk Ruella' in mijn agenda. Dat is al morgen. Ik was het eigenlijk alweer vergeten, zo afgeleid was ik door mijn opdracht. We plannen de afspraak voor zaterdagochtend. Niet het handigste moment voor mij, maar deadline is deadline.

Ik heb de telefoon nog niet neergelegd of Monica komt binnen. Ze ziet lijkbleek en heeft dikke tranen in haar ogen.

'Hi Milou, so sorry to bother you. Ik denk dat er iets fout is met mijn kies. Hij doet vreselijk veel pijn en ik heb de hele nacht niet kunnen slapen. Ik wil je niet tot last zijn en ik weet dat je het druk hebt, maar het doet zo veel pijn.' Ze staat met schokkende schouders en volledig teneergeslagen in de deuropening van mijn kantoortje. Ik heb oprecht medelijden met haar.

'Poor you! Wanneer is het begonnen?'

'Well, het begon gistermiddag, maar ik had niet verwacht dat het zo snel zo heftig zou worden.'

'Je ziet er inderdaad beroerd uit. Ik zal onze tandarts bellen en een afspraak voor je maken. Waar zijn de jongens?'

'Die kijken *Tarzan*,' antwoordt ze zachtjes en ze snikt. Haar pijn is duidelijk nauwelijks draaglijk.

De tandarts is een vriendin van mij en ze kan Monica wel even tussendoor bekijken. Ze mag direct komen en zal moeten wachten tot er wat ruimte tussen de afspraken valt. Monica vertrekt als een zielig hoopje ellende met haar hand op haar wang. Ik besluit mijn computer maar weer op de keukentafel te plaatsen. De jongens zijn gelukkig superlief; ze kijken *Tarzan*, spelen Tarzan (en Jane...) en rennen de rest van de ochtend in hun luiers door het huis.

Als ik in de auto zit op weg naar de peuterspeelzaal, belt Lot, de tandarts. Zodra ik haar naam zie op mijn gsm, weet ik dat dit geen goed teken is.

'Milou, met Lot.' Haar ferme stem weergalmt door de auto.

'Hoi Lot, en? Wat is de status van het gebit van mijn au pair?' We beginnen allebei te lachen, maar ik natuurlijk wel als een boer met kiespijn.

'Niet goed, Milou. Ze heeft een flinke pulpitis.'

'Dat klinkt vies en niet goed.' Een rilling loopt over mijn rug, de tandartsstoel is een plek die ik graag mijd.

'Nou,' Lot lacht terwijl ze doorpraat, 'het is een heftige zenuwontsteking aan haar kies, waaraan ze direct geholpen moet worden.'

'O, en ga jij dat nu doen?'

'Nee, dat wil ze niet.'

'Ze wil niet? Maar ze heeft toch enorme pijn?'

'Ja, dat heeft ze zeker. Zo'n ontsteking is echt niet lang vol te houden, maar het probleem is dat ze niet goed verzekerd is. Ze viel bijna uit de stoel toen ik haar vertelde wat het haar gaat kosten als ik haar zou behandelen.'

'Niet goed verzekerd? Ach, nee. Dat meen je niet!'

'Ze is uitsluitend verzekerd voor ziekenhuisbehandelingen en opnames. In Griekenland zit de tandarts in het ziekenhuis, maar in Nederland is dat weer anders. Vandaar.'

'En nu?'

'Ze moet zo snel mogelijk, eigenlijk per direct, terug naar Griekenland om daar behandeld te worden. Anders wordt het echt ondraaglijk voor haar.'

'Dit geloof ik niet! Wat is er toch mis met al die dames in mijn huis! Sorry Lot, daar moet ik jou niet mee lastigvallen.'

'Ik begrijp het, maar ik kan er niets beters van maken.'

'In elk geval bedankt dat je haar zo snel kon zien. Echt super van je!'

'Geen probleem. Succes verder en we bellen nog wel.' Lot heeft opgehangen.

Echt veel tijd om erover na te denken heb ik niet. Ik haal Pien van de peuterspeelzaal en rijd snel naar huis, waar ik Monica aantref achter de computer.

'I'm so sorry Milou, but the dentist can't help me. Ik moet zo snel mogelijk terug naar huis om behandeld te worden.' Ze kijkt me verdrietig aan. Ik baal, maar heb eigenlijk meer medelijden met haar dan met mezelf. 'Don't feel guilty, really. Ik vind het erger voor jou.'

'Yes, but... ik had het zo naar mijn zin hier bij jullie. Ik wil helemaal niet weg.'

Ik sla mijn arm om haar heen en tuur naar de computer om mijn emoties te verbergen.

'Kun je het ticket omzetten?' Ik mag toch hopen dat ze een flexibel ticket heeft gekocht.

'Ja, ik heb ook al een vlucht gevonden: morgenochtend om half twaalf.'

'Oké, ik zal je wegbrengen, geen probleem.'

Die middag bel ik eerst Christina om te vertellen dat Monica niet meer komt 'dogsitten'. Daarna verplaats ik mijn computer maar weer eens naar de keukentafel. De kinderen zijn druk en maken veel lawaai, maar zo kan ik in elk geval mijn mail bijwerken. Ik stuur ook een berichtje naar Jana, die over een paar dagen arriveert, met de laatste instructies over de ophaalplek op het Centraal Station.

De telefoon gaat en voor ik het weet heeft Tessa al opgenomen: 'Mam, het is voor jou. Een meneer.'

'Met Milou van Someren.'

'Hello, this is Boris, from the Czech Republic.' Ik hoor een donkere mannenstem met een zwaar accent.

'Yes, hello.' Ik kan hem nauwelijks verstaan.

'Sorry to disturb you, but I am the boyfriend of Jana, your new nanny.'

Mijn hart begint sneller te kloppen. Wat nu weer?

'Well, I'm calling because she can't come no more.'

'She can't come? WHAT?' Ik sluit mijn ogen en haal diep adem. Het lawaai van de kinderen wordt steeds erger, maar ik negeer het.

'Why not? What's wrong?'

'Well, we're having a baby. She's pregnant. We're very happy.'

Het kan niet waar zijn. Dit kan mij toch niet twee keer overkomen? Ik ben volkomen in shock en weet niets te zeggen. Ineens klinkt er een enorm gelach en gebrul; ik schrik ervan. Grappig? Grappig? Dit is helemaal niet grappig!

'Ha ha, Milou. Had ik je mooi te pakken! Ik ben het maar, Otto.'

Verbijsterd ben ik, volkomen van mijn stuk gebracht. In een split second zag ik alles in het honderd lopen: weer helemaal opnieuw beginnen met de zoektocht naar een au pair.

Ergens is het natuurlijk wel grappig, mijn broer weet donders goed hoe ik de laatste tijd loop te klungelen met al die au pairs, maar het duurt een paar uur voor ik er ook om kan lachen.

Tijdens het koken stuur ik hem een sms'je: Je had me beet. Goeie grap.

Paul heeft de volgende dag vrij genomen, hij is het huwelijk van Ruella duidelijk niet vergeten. Als we 's avonds de planning even doornemen, gaat de telefoon.

'Van Someren.' Streng neemt Paul de telefoon op, daar ben ik elke keer weer verbaasd over. Het klinkt zo onaardig en autoritair. Mijn vader doet dat precies zo, ik had nooit kunnen bedenken dat mijn man ook zo zou gaan opnemen.

'Hi Ruella, how are you? I'll give Milou.' Paul knikt naar mij, alsof ik onmiddellijk aan de lijn moet komen. Hij neemt niet eens de moeite om haar antwoord af te wachten.

Even schiet het door me heen dat ze belt omdat het huwelijk is afgeblazen. Dat zou toch wat zijn, ik zie het al voor me.

'Ze wil je wat vragen,' zegt Paul, terwijl hij de telefoon in mijn hand duwt.

'Hoi Ruella. Alles goed? Nerveus?' Je moet toch iets zeggen.

'Hello Milou. Nee, niet nerveus. Ik kijk uit morgen.' Haar stem klinkt opgewekt en enthousiast en ik ben blij dat mijn gedachtekronkel niet op waarheid berust.

'That's good to hear.' Ik zou niet weten wat ik verder moest zeggen, ik vraag me alleen maar af waarom ze míj belt op de avond voor haar huwelijk. Er valt een merkwaardige stilte.

'I want ask you something, is okay?' Het enthousiasme in haar stem is duidelijk verdwenen, ze klinkt opeens heel serieus.

'Yes, of course you can. Is er een probleem?' Ik word nu wel nieuwsgierig.

'We kregen telefoon van fotoman, en hij vertelt ons hij ziek. Nu we hebben geen fotoman op onze trouwdag.'

'Aha.' Ik weet meteen waar dit naartoe gaat.

'Ik wil vragen... misschien... jij foto's maken?'

Hè getver, daar heb ik nou echt helemááal geen zin in. De nederigheid van Ruella weergalmt door de telefoon; wel terecht gezien de manier waarop ze ons heeft verlaten. Wat zal ik doen? Ik kan moeilijk nee zeggen; ik ben er toch? Nou ja, dan moet het maar. Maar de kinderen gaan ook mee; dat is dan wel heftig voor Paul. Hoe gaan we dat regelen?

'Oké, ik zal het doen.' Het is eruit voor ik het besef. Paul kijkt me ondertussen vragend aan, hij heeft natuurlijk geen idee waar ik met Ruella over praat.

'O fijn, Milou. Zo fijn! Thank you so much.' Ruella klimt nog net niet door de telefoon.

Paul vindt het allemaal erg komisch, en het is ook bijna een soap aan het worden: de roze au pair brengen we morgen met kiespijn naar Schiphol, dan gaan we door naar het huwelijk van de zwangere au pair; Milou moet tussendoor wat foto's schieten en dat alles met vier kinderen erbij!

'Hoe laat moeten we er eigenlijk zijn?' vraagt Paul. De uitnodiging is letterlijk verknoeid door de koffie en ik kan nauwelijks meer lezen wat er staat.

'Tien uur, voor zover ik kan zien. Paul, dit betekent dat we of met twee auto's moeten gaan, jij naar Schiphol en ik naar Ruella, of we moeten Monica veel te vroeg op het vliegveld afzetten.' Ik kijk Paul ernstig aan. Hij vindt het allemaal nog steeds erg geestig.

'Inderdaad.' Paul denkt na.

Mannen zijn toch van de oplossingen? Nou, grijp je kans! denk ik, terwijl ik mijn wijnglas vul tot het randje.

'We gaan gewoon vroeg weg. Dan moet Monica maar wat langer op Schiphol wachten. Twee auto's is zo'n gedoe.'

Dat wordt morgen natuurlijk één grote toestand. We zouden uitsluitend naar de receptie gaan. Bram en Timo tijdens een huwelijksceremonie op hun stoel én stilhouden, wordt een enorme uitdaging. En Paul zal dat ook nog eens alleen moeten doen omdat ik foto's moet maken. Maar goed, er is geen weg meer terug, ik heb al toegezegd. Nu maar hopen dat de kinderen zo onder de indruk zijn van de trouwjurk en de ceremonie, dat ze braaf blijven zitten.

Gewapend met luiers, doekjes, drinkbekers, koekjes, doosjes rozijnen, stickerboekjes, leesboekjes, een tas met reservekleertjes en mijn reiskoffer met apparatuur gaan we de volgende ochtend op weg.

Het huwelijk van Ruella is voor Pien aanleiding om zich te willen verkleden; stampvoetend heeft ze hemel en aarde bewogen om haar Mega Mindy-pakje aan te mogen, en gezien de korte tijd die we hadden om iedereen gereed te maken, heb ik maar toegegeven.

Tessa vond het allemaal maar stom. 'Ik ga me echt niet verkleden hoor, mam! Dat is voor kleine kinderen!' riep ze op het moment dat Pien in vol ornaat tevoorschijn kwam. Tessa had zich, in haar ogen, mooi aangekleed met een grijs zomerrokje, een rode maillot, een oranje bloesje en als *final touch* haar coole roze laarzen.

'Wat een gedoe,' zuchtte ze. 'Alsof het iets uitmaakt of ik een broek of een rokje aanheb. Alles draait toch om de jurk van Ruella.'

De dames hebben een zeer duidelijke mening, de jongens gelukkig nog niet; hoewel overhemdjes niet geliefd zijn, dus daar begin ik niet aan.

Monica ziet er grauw uit en zegt nauwelijks nog iets. Tessa probeert haar op te vrolijken met spannende verhalen over school en haar vriendinnen.

'You know. I have taart gisteren on school.'

'O great.' Monica's antwoord is mat. Ze doet een zwakke poging om enthousiast te klinken, maar ze kan het niet meer opbrengen, ze heeft te veel pijn. Op Schiphol zie ik tranen in Monica's ogen en Tessa is daar erg van onder de indruk. Iedereen geeft haar een kusje op haar goede wang, ik wens haar veel sterkte en dan loopt ze, met haar roze haar, roze jas, roze sjaal en roze koffer en met gebogen hoofd naar binnen.

'Zo jammer dat ze weg moet. Ik vond haar echt de coolste van alle au pairs.' Tessa heeft het er moeilijk mee. Paul en ik kijken elkaar aan en lezen elkaars gedachten: hebben we er wel goed aan gedaan?

Het gemeentehuis van Diemen is een modern jaren negentiggebouw. Op het plein ervoor staan betonnen, asymmetrische vormen waar hier en daar water uit sijpelt. Het woord 'Gemeentehuis' schreeuwt je boven de ingang in neonletters tegemoet. Als we de trouwzaal binnenlopen, zie ik achterin nog een paar lege stoelen. Perfect. Als de kinderen vervelend worden, of gaan huilen, kan Paul ongemerkt wegvluchten. Terwijl ik onze spullen bij de vrije stoelen leg, merk ik dat er iets aan de hand is. Het geroezemoes in de zaal is verstomd en alle aanwezigen staren ons aan. Achter mij hoor ik iemand fluisteren: 'Dat is dat gezin uit het Gooi.' Alsof wij de attractie van de dag zijn, in plaats van het bruidspaar!

Ik voel me opeens heel ongemakkelijk, pak mijn apparatuur en loop zo nonchalant mogelijk naar Bob, die voor in de zaal staat te praten.

'Dag Bob.' Ik steek mijn hand naar hem uit en lach vriendelijk. Hij ziet er ronduit lachwekkend uit in zijn auberginekleurige pak en bijpassende stropdas. Daarnaast draagt hij een zwarte hoge hoed, eentje die je normaal bij een jacquet draagt. Een nieuwe, moderne rode bril maakt het plaatje compleet.

'Dag Milou. Wat fijn dat je er bent! Ik wil je meteen even bedanken voor het feit dat je foto's wilt maken. Echt heel fijn!' Met een klamme hand schudt hij mijn hand hard en zenuwachtig, ik kan nog net mijn camera beschermen.

'Ik ben blij dat ik jullie uit de brand kan helpen.'

Bob stelt me voor aan zijn moeder, een oom en twee tantes, die allemaal op de eerste rij zitten. Van Ruella's familie is er natuurlijk niemand. Ik zie wel twee Filippijnse meisjes, dat zullen haar getuigen zijn. Daarnaast zit een vriend van Bob; en als ik het zo zie heeft Ruella met Bob nog geboft.

Het valt me wel op dat Paul en ik duidelijk overdressed zijn. Paul draagt een donkerblauw pak en ik heb een jasje, rokje en hoge hakken aan. De hele eerste rij is gekleed in spijkerbroek, zo hier en daar zie ik een overhemd, een enkel jasje, maar ook witte sokken in sandalen en zelfs een T-shirt met GET OUT WHILE YOU STILL CAN. Hint van de familie? Ik maak een paar foto's van het hele stel.

Bob vertelt me ook nog over zijn hoed, die hij graag mooi op de foto wil hebben. De hoed is nog van het huwelijk van zijn grootvader en Bob is erg trots dat hij die vandaag kan dragen.

De ambtenaar van de burgerlijke stand vraagt om stilte. De bruid staat gereed. De muziek begint en 'Daar komt de bruid' weergalmt net te hard door de zaal. Ruella komt binnen aan de arm van haar schoonvader. Ongelooflijk, die man is een kopie van Bob! Hij draagt zelfs hetzelfde auberginekleurige pak en dito das.

Ik manoeuvreer gedurende de ceremonie zo onopvallend mogelijk om het bruidspaar heen; mijn aanwezigheid als fotograaf moet niet merkbaar zijn voor het koppel, dat is de kunst.

Bram en Timo zitten inmiddels op de grond en schuiven langzaam steeds dichter naar het bruidspaar toe. Ik probeer nog naar Paul te seinen, maar hij is druk in de weer met het kleurboekje van Pien.

'Wil het bruidspaar dan nu opstaan en elkaar de rechterhand geven?' De ambtenaar kijkt serieus terwijl hij Bob en Ruella de belangrijkste vraag gaat stellen. Ik moet nu goed opletten, dit moet dé foto van de dag worden. Mijn oog kijkt door de lens en ik zie tranen bij Ruella. Ik ga helemaal op in het moment en voel me ondanks alles toch verbonden met mijn ex-au pair.

Op het moment suprême, als Ruella ja wil zeggen, hoor ik Paul roepen: 'Nee, stop, niet doen!' Stomverbaasd en geschrokken kijk ik op, net als het bruidspaar. En dan gaat kleine Bram, met een enorme lach op zijn gezicht, zitten op de hoge hoed van Bob, die naast zijn stoel op de grond ligt. Bram zakt er natuurlijk prompt doorheen en kukelt achterover met zijn hoofd op de grond. Een harde klap en gehuil, een verschrikte bruidegom die nauwelijks kan geloven wat er gebeurt, en een zeer boos familielid op witte sokken en sandalen, die de hoed onder mijn huilende Bram vandaan trekt. Ik ren erop af, maar Paul is me voor en neemt Bram snel op zijn arm, houdt Timo stevig aan zijn kraag vast en verlaat de zaal.

Midden juni trouwden Paul en ik vanuit ons appartementje in Amsterdam. De ochtend was als volgt gepland: om tien uur zou ik uit onze slaapkamer tevoorschijn komen en een groots entree maken in de woonkamer, waar iedereen mij vol spanning zou opwachten; Paul vooral natuurlijk.

Maar niets gaat zoals het is gepland, zo bleek ook maar weer eens op die dag. Paul stond met zijn broer én zijn getuige in de file. Ik stond in mijn prachtige trouwjurk in de slaapkamer te wachten en durfde niet te gaan zitten, want dan zou de jurk kreuken. Ik wilde ook niet meedoen aan de koffie, want dan zou iedereen, behalve mijn aanstaande, mijn jurk al kunnen bewonderen.

Uiteindelijk kreeg ik ruim een uur later van mijn moeder het sein dat iedereen was gearriveerd. Mijn entree was lang niet zo spectaculair als ik me had voorgesteld; een bezwete en zeer geïrriteerde Paul stond me op te wachten, maar toen hij mij zag fluisterde hij zachtjes: 'Loutje, wat ben je mooi!'

En toen: 'We moeten direct weg.'

Buiten stond als verrassing een prachtige oude deux-chevaux cabriolet, waarin wij naar de kerk mochten rijden. Paul had Bobbi aan de riem mee naar buiten genomen, wat ik al niet begreep, maar toen ik zag dat hij de hond achter in de deux-chevaux dirigeerde, werd ik boos: 'Wat ben je van plan Paul? Hoezo gaat Bobbi mee? Dat is superonhandig! Wat moeten we met hém in de kerk?' Ik voelde me zo'n bruid die je op tv ziet: snauwend, oncharmant en overspannen.

'Natuurlijk gaat Bobbi mee. Hij hoort er toch gewoon bij?' Paul reageerde op zijn bekende 'niet-onderhandelbaar-onderwerp'-wijze. Tijd om er een punt van te maken was er niet, dus stemde ik stilzwijgend toe en probeerde rustig in en uit te ademen.

In de kerk stonden drie soulmama's te zingen: 'Going to the Chapel and we're gonna get married,' toen ik aan de arm van mijn vader binnenkwam. Aan het einde van het gangpad stond Paul, enigszins gespannen, met Bobbi aan zijn zijde.

Toen iedereen was gaan zitten, nam de dominee het woord en begon droogjes met de opmerking: 'En wie durft er nu nog te zeggen dat er geen hond meer naar de kerk komt?!' Iedereen begon hard te lachen en daarmee was de sfeer gezet voor de rest van de dag.

De receptie wordt gehouden bij Bobs ouders. Het huis ligt niet ver van het gemeentehuis, en iedereen wandelt achter het bruidspaar aan.

'Zo, dus jij bent de au-pairmoeder van Ruella?' Een wat oudere vrouw kijkt me onderzoekend aan.

'Ja, ze heeft drie maanden bij ons gewoond.' Pien en Bram trekken allebei aan een hand, maar ik hou ze stevig vast.

'Is zeker een dure grap, zo'n meisje in huis.' De vrouw kijkt mij ongegeneerd aan en heeft kennelijk niet in de gaten dat dit haar helemaal niets aangaat.

'Nou, kinderopvang is ook bepaald niet goedkoop. Het is maar net hoe je het bekijkt.' Ik vraag me af waarom ik eigenlijk antwoord geef.

'Waarom zorg je zelf niet voor je kinderen dan?'

'Nog even volhouden, Lou. Over een uurtje piepen we ertussenuit, goed?' fluistert Paul in mijn oor. Timo zit op zijn nek en Tessa huppelt achter hem aan.

'Is dat je man?' De vrouw knikt met haar hoofd naar Paul. 'Wat doet hij voor de kost?'

Dit meen je niet, denk ik, maar Bram lost het voor me op: 'Mama, vouw tinkt.' Ter illustratie knijpt Bram met een vies gezicht zijn neus dicht. Hij vindt dat deze dame stinkt en ik kan het niet helpen, ik schiet in de lach. De vrouw verdwijnt geruisloos.

In de zitkamer zijn alle stoelen in een kring gezet, er staan ook witte plastic tuinstoelen tussen. Bob en Ruella mengen zich tussen de gasten, net als de kinderen. In de hoek van de kamer staat een grote tafel met een prachtige bruidstaart van drie etages, versierd met marsepeinen rode roosjes en klimopblaadjes. Boven op de taart staat een lookalike bruidspaar van Ruella en Bob. Ik heb dit nog nooit in het echt gezien en bekijk de poppetjes door de lens van mijn camera zodat niemand de brede grijns op mijn gezicht ziet. Zelfs de nieuwe rode bril van Bob is in de popversie verwerkt.

Ruella ziet er heel gelukkig uit. Ze heeft zich prachtig opgemaakt (iets wat ik nog niet eerder had gezien; bij ons thuis droeg ze uitsluitend een joggingpak en een strakke paardenstaart) en haar ogen glinsteren van geluk. Haar champagnekleurige jurk met pofmouwtjes en auberginekleurige rozen erop geborduurd, past mooi bij het ensemble van Bob. Mijn keuze zou het niet zijn, maar kleine Pien denkt daar anders over.

'Mooi hè, mama.' Pien staat naast me en geniet van Ruella's jurk. 'Mag ik die ook?' Hoopvol kijkt ze me aan, zo schattig.

Timo en Bram zitten inmiddels op de grond met een bordje bruidstaart. Beentjes vooruitgestoken, bordje ertussen en vooral veel taart op de grond. Ik probeer het geklieder binnen de perken te houden, maar achter mij hoor ik gefluister.

'Kijk, hiervoor hebben dit soort mensen een au pair. Zodat ze zelf niet op de knieën hoeven om de rommel van hun kinderen op te ruimen.'

Ik draai me om en kijk verbaasd omhoog. De oudere dame die mij op straat al aansprak staat zich wederom met mijn zaken te bemoeien. Zonder er lang over na te denken sta ik op en kijk de dame met een diepe zucht aan: 'Inderdaad, dat hebt u helemaal goed gezien. Weet u, kinderen zijn best leuk, maar dat geklieder is niet mijn ding. Een au pair is een perfecte oplossing voor morsende, taartetende kinderen. Jammer dat het Ruella's trouwdag is, anders had ik haar zeker even geroepen.'

'Wacht even, Paul. Ik heb een wisselgesprek.'
'Met Milou van Someren,' zeg ik gehaast. Ik ben in de auto op weg naar het Centraal Station in Amsterdam om Jana op te halen. Ze heeft me al twee keer gebeld, maar het verkeer rond het station staat muurvast omdat er iemand onder een tram is gelopen. Ik ben inmiddels via een stoep en een stuk fietspad aan het omkeren om het station via een andere route te benaderen.
'Milou?' hoor ik zachtjes aan de andere kant van de lijn.
'Yes, Jana is it you again? I'm really sorry but...'
'No Milou, it's me, Cindy.' Ik rijd bijna tegen een bakfiets waarin vier kinderen zitten met een bellende moeder aan het stuur die boos probeert een schop tegen mijn auto te geven.
Cindy! Ik moet mezelf er even aan herinneren te blijven ademen. Cindy! Hoe durft ze!
'Cindy, well, how are you? Of eigenlijk: waar ben je?'
Ik ben op slag uit mijn humeur.
'Eh, ik moet je iets vertellen, Milou. Niet boos worden alsjeblieft, beloof me dat je niet boos zult worden alsjeblieft, Milou.'
Ik kan het niet laten: 'Natuurlijk ga ik dat niet beloven Cindy. Maar ga je gang, vertel.'
'Well, I'm not sure where to start. Eh, toen ik bij jullie woonde heb ik iemand ontmoet, een jongen, hij heet Mo.'
'Ja, ik geloof dat ik hem heb ontmoet,' zeg ik droog.
'You did?' vraagt Cindy verbaasd. 'Wanneer? Ik bedoel... nou

ja... Ik had Mo gevraagd mijn massagetafel op te halen en jullie de huissleutel terug te geven die ik nog had, maar ik heb nooit meer iets van hem gehoord.'

'Nee, Cindy! Dit meen je niet... Wat ongelooflijk naïef! Ik kan...'

Achter me wordt hard getoeterd en ik moet vol op de rem trappen om uit te wijken voor een slordig fietsend jongetje. Ik geef een ruk aan mijn stuur en manoeuvreer handig achter een bestelbusje langs dat net wilde parkeren op het plekje waar ik nu sta. Het oortje van mijn gsm is losgeschoten en hangt op mijn borst.

'Milou? Milou!' De stem van Paul praat tegen mijn borst. Ik was hem totaal vergeten en stop het ding snel terug in mijn oor.

'Paul, één seconde!' Ik switch naar Cindy maar hoor alleen nog maar: tuut tuut tuut. Dat was natuurlijk te verwachten. Dan heb ik Paul weer aan de lijn.

'Wat ben je nou toch allemaal aan het doen, Milou?' Ik hoor de kinderen lawaai maken op de achtergrond en als een rasechte moeder voel ik me direct schuldig dat ik erop heb aangedrongen zonder kinderen Jana op te halen.

'Het spijt me verschrikkelijk, maar je raadt nooit wie ik net aan de lijn had.' Ik ren zoekend in de richting van de plek waar de bus van Jana moet staan, maar er lopen zo veel mensen dat mijn oriëntatievermogen me volledig in de steek laat.

'Milou, dat interesseert me nu echt helemaal niet. Schiet in elk geval op, anders komen we te laat voor de intocht. Ik wandel vast met de kinderen naar het dorp. Tot zo!'

'Tot zo,' zeg ik automatisch en dan zoek ik verder naar Jana.

Een half uur later zit ik met haar in de auto en zie dat ik veel te laat ben. Arme Paul, die heeft nu zijn handen vol, denk ik met een zucht. Met vier kinderen naar het dorp wandelen om naar de intocht van sinterklaas te kijken is bepaald geen makkie. Jana zit rustig naast me en geniet van het Hollandse landschap. Ze komt lief en enthousiast over, net als in haar mailtjes, en ze kijkt pienter uit haar ogen. Ik observeer haar van opzij en ze heeft het direct in de gaten.

'I'm so excited to meet the kids!' Ik knik opgewekt terwijl ik Paul probeer te bellen. Hij neemt niet op; geen wonder, die heeft het natuurlijk veel te druk. Dan gaat mijn gsm en in het schermpje zie ik dat het Willem is. Mijn oordopjes hangen inmiddels ergens op mijn rug.

'Willem, momentje!' Ik draai de snelweg af naar de stoplichten. 'Daar ben ik weer. Zeg het eens, Willem.'

'Milou, Charlotte zit op je te wachten. Hoe laat kun je haar ophalen?'

'Wat bedoel je? Ik weet nergens van.'

Help, zou ik iets vergeten zijn? Volgens mij niet, ik heb Henriëtta al een tijdje niet gesproken.

'Milou, luister. Ik bel vanuit Londen en Henriëtta liet me net weten dat ze aan het winkelen is in Brussel. Charlotte is alleen thuis, dus wij dachten dat ze wel met jullie mee kon naar de intocht van sinterklaas.'

Jana en ik rijden ons dorp binnen en overal staan mensen langs de weg. Ik zwaai naar een vriendin en zie iemand van school staan. Vrolijk zwaaien ze terug en ook de zwartgeschminkte kindertjes op hun nek wuiven enthousiast. Jana kijkt verbaasd om zich heen.

'Willem, zoiets bespreek je meestal van tevoren met de betrokken personen, oftewel met Charlotte, Paul en mij.'

'Ja ja, dat begrijp ik Milou, maar dat doe ik nu. Je kunt Charlotte toch niet in haar eentje thuis laten zitten terwijl jullie naar de intocht gaan?'

'Nee, maar je kunt wel lekker gaan shoppen in Brussel!'

'Milou, het gedrag van Henriëtta staat nu niet ter discussie. Haal je Charlotte op of niet?'

Belachelijk, grom ik in mezelf. 'Goed Willem, ik doe het, maar we zijn hier nog niet over uitgepraat.' Ik probeer dreigend te klinken maar ik weet dat het op Willem geen enkel effect zal hebben.

Als ik heb opgehangen, zie ik Paul en de kinderen in de menigte langs de weg staan. Ik begin naar ze te zwaaien en roep: *'Jana, that's Paul and the kids!'* Jana kijkt me stomverbaasd aan. *'Did he bring all these people?'* Ik begrijp niet wat ze bedoelt en stop even om met Paul te overleggen.

'Paul, dit is Jana, Jana dit is Paul. We moeten Charlotte even ophalen, *don't ask!* We zijn over tien minuten weer hier, goed?'

Pien klimt over de kinderwagen door het open raampje van de auto naar binnen en ik zet haar snel bij Jana op schoot. De jongens zitten rustig in de kinderwagen en Tessa zit hoog op Pauls nek. Paul knipoogt naar me. Fijn, zo te zien heeft hij alles onder controle.

Kleine Pien kijkt met grote ogen naar Jana. Jana kijkt met nog grotere ogen terug. *'Milou, is this normal?'* Ik heb werkelijk geen idee waar ze het over heeft en kijk haar vragend aan.

'All these people... Zijn die hier om mij te verwelkomen?' vraagt Jana zachtjes. Dan dringt het tot me door en ik krijg onmiddellijk de slappe lach. Arme Jana.

Helaas krijg ik niet de kans om alles uit te leggen want Paul belt dat hij op weg is naar huis. Tessa heeft van pure opwinding in haar broek geplast en aangezien ze op Pauls nek zat, is hij behoorlijk uit zijn humeur.

De eerste dagen met Jana zijn een regelrechte ramp. Ze is een schat, maar ze vraagt me de oren van het hoofd. Bij werkelijk alles wat ze doet wil ze exact weten hoe ik het wil hebben en of ze het goed doet. Bovendien zegt ze de hele dag sorry.

'Sorry Milou, moeten de boterhammen dik of dun worden gesmeerd? Sorry Milou, hoe moet de kleding van de kinderen worden gevouwen? Nee ik begrijp het niet, sorry Milou, kun je het even voordoen? Sorry Milou, maar wanneer moet ik het speelgoed opruimen en waar moet wat? Sorry Milou, hoe laat gaan de kinderen in bad en naar bed? Sorry Milou, wie drinkt uit welke beker en hoe vol moet ik ze schenken? Sorry Milou, kun je me nog een keer laten zien hoeveel crème er precies op de billetjes moet?'

Het is begrijpelijk dat ze het allemaal vraagt, maar het is zo vermoeiend, dat ik er helemaal geïrriteerd door raak. Zodra ik me omdraai, komt ze met een nieuwe vraag. Ik kom echt helemaal nergens aan toe en ben de hele dag aan het uitleggen. Ik probeer het positieve ervan in te zien: ze is leergierig en ze wil het graag goed doen. Dat is fijn, *she cares!* Maar als ze 's avonds eindelijk naar haar eigen kamer gaat, plof ik uitgeput op de bank, opgelucht dat ze even uit mijn buurt is. Ik merk echter dat Jana het zelf ook vervelend vindt dat ze alles moet vragen, en het valt natuurlijk niet mee om midden in een gezin te vallen dat op volle toeren draait; het is alsof ze is ingestapt in een rijdende sneltrein. Ik moet maar op zoek naar vriendinnen voor haar, dan heeft zij tenminste ook afleiding en een klankbord. Ik zal Angela eens bellen of Teresa, haar au pair, Jana een keer mee op pad kan nemen.

Op een dag komt Jana helemaal overstuur terug van een wandeling met Timo en Bram.

'Wat is er gebeurd?' roep ik geschrokken.

De tweeling zit huilend in de kinderwagen en Jana heeft ook tranen in haar ogen.

'We were attacked by black men!' snikt Jana.

'Attacked? Wat is er gebeurd? Gaat het wel goed met je, en met de jongens?' Bezorgd buig ik me over ze heen om ze te checken en te troosten. Dan zie ik een pepernoot in Brams handje geklemd, en Timo's mondje is verdacht bruin. Lachend draai ik me om naar Jana, die stampvoetend naar me roept: 'Milou, it wasn't funny!'

'I know, I'm sorry. Rustig maar, Jana, ik zal het uitleggen.'

Geruststellend sla ik mijn arm om haar schouder. Niet voor de eerste keer besef ik dat ik die toestand rond sinterklaas beter en eerder moet uitleggen aan onze au pairs. Pas nu de pieten Jana de stuipen op het lijf hebben gejaagd, dringt het tot me door wat voor vreemde indruk dit fenomeen op buitenlanders moet maken.

Helaas wordt Jana diezelfde week nog een keer 'aangevallen', dit keer door de hond van Christina von Biesterheuvel. Geen dogsitten meer voor Jana dus.

DECEMBER

De woensdagmiddag voor pakjesavond is er op Pauls kantoor een sinterklaasmiddag georganiseerd. Paul is gevraagd of hij sint wil zijn, en hij heeft ja gezegd.

Gelukkig is dat een mannending, denk ik bij mezelf.

Jana is vrij op woensdag, bovendien vindt ze dat hele sintgebeuren niks, maar de secretaresse van Paul heeft beloofd me te helpen met de kinderen. Aan Tessa vertel ik dat papa in het vliegtuig zit en er dus helaas niet bij kan zijn. Ze knikt en zegt: 'Zielige papa, krijgt hij geen cadeautje!' Gelukkig vraagt ze niet verder. Pien is veel te hyper om erover na te denken en de tweeling is domweg te klein.

Bij het kantoor parkeer ik helemaal achter op het terrein, zo ver mogelijk van de drukke weg. Zodra ik de sleutel uit het contact haal, zie ik Suus, Pauls secretaresse, hevig zoenend met een man tegen een hek staan. Ik draai me snel om naar de kinderen, maar die hebben niets in de gaten. Dan druk ik kort op mijn claxon en ik zie dat Suus zich een ongeluk schrikt. Grinnikend begin ik de kinderen uit de auto te halen. Zoals altijd eerst Tessa, die rent tenminste niet meteen weg, dan kleine Pien, die is veel te dromerig om weg te rennen. Maar daarin vergis ik me vandaag. De meiden gaan er direct vandoor want ze hebben een glimp opgevangen van een paar pieten. Suus rent op haar hippe pumps langs me heen achter ze aan. 'Ik ga al, komt goed, Milou!' roept ze naar me. Ik kan het niet laten en kijk snel nog even naar de man met wie Suus stond te zoenen. Het is een leuke vent met blonde krullen. Niet slecht, Suus!

Timo en Bram heb ik voor het eerst een tuigje omgedaan. Ik kan moeilijk met de dubbele kinderwagen het kantoor van Paul inrijden, en een tuigje leek me de perfecte oplossing. Maar ook daar heb ik me in vergist. Voor de ingang van het kantoor staat een groepje mensen rond de snoep uitdelende pieten, en Bram besluit linksom het groepje te gaan terwijl Timo rechtsom gaat. Ik sta met mijn neus in iemands jas gedrukt, maar blijf de tuigjes stevig vasthouden; we staan tenslotte naast een drukke weg. De jas, waar ik naar mijn zin veel te dicht tegenaan gedrukt sta, vraagt: 'Wat gaat u nu doen, mevrouw?' Geïrriteerd zeg ik: 'Geen idee, maar ik laat niet los!'

Dan hoor ik een bekende stem: 'Kom maar, ik zal u een handje helpen, mevrouw.' Naast me staat sint Paul, die Timo's tuigje van me overneemt zodat ik weer rechtop kan gaan staan en Bram naar me toe kan trekken. Vol ontzag kijkt de tweeling naar sinterklaas, zonder enig blijk van herkenning.

'Zeg Suus, wie was de gelukkige?' vraag ik een half uurtje later op fluistertoon.

Suus loopt rood aan. 'Is het geen schatje?' fluistert ze opgewonden terug.

'Nou, dát heb ik niet echt kunnen beoordelen.' Suus schiet nerveus in de lach en er komt geen zinnig woord meer uit.

De collega's van Paul zitten met aanhang in een grote kring in de kantine van het kantoor. Een kantine die niet berekend is op de komst van kinderen, blijkt. Er heerst een totale anarchie en de hele schare kinderen lijkt samen te spannen tegen de rest van de aanwezigen. De prullenbak, de luxaflex, een flipover, bestek, een enkele plant, werkelijk alles loopt gevaar. Sint Paul zit moederziel alleen op een podiumpje met het grote rode boek op zijn schoot. Gek genoeg is er niemand die ingrijpt. Een groot aantal kinderen probeert uit alle macht de honderden pepernoten stuk te trappen die op de grond liggen, anderen zwemmen op hun buik door de bruine restanten. De pieten stoppen met plezier nog wat extra snoepgoed in de vragende mondjes en de ouders zitten druk te kletsen. Niemand is geïnteresseerd in de sint; de pieten niet, de kinderen niet en de ouders ook niet. Met Suus is geen land te bezeilen en ik besluit de kinderen te verzamelen om te vertrekken.

's Avonds zitten we samen languit voor de tv. Paul vertelt vermoeid hoeveel moeite het hem heeft gekost om de hele sint-outfit uit te trekken en alle schmink eraf te krijgen. Er was niemand die hem hielp. Lachend besluiten we dat dit de eerste én laatste keer is geweest dat hij sinterklaas was.

Ik vertel Paul dat het mij bijna een uur heeft gekost voor ik iedereen goed en wel in de auto had, en ik vertel hem ook over de zoenactie van Suus.

'Vertel mij wat,' zegt Paul geïrriteerd. 'Suus is helemaal de weg kwijt. Er komt niets meer uit haar handen. Ze vergeet alles, maar loopt wel de hele dag te glimmen!'

'Ken je hem?' vraag ik nieuwsgierig.

'Ja, nou nee, ik weet wie het is, maar ik ken hem niet. Wij hebben bij zijn bedrijf een Microsoft Dynamics Retail Solution geïnstalleerd en waren daar een paar maanden mee bezig. Dan heb je intensief contact met zo'n klant, en het klikte zelfs aan de telefoon al tussen Suus en hem. Op zich wel grappig, natuurlijk.'

'O, dus het is een klant. Hoe heet hij? Wat voor bedrijf heeft hij?'

'Zijn naam ben ik even kwijt, Steve geloof ik. Hij heeft zijn eigen modelabel met een kantoor en een grote showroom in het World Fashion Centre in Amsterdam. Heel hippe gast.'

'Echt iets voor onze "passion for fashion" Suus dus! O ja, Paul, voor ik het vergeet, we hebben van de gemeente een brief gekregen over de vergunning voor onze verbouwing. Wacht, ik pak hem er even bij.' Ik zoek tussen kranten, tijdschriften en folders naar de post van die ochtend.

'En?' vraagt Paul. 'Hebben we de vergunning gekregen?'

'Ik geloof het wel,' mompel ik, terwijl mijn ogen over de letters vliegen. Vanmorgen stond mijn hoofd bepaald niet naar ambtenarentaal, nooit eigenlijk, maar nu lees ik de brief even heel zorgvuldig door.

'Met toepassing van een interne vrijstellingsprocedure van het bestemmingsplan kunnen wij medewerking verlenen aan uw bouwplan. Wij hebben het voornemen om deze vrijstelling te verlenen. Voordat wij vrijstelling kunnen verlenen moeten wij het ontwerpbesluit gedurende zes weken ter inzage leggen,' lees ik hardop voor aan Paul. 'Oké, over zes weken weten we het dus pas definitief, maar het ziet ernaar uit dat het positief wordt. Dus we kunnen onze plannen gaan uitwerken! O, ik heb er echt zin in Paul, stel je voor, straks twintig vierkante meter erbij! Heerlijk!'

Blij ga ik de cadeautjes voor de kinderen inpakken. Ze hebben vanavond hun schoen gezet en heel lief liedjes gezongen. Nadat ik Jana had uitgelegd wat hier de bedoeling van was, probeerde ze hen met haar gitaar zo goed mogelijk te begeleiden. Het was een schattig tafereel; vier kinderen op hun knietjes voor de open haard en Jana met haar gitaar. Een heerlijk rustige afsluiting van een behoorlijk heftige middag.

De eerste keer dat Paul en ik samen pakjesavond vierden, werd een regelrechte ramp. We kenden elkaar ongeveer een half jaar en het leek Paul een leuke, ontspannen gelegenheid voor mij om zijn ouders, zijn broer Hein en zijn zus Puk te ontmoeten.

We arriveerden tegelijk met Pauls broer en zus. Ik schudde ze snel de hand, en in optocht liepen we naar de voordeur, Paul voorop. Met verbazing zag ik hoe Paul zijn moeder een speelse stomp gaf tegen haar bovenarm en een zoen op haar wang drukte. Vervolgens deed Hein exact hetzelfde en Puk stompte en zoende ook. In een opwelling besloot ik hetzelfde te doen. Maar halverwege mijn poging te zoenen werd ik met twee handen stevig op afstand gehouden.

'Jij bent?' Met vuurrode wangen stak ik netjes mijn hand uit terwijl ik Paul in de woonkamer met zijn broer zag staan lachen.

'Milou van Velzen, dag mevrouw Van Someren.' Ik was bijna geneigd een kleine kniebuiging te maken. Paul! Help! Help me nou toch, dacht ik boos. Ik wilde het liefst onmiddellijk weer vertrekken.

'Mam, je bent Milou toch niet de stuipen op het lijf aan het jagen, hè? Laat ik het niet merken, hoor!' Paul sloeg zijn arm om de schouders van zijn moeder – niet om die van mij! – en nam haar mee naar de woonkamer terwijl hij naar mij knipoogde.

De avond had voor mij nog meer in petto. Zusje Puk had haar nieuwe liefde ook uitgenodigd en wat bleek... het was een ex-vriendje van mij! In plaats van de situatie hilarisch te vinden en er met z'n allen hartelijk om te lachen, barstte Puk in huilen uit.

Met de sfeer is het die avond niet meer goed gekomen, met Puk en mijn ex-vriendje evenmin. Gelukkig kan de rest er inmiddels lachend aan terugdenken.

Vrijdagochtend is het sinterklaasfeest op school. Om mij heen zie ik verwachtingsvolle gezichtjes en uitgeputte ouders. Vanmorgen had Tessa al om vijf uur haar zusje en broertjes wakker gemaakt om te kijken wat er voor verrassingen in de schoenen zaten. Daarna stond de ene helft van onze kids juichend en de andere helft huilend naast ons bed; het blijft lastig om voor iedereen een cadeautje met het juiste effect te verzinnen.

Tot grote hilariteit van alle aanwezigen komt de sint dit jaar niet op een wit paard maar in de Gooise variant: een witte Ferrari cabriolet. Nou ja, er staat in elk geval een paard op de motorkap, al is het een klein zwart paardje.

Ook nu begint de ene helft van de kinderen te juichen en de andere helft te huilen. Het is voor de kleintjes toch een indrukwekkende gebeurtenis.

Als Tessa die middag huilend uit de klas komt, besteed ik er in eerste instantie dan ook niet zo veel aandacht aan. Alle kinderen zijn van slag en ik wil snel naar huis om wat rust te creëren voordat we die avond zelf pakjesavond gaan vieren.

In de auto hoor ik met horten en stoten de werkelijke reden van Tessa's tranen: haar vriendje Tom heeft het uitgemaakt.

'Ach lieverd, ik wist niet eens dat het aan was!' Terwijl ik het zeg, besef ik dat dit niet de handigste opmerking is.

'Hè mam, het is al zowat tien jaar aan!' Tessa is helemaal geïrriteerd.

'Liefje, je bent pas vijf,' zeg ik zachtjes, maar ook die opmerking is natuurlijk waardeloos.

'Maham, het is uit!' roept Tessa boos. 'Hij heeft het uitgemaakt! Ik mag zijn vriendinnetje niet meer zijn! Nu is Livia opeens zijn vriendinnetje!' Dikke tranen rollen over haar rode wangen en mijn hart breekt. Mijn kleine meid heeft serieus liefdesverdriet.

'Waarom dan?' vraag ik voorzichtig. 'Waarom heeft Tom het uitgemaakt?' En waarom juist nu vandaag? denk ik erachteraan.

'Nou, ik heb toch gisteren zijn vriendenboekje teruggegeven, nou, daar was hij boos om. Dus toen zei ik dat jij de antwoorden erin had geschreven omdat ik nog niet kan schrijven. Maar het ging niet om de antwoorden, want hij kan nog helemaal niet lezen.' Ze veegt even met haar mouw langs haar ogen.

'Het ging erom dat je met roze hebt geschreven. Je hebt met een roze glitterstift in zíjn vriendenboekje geschreven!' Tessa snikt en kijkt me met haar betraande gezichtje verwijtend aan.

Het klopt. Ik besef onmiddellijk dat ik een enorme blunder heb gemaakt. De meeste vriendenboekjes die ik onder mijn neus krijg zijn van meisjes, en automatisch pak ik altijd die leuke roze glitterstift. Maar daar zit zo'n stoer joch natuurlijk helemaal niet op te wachten.

'Het spijt me, liever. Wil je dat ik Tom vertel dat het mijn schuld is?' vraag ik onderdanig.

'Het maakt niet meer uit, mam. Hij heeft alweer een ander vriendinnetje,' zegt Tessa verdrietig en ze kijkt uit het raam. Zacht aai ik even met mijn hand over haar wang. Zodra we thuis zijn, rent Tessa naar haar kamertje en ik laat haar maar even met rust.

De telefoon gaat en terwijl ik nog met mijn gedachten bij Tessa's gebroken hart zit, neem ik op.

'Milou, Milou! *Thank you so much, the pictures so very very beautyful!*' Ruella tettert in mijn oor. Gisteren heb ik maar liefst honderdvijftig foto's van de trouwdag naar Bob en Ruella gestuurd.

'Mijn moeder heeft mooi album gestuurd, dus dat is heel goed, we plakken alle foto's in!' Dan begint ze plotseling te huilen.

'Ruella?' vraag ik verbaasd. 'Ruella, wat is er?' Ik hoor alleen maar luid gesnik aan de andere kant van de lijn. 'Ruella?'

'Sorry Milou.. I'm so sorry, it… Ik… ik mis mijn moeder zo.' Ze slikt hoorbaar en fluistert. 'Bob denkt ik niet gelukkig hier, maar ik wel gelukkig, echt. Maar mijn moeder… de baby…'

'Ik begrijp het, Ruella, echt waar.'

Natuurlijk leef ik met haar mee. Natuurlijk begrijp ik haar probleem. Maar ik zit hier echt helemaal niet op te wachten. Het is pakjesavond, de kinderen zijn al twee weken hyper van de hele aanloop naar dit hoogtepunt, Tessa heeft liefdesverdriet, Paul is nog niet thuis uit zijn werk en Jana is nog niet terug van een fietstochtje met Pien en de tweeling, terwijl het regent en al bijna donker is.

'Ruella, sweet Ruella, waarom vraag je Bob niet of je vanavond je moeder mag bellen?' De hormonen zullen het gemis er niet minder om maken.

'Dat doe ik.' Het blijft even stil en dan zegt ze: 'Thank you Milou, for everything.' Het klinkt dramatisch en daar staat mijn hoofd helemaal niet naar.

'Hou vol, Ruella, en bel je moeder vanavond, oké? Beloofd?' Ik probeer het luchtig en opgewekt te laten klinken en neem afscheid.

Als ik de jongens hoor huilen, ren ik snel door de keukendeur naar buiten. Bram en Timo zitten kletsnat van de regen in de bakfiets en Pien ligt met haar hoofdje tegen de zijkant te slapen.

'Jana, where were you? Het is al bijna donker!' Boos kijk ik naar Jana, maar ik zie onmiddellijk dat ze heeft gehuild. Ze begint eerst nog haar excuses te stotteren maar dat gaat al snel weer over in huilen.

Mijn hemel, denk ik bij mezelf. Waarom huilt iedereen vandaag? Hou eens op, allemaal! Ik begin danig uit mijn humeur te raken. Ik had een gezellige avond voor ogen en daar kan ik al die huilende vrouwen niet bij gebruiken.

'We'll talk later,' zeg ik en stuur Jana naar haar kamer. De kinderen neem ik mee naar binnen. Ik trek ze droge kleren aan en Pien leg ik met een dekentje op de bank. Vervolgens steek ik de open haard aan en geef iedereen een zakje chips en limonade. Zo, even rust in de tent.

Helaas is het niet van lange duur.

'Mam! Dat vuur kan nu echt niet aan, hoor! Het is pakjesavond, en nu kunnen er geen cadeautjes door de schoorsteen!' Tessa is naar beneden gekomen en staat bezorgd voor de open haard; het liefdesverdriet is op slag over.

'O schatje, de sint is nog niet in de buurt, hoor!' zeg ik zelfverzekerd. 'Wacht, dan kijk ik even hoe laat hij bij ons in de straat is.' Ik zoek op de teletekstpagina's naar de aankomsttijden van vluchten op Schiphol. Ik loop naar de tv toe en ga met mijn vinger langs de aankomsttijden. Het is doodstil in de kamer en de kinderen volgen gespannen mijn vinger.

'Hier, kijk zelf maar jongens, hier staat onze postcode en het duurt nog zeker een uur. Hij wacht ook altijd tot de papa's thuis zijn, dus ga nog maar even lekker rustig spelen.'

Het is ongelooflijk, maar het werkt. Zonder vragen of weerwoord gaan de jongens met hun trein spelen, en Pien en Tessa gaan samen kleuren. Zolang ik nog misbruik kan maken van het feit dat ze niet kunnen lezen doe ik dat graag en vaak. Hetzelfde geldt overigens voor klokkijken; ik verander regelmatig de tijd in mijn voordeel en vrees de dag dat ik tegen de lamp zal lopen.

Paul komt pas ruim een uur later thuis en zijn gezicht spreekt boekdelen: Don't ask! Ik hou wijselijk mijn mond en laat hem met rust. Hij gaat met een biertje in de hand naar boven om zich even om te verkleden en hopelijk de knop in zijn hoofd om te zetten.

Dan komt Jana binnen. Ze heeft zich opgefrist en ziet er beter uit, maar ik zie haar onzekerheid. De kinderen spelen inmiddels tikkertje en maken veel lawaai, maar ik neem Jana toch even apart in de keuken.

'How are you, Jana?' Onderzoekend kijk ik haar aan. Ze ziet er zo fragiel uit dat ik in een opwelling haar hand pak en zeg: 'Sorry dat ik daarnet zo tegen je schreeuwde, maar ik maakte me zorgen. Snap je dat?'

Jana kijkt me niet aan en zegt: 'Sorry Milou, I understand. Het spijt me dat ik zo laat terug was en dat ik in de regen heb gefietst met de kinderen. Sorry...' Inmiddels lopen de tranen weer over haar wangen. Ik sla mijn arm om haar schouder en troost haar even. Maar met alle ervaringen uit het recente verleden met mijn au pairs laat ik er geen gras over groeien. Ik pak met beide handen haar schouders en zet haar op armlengte voor me. 'Jana, hou alsjeblieft op met sorry zeggen en stop ook met huilen. Vertel me liever wat er echt aan de hand is!'

Kom maar op, ik ben op alles voorbereid! Strijdlustig kijk ik haar aan, vastbesloten dit uit de wereld te helpen, wat het ook zal zijn.

Jana kijkt me verdrietig aan en zegt aarzelend: 'Well... Jullie zijn zo aardig, jullie leven is zo... succesvol. Ik weet het niet, ik doe zo mijn best... maar ik vind het zo moeilijk. Ik kom uit zo'n andere wereld... Ik denk dat ik... niet goed genoeg ben voor jullie.'

Is dat alles? denk ik. O, gelukkig! Opgelucht haal ik weer adem, dit is te overzien! Hier hebben alle au pairs in het begin last van. Ik sla mijn arm weer om haar schouder en probeer haar gerust te stellen. Natuurlijk ervaart een meisje uit een dorp in Tsjechië ons leven als een soort achtbaan. Zelfs voor Paul en mij is het soms een gekkenhuis, alsof het ons is overkomen toen we per ongeluk even de andere kant op keken. We kunnen nooit meer zeggen: we zien wel. Alles wordt overlegd en gepland en de au pair speelt daar een heel grote rol in. Het is een behoorlijke verantwoordelijkheid als je daar middenin valt.

Maar ondanks alle vragen en alle sorry's heb ik vertrouwen in Jana. Ze is goed met de kleintjes, die dol op haar zijn. Alleen Tessa gedraagt zich als een kleine feeks en zoekt duidelijk de grenzen op, maar ook zij zal uiteindelijk wel bijdraaien. Ik vertel Jana dat er echt een moment zal komen dat ze alles onder de knie heeft. Ze is er tenslotte pas twee weken!

Dan komt Tessa de keuken in en vraagt: 'Jana, can you please play gitaar voor us? Pleeeeease?'

Ik geef Jana een knipoog en zeg: 'Ga maar.'

Met Tessa aan de hand loopt Jana naar de woonkamer en ze pakt haar gitaar. Pien en de jongens komen direct bij haar zitten en gelukkig zie ik weer een glimlach op Jana's gezicht.

Paul komt de trap af en kijkt nog steeds donkerbruin. Aangezien ik me vandaag een regelrechte troubleshooter voel met al die huilende vrouwen om me heen, vraag ik hem op de man af wat er aan de hand is. Hij gromt even en pakt nog een biertje uit de koelkast, maar geeft geen antwoord. Afwachtend blijf ik in de keuken staan. Ik weiger pakjesavond te beginnen met een chagrijnige man.

'Is er op kantoor iets gebeurd?' vraag ik, terwijl ik mezelf ook een biertje geef.

'Wat? O nee, niks,' zegt Paul afwezig.

Dat is niet het gewenste antwoord. Als dit humeur niet het gevolg is van een gebeurtenis op kantoor, kunnen er maar twee andere oorzaken zijn: iets met sport of iets met auto's. En daar kan ik weinig of niets aan doen, dat is 'een mannending waar vrouwen geen weet van hebben'; dat is mij in het verleden al vaak genoeg duidelijk gemaakt.

'Nou Paul, wat het ook is, als je het niet met mij wilt bespreken, zet je het maar van je af. En als dat niet lukt, ga je maar naar boven, wij gaan nu pakjesavond vieren.' Gedecideerd loop ik de achterdeur uit om in de garage de cadeautjes te gaan pakken.

Mijn voornemen om het dit jaar klein te houden is toch weer op niets uitgelopen. Alle familieleden hebben wel iets opgestuurd en zelf heb ik twee pakjes per kind gekocht, een met speelgoed en een met een kledingstuk. O ja, en voor iedereen een pakje met een sjaal, wanten en een muts. Tot mijn schrik moet ik na een optelsom vaststellen dat alle kinderen elf cadeautjes krijgen! Nou ja, de helft zetten we achter in de kast en dat halen we op een regenachtige dag wel weer tevoorschijn.

Als ik in het schuurtje achter de garage nog even houtblokken ga halen voor de haard, zie ik aan de zijkant een dampende berg koeienmest van de koe van de achterbuurman liggen. Ter plekke bedenk ik een plan en ik heb in mijn eentje enorme voorpret.

Na drie keer heen en weer lopen, liggen twee jutezakken en onze wasmand vol pakjes op de stoep bij de voordeur. Ik bons driemaal zo hard mogelijk op de deur en trek vervolgens een sprintje naar de achterdeur. Als de kinderen gillend de voordeur opendoen, sta ik alweer achter hen en roep verbaasd: 'Hé, waar komt dat allemaal vandaan? Kijk nou, daar is mijn wasmand, die was ik kwijt! Ziet iemand sint of piet nog ergens? Jongens, kijk nou, het paard van sint heeft op ons pad gepoept!' Ik wijs naar de hoop koeienmest en terwijl de kinderen met een vies gezicht hun neus optrekken, hoor ik Paul achter me lachen: 'Briljant Lou!' Gelukkig, die lacht weer.

De jongens sjouwen samen een zak naar binnen, Pien en Jana dragen de andere zak en Tessa en ik tillen de wasmand naar de woonkamer. Paul gooit nog een houtblok in de haard en de kinderen stuiteren in het rond. Alleen Jana kijkt doodstil en met grote ogen naar de enorme stapel cadeaus. Het hele sinterklaasfeest is voor haar een onbegrijpelijke toestand en ik geef haar geen ongelijk, het slaat ook eigenlijk nergens op. Het geeft een totaal verkeerd signaal aan de kinderen en opvoedkundig gezien is het volkomen krankzinnig.

Maar ik geef het startsein, en binnen een half uur is de woonkamer één grote papierbende. Alles wordt in rap tempo uitgepakt en bij elk cadeau raken de kinderen steeds meer oververhit, ze hebben knalrode wangetjes. Hoofdschuddend bekijken Paul en ik de hysterie. Wat zijn ze fanatiek! Na hooguit een paar seconden wordt het nieuwe cadeau in de hoek gesmeten en vallen ze aan op het volgende pakje.

De cadeautjes voor Jana liggen nog ingepakt op haar knieën. Als ik haar vraag waarom ze ze niet uitpakt, zegt ze rustig: 'I'm sorry, in Tsjechië is het onbeleefd om een cadeautje uit te pakken als de gever erbij is.'

Paul en ik kijken haar verbaasd aan. Wij kunnen nu wel heel bijdehand tegen haar zeggen dat sinterklaas er niet bij is, maar eigenlijk schamen we ons een beetje voor ons onbehouwen gedrag. Dit is nou culturele uitwisseling ten top: zij leert van ons, en wij leren van haar!

'Milou! Milou! Joehoe! Ben je daar? Hoor je me?'

Ik heb net Tessa en Pien naar school gebracht en sta buiten in mijn zeer weloverwogen outfit Bobbi's etensbak te vullen, als ik Henriëtta over de schutting hoor gillen.

'Milou! Lou!' De toon verandert van vriendelijk en afwachtend in geïrriteerd en ongeduldig.

'Harrie, ik kom! Wacht even.'

Wat zou ze nu weer willen? Charlotte een weekend dumpen, zodat ze kerstinkopen kan doen in Parijs?

Henriëtta hangt bij haar vaste plek over de schutting. Inmiddels staat ze daar zo vaak mijn naam te gillen of zich met mijn zaakjes te bemoeien, dat ze bijna op de vage buurman uit *Home Improvement* begint te lijken.

'Lou, ik heb iets voor je!' Ze duwt een hoge zwarte doos met een groot rood hart over de schutting.

'Wat is dit?' Verbaasd pak ik het pakket aan.

'Die Brusselse *shoppingtrip* van mij kwam natuurlijk een beetje ongelegen, en om mijn schuldgevoelens af te kopen heb ik een cadeautje voor je meegenomen. Charlotte heb ik een weekendje Disneyland beloofd.'

'Afkopen, ja. Nou, je bent er in elk geval wel eerlijk over. Ik kan er niet bij hoe je op de dag van de intocht van sinterklaas doodleuk kunt gaan winkelen in Brussel en Charlotte vergeet! Het lieve kind is pas negen!'

'Ja, ja, begin jij nu ook al? Ik heb Willem al over me heen gehad, en helaas niet op de leuke manier.' Ze begint hardop te lachen en er loopt een rilling over mijn rug. Alsof ik dat wil weten! Hoe snel kun je van onderwerp veranderen!

'Harrie, serieus. Ik ben toch geen surrogaatmoeder voor jouw dochter op de momenten dat het jou even niet uitkomt. Ik heb zelf vier kinderen en mijn werk. Dat kun je toch domweg niet maken?'

'Hè schat, doe nou niet zo flauw! Jij hebt toch een au pair? Dan heb je het toch niet zo zwaar?'

'Harrie, ik kwam net terug uit Amsterdam toen Willem belde. Ik had de nieuwe au pair opgehaald.'

'Amsterdam? Heb je nu een Nederlandse au pair? Wat een giller!'

'Nee, natuurlijk niet, daar kwam de bus aan. Ze komt uit Tsjechië.'

'Spannend, Tsjechië. Is het wat?'

'Prima hoor, ze moet nog even wennen.'

'*Twenty four seven*, hè schat! Nu niet weer zo soft doen met dit meisje. Aanpakken die handel!'

'Tuurlijk, de zweep erover, ik weet het.' Ik zucht. Hopeloos, dat mens. 'Jij spoort echt niet, Harrie, maar laat maar. Wat zit er eigenlijk in die doos?'

'Een boeket bloemen en nog een spannend cadeautje. Beetje spanning kan nooit kwaad!' Henriëtta gniffelt.

'Ja, nou, leuk. Lief van je. Denk ik. Spanning, ben benieuwd wat je daarmee bedoelt. Dank je. Zeg, ik moet gaan, ik heb haast.' Ik ga er helemaal van stotteren. Wat moet ik toch met zo'n gekke buuf?

'O, ga je wat leuks doen?'

Correctie: nieuwsgierige buuf.

'Ik heb zo een afspraak.'

'Heb je je daarom zo leuk aangekleed?'

Juist: bemoeizuchtige buuf. Ze bekijkt me van top tot teen en geeft een goedkeurende knik. Alsof ik er normaal gesproken bij loop als een bosbewoner, denk ik licht beledigd.

'Ja, inderdaad. Ik moet rennen. *Thanks* voor de bloemen!'

'Oké, schat. Gaan we snel weer eens een borrel drinken?'

'Is goed.' Ik draai demonstratief mijn rug naar haar toe, anders komt er nooit een eind aan dit gesprek.

'Gezellig! Doei! Kus aan Paul, hè!'

De zwarte doos plant ik op het aanrecht. Ik heb nu geen tijd om het boeket in een vaas te zetten, en het spannende cadeautje zien we later wel. Snel maak ik een kop koffie, maar mijn gerommel in de keuken is opgemerkt door de jongens. Enthousiast komen ze naar me toe rennen: 'Mama, mama!' Alsof ze mij in geen weken hebben gezien. Bezitterig slaan ze hun armpjes om mijn benen. Jana loopt achter hen aan, voorzien van harnas en helm.

'You look nice!' zeg ik, naar haar knipogend. Haar lach is duidelijk zichtbaar onder de helm.

'My new look! O, heb je een cadeautje gekregen? Wat leuk!' Blij als een kind wijst ze naar de zwarte doos.

'Yes, ik heb bloemen gekregen van onze buurvrouw. Ik heb geen tijd om het uit te pakken, kun jij ze voor me in een vaas zetten?'

'Sure, no problem. Welke vaas wil je dat ik gebruik?'

Lichtelijk geïrriteerd antwoord ik: 'Any vase will do the trick.' Met een paar grote slokken drink ik mijn koffie op.

'Trick? What trick?' Zuchtend pak ik mijn jas en geef de jongens een stevige knuffel.

'Never mind. Ik moet gaan. Pak maar gewoon een willekeurige vaas. Je weet toch dat alle vazen in de kelder staan, Jana?' Inmiddels sta ik in de deuropening. Ik had al weg moeten zijn.

Vandaag heb ik een afspraak bij een modebedrijf in Amsterdam waar ik mijn portfolio moet laten zien en mijn creatieve kijk op hun nieuwe zomercollectie moet bespreken. Het thema is 'Amsterdam Rough' en hiervoor heb ik een moodboard gemaakt met fotografie die daarbij aansluit. Het moodboard is gigantisch. Iets te enthousiast, denk ik terwijl ik probeer het ding in de auto te schuiven. Als ik deze opdracht binnenhaal zou ik, zoals Henriëtta het noemt, een echte topper zijn! Ik heb me dan ook tot in de puntjes verzorgd. Mijn haar zit perfect, ik heb mijn hipste outfit aan, mijn make-up is glamorous en mijn presentatie is cool.

Na ruim vijftien minuten wachten in de receptieruimte van het kantoor, ben ik aan de beurt. Het lijkt wel lopendeband-werk; terwijl de ene fotograaf nog vertrekt, mag de volgende al binnenkomen. Vier mannen wachten in de kamer en stellen zich voor. Een van de mannen herken ik, maar waarvan? Hij stelt zich voor als Steven Stoutjesdijk. Zo'n naam vergeet je niet snel, zou je zeggen. Enthousiast begin ik te vertellen over mijn visie, mijn inspiratie en mijn voorstellen voor de te kiezen lo-catie. Midden in mijn relaas gaat mijn telefoon. Ik schrik even en verontschuldig me. Als ik mijn gsm uit mijn tas pak om hem uit te zetten, zie ik dat 'Home' belt. O jee, er is iets ge-beurd.

'Het spijt me, maar ik moet even opnemen,' zeg ik tegen de vierkoppige 'jury'.

'Met Milou.'

'Hello, this is Jana.'

'Did anything happen?'

'O no, nothing wrong. Ik wilde alleen even vragen of ik het klei-ne zakje met zout ook bij de bloemen in de vaas moet doen.'

Mijn adem stokt. Belt ze serieus om dit te vragen? Ik kan haar moeilijk afblaffen, maar dit geloof je toch niet?

Op afgemeten toon antwoord ik: 'Yes, please do. Ik moet op-hangen, ik zit in een bespreking, Jana.'

'Yes, sorry, but one more thing. Zal ik de lingerieset in je slaap-kamer leggen?'

'Eh. O. Well...'

WAT?! Lingerie? En nu? Wat zeg ik nu? Vier paar ogen kij-ken mij onderzoekend aan. Shit. Shit. Zit ik in zo'n belangrijke presentatie, krijg ik dit. Die mannen. Zouden ze horen wat er wordt gezegd? Zouden ze in de gaten hebben dat ik met mijn au pair praat over lingerie?

'That's fine. Ik moet ophangen.'

De mannen beginnen ongeduldig te worden, zoals mannen dat zo goed kunnen: hallo, schiet even op, wij zijn erg druk en zeer belangrijk.

Dan zie ik het: die krullen. Natuurlijk! Het is Steven, de nieuwe liefde van Suus! Dat ik dat niet eerder heb gezien. Zou hij mij ook herkennen? De zenuwen gieren door mijn lijf. Ik laat mijn telefoon in mijn tas vallen, gooi mijn haar naar achteren en hervat: 'Right. Where was I. About the location, I was thinking...'

Ik word onderbroken: 'Mevrouw Van Someren, u mag uw verhaal in het Nederlands vervolgen.' Met een scheve grijns op zijn gezicht kijkt Steven me aan.

'Ja, sorry, natuurlijk.' Mijn laatste beetje zelfvertrouwen is ver te zoeken na dit debacle. Ik maak mijn verhaal af, mag goddank mijn moodboard laten staan en sta binnen een half uur weer buiten. Goed, het liep niet geheel zoals ik had gepland, maar ik kan absoluut niet inschatten wat ze ervan dachten. Er werd geknikt, er werden blikken uitgewisseld, maar ze gaven nauwelijks commentaar.

In de auto zit ik me enorm op te winden over Jana's telefoontje. Ongelooflijk, wat een vragen, wat een timing. Het is tijd voor een gesprek. Tijd voor 'wat vind jij ervan?' en 'hoe vind jij dat het gaat?'. Tijd voor 'het moet anders'. Maar, ze is er pas drie weken. Ik zit me hardop af te vragen wat slim is. Het is bijna kerst, misschien niet het beste moment voor een pittig gesprek met de au pair. Ik besluit haar nog even de tijd te geven en mijn kritiek op te sparen tot na de feestdagen.

De haard is aan, de kaarsen branden, het licht is gedimd en ik wacht op Paul. Om onze avond samen, die niet al te vaak voorkomt, goed te kunnen voorbereiden heb ik Jana gevraagd mij te helpen met het avondritueel. Op tafel liggen de papieren voor de verbouwing. Er moeten allerlei gemeentelijke formulieren worden ingevuld en de eerste offerte van de aannemer is inmiddels ook binnen.

Terwijl de pizza's voor de kinderen in de oven liggen, sta ik met een wijntje in de hand heerlijk te koken voor Paul en mezelf. Ik heb besloten Henriëtta's raad op te volgen en het er af en toe lekker van te nemen. Natuurlijk kan ik ook zelf de kinderen in bad doen en pizza geven, maar op deze manier gun ik mezelf een ontspannen avondje. De muziek staat zachtjes aan en ik maak een recept klaar van een hippe kok (van wie ik tot gisteren overigens nog nooit had gehoord). Daarnaast heb ik het lingeriesetje van Henriëtta aangetrokken; ze heeft gelijk, een beetje spanning kan nooit kwaad. En alsof de duvel ermee speelde, kwam precies op het moment dat ik mezelf voor de spiegel stond te bewonderen in het uiterst sexy rode setje, Tessa de kamer binnen.

'Wat een rare onderbroek, mam. Lijkt wel van de barbie,' giechelde ze. Spanning heet dat, lieverd, wilde ik bijna antwoorden. Maar ik trok er snel iets over aan en veranderde van onderwerp. Hopelijk is Tessa de rode string van haar moeder allang weer vergeten.

Boven hoor ik vooral veel gegil en gedoe. Het kost mij vreselijk veel moeite niet meteen de trap op te rennen en de boel van Jana over te nemen. Ze moet het toch een keer leren en wat is nou een betere manier dan dit? Ik ben vlakbij, in geval van nood weet ze me te vinden. Opeens hoor ik Jana hard gillen: 'No, no, don't! O no, Bram!'

Nu gaat het me echt te ver en in twee seconden ben ik boven. Pien en Tessa zitten bloot op de badkamervloer te spelen met twee barbies (wat doen die in de badkamer?), Timo heeft zich over mijn make-uptas ontfermd en mijn kostbare Lancôme-mascara over de badkamervloer gesmeerd, en Bram heeft zojuist alle handdoeken in het bad gegooid. Ik vraag me sterk af waar Jana de afgelopen paar minuten heeft uitgehangen. In ieder geval niet in de badkamer. Ik moet op mijn lip bijten om haar niet uitgebreid uit te foeteren waar de kinderen bij zijn. Dat ondermijnt haar gezag en kinderen voelen dat haarscherp aan.

'Jana?'

Ze kijkt me beteuterd aan, overrompeld door de chaos van het moment. Eerst red ik mijn mascara en daarna begin ik met het uitwringen van de handdoeken.

'Bram, wat is dat nou? Dat kan toch niet?' Met natte handen til ik mijn zoon op en zet hem op zijn kamer. Deur dicht.

Tessa en Pien vinden alles kennelijk erg geestig en ze zitten samen te giechelen.

'Niet grappig,' snauw ik en verschrikt kijken ze me aan. 'Nou ja, niets meer aan te doen.' Ik probeer mezelf te herstellen. 'Duik het bad maar in, meiden.' Grappig, grappig. Dat is wat zij ervan vinden en ergens is het misschien ook wel grappig, maar niet nu, niet vanavond.

Bram huilt op zijn kamer, Timo zit onder de mascara, Tessa brult tegen Jana dat ze niet mag helpen met haren wassen en Pien zit met haar barbie (die tot twee minuten geleden nog kon zingen) in bad. Het kost wat tijd en moeite, maar een uur later liggen de kinderen in bed en is Jana met gebogen hoofd naar haar kamer vertrokken. Paul? Paul zat vast in een vergadering en kwam pas om elf uur thuis. En het rode setje? Dat heb ik zelf maar uitgetrokken.

Het laatste weekend voor de kerstvakantie doen we niks; helemaal niks! De kinderen rommelen wat in de tuin, hangen aan de keukentafel met potjes klei en bakjes waterverf en kijken eigenlijk te veel tv. Op zondag moeten we ze toch echt even 'uitlaten' en we besluiten te gaan wandelen op de hei. Vrolijk huppelen de meisjes voor ons uit, de jongens rennen van links naar rechts en stoppen alles wat ze vinden in hun broekzakken. Gelukkig kan hier weinig misgaan, denk ik, terwijl ik mijn arm door die van Paul steek.

'We hebben nog steeds de papieren van de verbouwing niet doorgenomen. We moeten een checklist invullen van de gemeente en de offerte van de aannemer bekijken. Ik heb het idee dat hij alles nogal hoog heeft ingeschat.'

'Hoezo?' vraagt Paul.

'De tegels voor de badkamer staan bijvoorbeeld geraamd op achtduizend euro. Ik begrijp niet hoe hij aan dat bedrag komt, bovendien hadden we afgesproken dat wij dat soort materialen zouden kopen.'

'Ongelooflijk! Achtduizend euro. Hij is niet goed wijs.'

'Precies. En voor het schilderwerk buiten hebben ze één man ingedeeld en een schatting gegeven van het aantal uren. Maar we hadden toch afgesproken dat hij drie man zou inzetten, zodat het niet te lang zou duren?'

'Ik hoor het al. Laten we er vanavond maar even naar kijken. Dan stuur ik hem morgen wel een e-mail.'

Paul schopt een takje voor zich uit en ik zie aan hem dat hij moe is. Gelukkig hebben we bijna vakantie, Paul kan ook wel wat rust gebruiken.

'Jana vertelde me dat ze met kerst niet naar huis wil. Ze wil hier blijven.'

'O, is dat zo?' Paul reageert niet blij.

'Ben je het daar niet mee eens? Ik bedoel, ze heeft ook wel gelijk. Ze is er net.'

'Dat is waar. Maar ik zit er eigenlijk helemaal niet op te wachten. Ik had me er juist op verheugd om gewoon met ons gezin te zijn, niet met zo'n extra mens erbij.'

'Maar Paul, dat kun je toch niet zeggen: zo'n extra mens erbij.'

'Je begrijpt best wat ik bedoel! Dan is ze er de hele tijd, elke dag. Ik kan niet eens rustig in mijn onderbroek op de bank zitten, want ze kan te pas en te onpas binnenwandelen. Ze kan moeilijk de hele dag op haar kamer blijven zitten.'

'O, is dat het? Je wilt graag ongegeneerd met je hand in je onderbroek onderuitgezakt voor de buis hangen?' Ik moet lachen om het visioen, maar Paul vindt het minder geestig.

'Hè Lou, doe niet zo vervelend. Als je niet begrijpt wat ik bedoel, laat dan maar.' Hij is echt een beetje pissig en mijn grap heeft het niet veel beter gemaakt.

'Ik begrijp het wel, maar ik kan er niets anders van maken. Ik kan niet tegen haar zeggen dat ze naar huis moet. We maken gewoon goede afspraken voor deze vakantie en dan valt het vast wel mee. Jana vertelde dat ze in de vakantie graag Nederland wil ontdekken. Ze wil naar Amsterdam, Utrecht, Den Haag; ze heeft al een heleboel plannen gemaakt. Bovendien zijn wij de tweede week zelf ook een paar dagen weg.'

'Nou ja, het is kennelijk niet anders. En met kerst? Zit ze dan bij ons aan tafel? Ik zie het gezicht van mijn moeder al, als Jana naast haar aanschuift.' Paul begint nu ook te lachen om het scenario.

'Daar had ik nog niet eens aan gedacht!' Ik lach met hem mee maar zie vanuit mijn ooghoek Timo op de grond liggen met zijn hoofd in een vossenhol.

'Timo, niet doen!' Ik ren naar hem toe en trek hem van schrik hard aan zijn riem naar achteren. Zijn jack blijft steken achter een tak en de donsveertjes vliegen eruit.

'Timo! Dat mag echt niet! Dat is heel gevaarlijk, hoor je me!' Ik kijk hem recht in de ogen.

'Heel vaarlijk hoor, Timo. Daar woont de vos.' Pien staat achter me en schudt met een schuin hoofd haar vingertje streng heen en weer.

Timo knikt beduusd. Hij is zichtbaar geschrokken van mijn reactie, maar begrijpen is iets anders. Daar is hij nog te jong voor.

De winter is in aantocht. 's Ochtends sta ik rillend van de kou de voorruit te krabben voor ik de kinderen naar school kan brengen. De wegen zijn glad, de hemel is strakblauw. Er wordt zelfs uitvoerig gesproken over een witte kerst. Mooi fenomeen: heel Nederland is in rep en roer over het feit dat er misschien een vlokje sneeuw kan vallen rond de vierentwintigste, en vervolgens wordt dit ons in elk weerbericht als een Peijnenburg-koek voorgehouden.

Onze kerstboom staat, en dit jaar heb ik zelfs de lichtjes in de tuin op tijd geïnstalleerd. Voorgaande jaren vergat ik de buitenlampjes steeds, met als gevolg dat ik de dag voor kerst als een gek de boom inklom om in elk geval snel nog wat lampjes over de takken te draperen.

Van het optuigen van de kerstboom heb ik samen met de kinderen een echt feestje gemaakt. Dat was niet effectief, het ging bepaald niet snel, er werd regelmatig ruziegemaakt over wie welke bal waar mocht ophangen en er zijn een paar spullen gesneuveld, maar na afloop stonden vooral de dametjes trots te kijken naar het prachtige resultaat. Elke ochtend is het vechten wie de lichtjes aan mag doen.

De laatste schooldagen voor de kerstvakantie zijn altijd hectisch. Niet alleen heeft de school allerlei activiteiten gepland en zijn de kinderen een mengelmoesje van hyperactief en supervermoeid, dit jaar valt ook het kerstdiner van Pauls werk op de donderdag voor de vakantie. Bovendien moet ik kerstcadeautjes kopen en voldoende eten in huis halen. Cadeautjes kopen is natuurlijk heerlijk, maar elk jaar zoek ik me een ongeluk naar een leuk cadeau voor Paul, voor mijn broer en mijn vader, en voor mijn schoonvader en zwager; ik eindig dan ook altijd met sokken, onderbroeken, manchetknopen, een das, een boek of een mooie pen. Bovendien zijn mannencadeaus over het algemeen veel duurder dan vrouwencadeaus. Hoewel, toen ik Jana vroeg wat ze voor kerst wilde hebben, antwoordde ze doodleuk: 'O, *how sweet of you to ask*, Milou. Ik heb in het dorp een au pair ontmoet die van haar gastouders een digitale camera heeft gekregen met sinterklaas. Dus dat zou een geweldig cadeau zijn!' Met verbazing keek ik haar aan, maar ze was bloedserieus. Natuurlijk! Je bent er net een maand, maar we geven je graag een nieuwe digitale camera. Is dat het enige of heb je nog meer wensen? De Gooise mentaliteit heeft kennelijk ook invloed op de au pairs. Een duidelijk geval van een verpeste markt, om het zo maar te zeggen.

Het kerstdiner van Pauls werk is in een of andere hippe italiaan in Amsterdam, waar een aparte ruimte is afgehuurd voor alle collega's en aanhang. Aangezien Paul geen idee heeft van de *dresscode*, sta ik al vijftien minuten hulpeloos voor mijn kledingkast, op zoek naar... tja, naar wat? Na drie verschillende outfits (te netjes, te strak, te tuttig) kies ik voor mijn nieuwe turkooizen jurkje. Nieuwe mode, beetje een soepmodel, maar wel hip. Paul, echt een man die zegt waar het op staat, vraagt

zich hardop af waarom ik deze 'eigenaardige jurk' heb aangetrokken. Duidelijk commentaar, maar niets meer aan te doen,
we zijn al laat.

'Kom, we gaan,' zeg ik geïrriteerd.

In de auto volgt de te verwachten discussie over sensitiviteit,
iets wat menig man niet begrijpt en ook mijn lieve Paul reageert niet erg begripvol. Hij vindt dat ik zeur, niet zo moeilijk
moet doen en dat hij toch zeker mag zeggen wat hij vindt. Ik
laat het maar. De rest van de rit naar Amsterdam zwijgen we en
ietwat ongemakkelijk lopen we de italiaan binnen.

Er zijn in totaal zo'n zestig mensen, van wie ik het meren-
deel zo langzamerhand wel ken. Heerlijk eten, goede wijn en
prima gezelschap. Het avondprogramma bestaat uit een bingo,
gepresenteerd door een collega van Paul die zich heeft verkleed als Theo (van Thea) in een glimmend blauw met geel jasje en neptanden. De winnaars maken kans op broodroosters,
sapcentrifuges en andere huishoudelijke artikelen. Na een
avond vol hilarische toestanden en fanatieke collega's rijden
Paul en ik naar huis met een staafmixer en een zaklamp.

'Lou, nog even over je jurkje, dat was een beetje onhandig
van mij. Sorry.' Paul kijkt me verontschuldigend aan en knijpt
zachtjes in mijn knie.

Dan is het eindelijk vakantie, en de eerste dagen staan volledig
in het teken van ontspanning. We zijn allemaal toe aan ontbij-
ten in pyjama, op de bank hangen en Disneyfilmpjes kijken,
eindeloos knutselen aan de keukentafel en vroeg naar bed.

Het is als elk jaar schipperen tussen de verschillende familieleden die allemaal 'iets' willen rond kerst, en uiteindelijk
worden er altijd weer compromissen gesloten om de vrede te
bewaren: op kerstavond komt de hele familie van Paul bij ons,

eerste kerstdag gaan we naar mijn ouders en tweede kerstdag doen we niets.

Het voorbereiden van het diner voor kerstavond verloopt tot mijn grote vreugde zeer soepel. Jana wil graag met de kinderen een wandeling maken in het bos. Ik twijfel even; zou ze het wel aankunnen? Maar het komt míj nu wel erg goed uit. Voor de zekerheid pak ik de tuigjes voor de jongens, anders wordt het een onmogelijk onderneming.

'Do you want me to take Bobbi as well?' Jana kijkt me wat huiverig aan en ik schiet in de lach.

'No, no! These are for the boys. Dan kunnen ze niet wegrennen.' Ik besef dat ik haar deze gadget nog niet heb laten zien.

'But, I don't understand. Wil je dat ik de jongens een riem aandoe? Net als bij Bobbi?'

'Yes, that's right,' antwoord ik lachend. 'Het ziet er belachelijk uit, maar geloof me, je zult ze nodig hebben!'

Ik doe de jongens de tuigjes aan, trek de riempjes stevig vast en geef Jana de uiteinden. Bram en Timo zijn het er niet mee eens en trekken om het hardst om los te komen, maar na de dreiging dat ze anders niet met Jana naar het bos mogen, beperken ze zich tot duwen tegen de dichte achterdeur. Jana opent de deur en de jongens trekken haar meteen mee naar buiten, met een giechelende Tessa en Pien in hun kielzog.

Glimlachend ga ik in alle rust verder met het voorbereiden van het eten en leg de laatste hand aan de eettafel, die nu een belangrijk deel van onze zitkamer in beslag neemt. We zijn vanavond met dertien personen: wij, de kinderen, de ouders van Paul, zijn broer en zus met aanhang en natuurlijk Jana.

Afgelopen week hebben Margreet en Pieter de opklaptafels en extra stoelen gebracht met een daarbij behorend tafelkleed.

'Wel voorzichtig mee zijn, hoor! Dit is écht mijn favoriete

kerstkleed,' zei Margreet uiterst serieus terwijl ze mij een wanstaltig, ouderwets rood met groen kerstkleed met herten en kerstmannen overhandigde. Allemaal best, we zien wel wat ervan overblijft nadat er negen volwassenen en vier kinderen aan hebben gegeten.

Margreet en Pieter arriveren natuurlijk veel te vroeg, net op het moment dat ik de kinderen ontdoe van hun modderige broeken. Met een grote tas komt Margreet de trap op en voor ik er erg in heb, heeft ze het hele stelletje van me overgenomen.

'Ik regel het wel, Milou. Ik kleed ze wel aan. Ga jij je maar rustig verkleden.' Toch knap hoe ze dat doet, ze weet het allemaal direct naar haar hand te zetten.

Tot mijn grote verbazing komt niet veel later een dolblije Tessa mét krulspelden de trap af huppelen, gevolgd door Bram en Timo in grijze pakjes met T-shirt (het overhemdje is Margreet kennelijk ook niet gelukt). Paul en ik weten niet wat we zien, laat staan wat we moeten zeggen.

'Ach jongens, wat zien jullie er keurig uit.' Pieter kijkt apetrots naar zijn kleinkinderen.

'Mam, kijk! Ik krijg krullen! Cool hè?' Tessa wijst naar de grote krulspelden en vervolgt: 'Pien mag ze ook.' Vrolijk gaat ze de trap weer op. Paul schiet in de lach en ik weet eigenlijk niet of ik dit wel zo grappig vind... Maar ach, het is kerst.

Puk arriveert met haar nieuwe vriend Floris en niet veel later komt ook Hein met zijn verloofde Annelot binnen. Met verbaasde blikken bekijken ze onze kinderen; vooral de meisjes lijken uit een andere eeuw te komen. Tessa en kleine Pien hebben keurig gekrulde haren, vastgezet met schuifkammetjes, en zijn gekleed in mijns inziens antieke smokjurkjes. Bram en Timo hebben een strak gekamd kapsel met een perfecte scheiding, dat alleen met een beetje hulp uit een potje zo blijft zitten.

'Prachtig toch, die meisjes. Die jurkjes vond ik in een geweldige winkel in Parijs. Zoooo schattig, vind je niet, Milou?' Puk en Hein knikken in overtreffende trap mee met hun moeder, terwijl ze me met een brede glimlach aankijken. Zij hebben makkelijk praten, zij hebben nog geen kinderen.

'Wacht maar! Jullie tijd komt nog,' fluister ik ze toe.

Als Jana binnenkomt valt er plotseling een stilte. Ze heeft zich werkelijk fantastisch uitgedost en opgedoft, en walst met groot (voor mij onbekend) zelfvertrouwen de kamer binnen. Haar haren hebben een zilveren gloed, haar lichtroze satijnen jurk met verdomd diep decolleté wordt met flinterdunne spaghettibandjes net hoog genoeg gehouden; de bandjes snijden in haar schouders. Haar jurk is lang, en daaronder draagt ze zilveren sandaaltjes en roze gelakte teennagels.

'Jana! Wow! You look great! Ik zal je even voorstellen aan onze familie.'

Margreet kijkt sprakeloos van onze nieuwe au pair naar Paul en weer terug.

Het uitpakfestijn is in alle hevigheid losgebarsten, en de kinderen scheuren er weer wild op los. Iedereen heeft voor iedereen een cadeautje meegenomen en er lijkt geen einde aan te komen. Aan tafel houden de kinderen het natuurlijk niet lang vol en al snel zitten we alleen nog met de negen volwassenen. Door deze shuffle zit Jana ineens naast Margreet, precies waar Paul al bang voor was.

Puk is zeer geïnteresseerd in Jana en vuurt samen met Floris allerlei vragen op haar af. Het lijkt verdacht veel op een kruisverhoor, maar er wordt gelukkig aandachtig geluisterd en veel gelachen. Het valt me op dat Jana zich best staande weet te houden tussen de toch wel dominante familieleden van Paul.

'Did you already meet any nice boys?' Puk is helemaal op dreef.

'Well, yes. I met somebody in the Blokker. Een heel leuke jongen. Ik vroeg iets in het Engels aan de mevrouw in de winkel, maar ze begreep me niet. Toen schoot hij me te hulp. Hij is heel leuk en heeeel knap! Echt hoor!' Iedereen luistert inmiddels mee, maar Jana heeft het niet in de gaten.

'He asked me out, but I don't know. Ik heb hem mijn telefoonnummer gegeven en hem verteld waar ik woon, dus...'

'Wat? Heb je hem verteld waar je woont? Ben je nou helemaal gek geworden?' Margreet leunt naar voren en dendert dwars door Jana's verhaal, die verschrikt opkijkt. 'Je geeft toch niet je adres aan een wildvreemde?'

'Mam, mam!' Paul probeert zijn moeder te stoppen, maar dat blijkt onmogelijk.

'But Jana, you seemed to be a smart girl. Begrijp je dan niet hoeveel idioten er rondlopen? Je brengt niet alleen jezelf in gevaar, ook dit gezin met vier kinderen! Dit is echt heel dom van je, heel dom.' Margreets toon is zachter, ze heeft blijkbaar in de gaten dat ze zich moet inhouden, maar de kracht van haar woorden is des te sterker.

'I'm sorry! O my god, I'm so sorry! Ik wist niet dat u zo kwaad zou worden. Ik heb er echt niet aan gedacht dat ik iemand in gevaar zou brengen. Hij leek zo aardig. Please forgive me.' Jana staat op, helemaal van streek door de heftige reactie van Margreet. 'Ik zal naar mijn kamer gaan, het spijt me vreselijk, Milou.' En in haar prachtige roze jurk rent ze de kamer uit.

Even is het muisstil. Puk, Hein en Paul kijken hun moeder vol ongeloof aan.

'Margreet, schat, dit was werkelijk niet nodig. Milou, jij gaat Jana halen en Margreet, jij gaat je excuses aanbieden.' Pieter klinkt vastbesloten.

'Nou, excuses, is dat niet wat overdreven? Jana reageert wel heel dramatisch, vind je niet, Milou?'

'Margreet, Jana is negentien en komt uit Tsjechië. In een andere taal komen jouw woorden en de toon die je aanslaat totaal anders over, dat begrijp je zelf toch ook wel? Dat arme kind is zich lam geschrokken!'

'Goed, goed, blijf jij maar zitten. Ik ga wel. Ik ga wel naar haar toe.'

Voor iemand hierop kan reageren is Margreet al halverwege de tuin. En als ze een half uur later arm in arm met Jana komt binnenlopen, zou je bijna denken dat ze de dikste vriendinnen zijn.

'Everything is fine, right Jana?' Alsof Jana nu kan zeggen dat dit niet zo is. 'We hebben afgesproken dat Jana een keer met mij gaat lunchen, en dan gaan we ook winkelen in Laren. Misschien kan ik dan een nieuwe jurk voor haar kopen.' Margreet slaat haar arm om Jana, geeft haar een zoen en duwt een glas wijn in haar handen.

'So, tell us more about your family.'

Margreet heeft dit hele fiasco weer wonderbaarlijk weten op te lossen, en ik vraag me af of Jana in de gaten heeft waarom Margreet zo graag een nieuwe jurk voor haar wil kopen.

Mijn vader is dol op Coleman's Mustard. Een gemene, superscherpe mosterd die je kunt vergelijken met wasabipasta. Als je er iets te veel van eet, springen de tranen in je ogen en stokt je adem. De eerste keer dat Paul met mijn familie kerst vierde, stond er natuurlijk Coleman's op tafel. Paul deed enorm z'n best om aardig gevonden te worden. Hij babbelde er joviaal op los, zichtbaar onzeker in deze nieuwe omgeving. Toen hij een grote klodder mosterd op zijn bord schepte, keek mijn familie verwachtingsvol toe. Niemand deed moeite hem te waarschuwen, zo zijn ze, altijd in voor een grap en vooral benieuwd hoe zo'n 'nieuwe jongen' omgaat met verrassingen. Ik zag het te laat en Paul nam een hap vlees met veel te veel mosterd. Inderdaad: de tranen rolden over zijn wangen, het zweet droop van zijn voorhoofd en met een glas water probeerde hij zijn branderige mond te spoelen. En mijn familie? Mijn familie lachte. Heel hard.

Het kerstdiner bij mijn ouders verloopt als altijd met veel grappen en grollen, te veel eten en veel te veel drank, maar wel heel gezellig.

Een witte kerst is ons niet gegund, maar door de vorst van de afgelopen nachten is het natuurijs op kleine plassen en vijvers wel sterk genoeg. Op tweede kerstdag besluit ik met Tessa, Pien en Jana ons geluk op het ijs te beproeven.

'Kijk mama, ze kan het echt vet goed!' Tessa kijkt vol bewondering naar Jana, terwijl ze zelf met moeite rechtop blijft staan.

Ik zit nog stevig met mijn billen op het koude gras als ik Jana elegant en sierlijk over het ijs zie glijden. Ze draait rondjes, schaatst achteruit en gooit nonchalant een been naar achteren terwijl ze rustig op het andere doorglijdt.

'Nou, maar mama kan het ook nog wel, hoor,' roep ik terug terwijl ik me wat huiverig op het ijs begeef; het kost me eerlijk gezegd best moeite. Op zich niet zo gek, het is alweer jaren geleden dat we in Nederland op natuurijs konden schaatsen. Vroeger kon ik het inderdaad goed. Mijn ouders namen ons vaak mee op tochten, en achter ons huis was een grote vijver waar ik samen met Otto en Maggie eindeloos kon oefenen. Toen kon ik ook pirouettes draaien en op één been glijden.

Vroeger, ja. De soepelheid is wat afgenomen, maar vooral mijn lef is niet meer wat het geweest is. Om nu iets te breken is toch verdomd onhandig en die gedachte is juist het gevaar; ik ben ervan overtuigd dat als je bang bent om te vallen, dat ook zal gebeuren.

'Mam, kijk nou, cool.' Met grote ogen volgt Tessa de bewegingen van Jana.

'Jana, Jana. Me too!' roept ze enthousiast, terwijl ze langzaam haar kant op schuifelt. Mijn eigen pogingen om ook cool te zijn mislukken jammerlijk. Tessa heeft totaal geen oog voor haar moeder.

Kleine Pien staat inmiddels ook op het ijs, met een stoel. Het glijden is voor haar nog wat onwennig. Ze staat stil, kijkt angstig naar de rare ijzers onder haar schoenen en weigert te bewegen. Pien is écht geen stoere tante, meer een prinsesje dat het liefst lekker warm binnenzit. Ze wil niet al te veel gedoe en durft zeker geen spannende nieuwe activiteiten te ondernemen. Lekker bij het vertrouwde blijven, dat is Pien.

Ik probeer haar, samen met de stoel, tussen mijn benen een stukje mee te nemen.

'Ahhh, mama! Neeeeeee! Nie doen!' gilt Pien in paniek en ze laat spontaan de stoel los, verliest haar evenwicht en ik daardoor het mijne. In mijn poging niet met mijn volle gewicht op haar te vallen, maak ik een rare draai en val naast haar met mijn schouder hard op het ijs. Pien huilt, meer van de schrik dan van de pijn. Bij mij rollen van pure ellende tranen over mijn wangen en ik bijt op mijn lip om het niet uit te schreeuwen. Onhandig hijs ik ons beiden omhoog en moeizaam begeven we ons weer naar de kant. Pien huilt dat ze naar huis wil, met een dekentje op de bank.

'Jana, will you stay here with Tessa?' In de verte staan Jana en

Tessa samen op het ijs. 'Yes, that's fine. No problem,' roept ze terug.

'Mama, waarom ga je weg?' Tessa komt bezorgd onze kant op glibberen.

'Pien en ik zijn gevallen, we gaan naar huis. Wil jij nog even blijven met Jana?' Ik heb een bibberstem en sta te trillen op mijn benen, maar ik doe mijn uiterste best dit niet aan de kinderen te laten merken.

'Ja, dat wil ik! Jana kan het goed hè, mama?' Even is het stil en kijkt het adorabele gezichtje van Tessa me vragend aan. Ik ben allang blij dat ze eindelijk iets goeds ziet in Jana. 'En mam, ik weet waarom jij valt met schaatsen, jij bent gewoon te oud, daarom!'

Juist.

Mijn schouder zit me behoorlijk dwars. Ik kan de eerste dagen na mijn val eigenlijk vrijwel niets meer met mijn rechterarm. 's Nachts kan ik er niet op liggen, mijn haar in een staart doen lukt niet en mijn jas aantrekken is een hele klus. Toch heb ik onze koffers gepakt; we staan op het punt naar Limburg af te reizen.

Maar voor we weggaan wil ik nog met Jana praten, want ik heb geen zin om dat nog langer uit te stellen. Het incident bij de modemensen was dramatisch en er moet echt een eind komen aan alle vragen en sorry's. Bovendien is een maand een goede periode om te evalueren, voor beide partijen.

Als ik tegen Jana zeg dat ik even met haar wil praten, kijkt ze me verschrikt aan.

'O, is there something wrong, Milou?'

'No, nothing wrong. Maak je geen zorgen. Ik wil alleen even met je praten. Wil je thee?' Met een kopje thee erbij gaat het vast beter. Thee brengt gezelligheid en rust, als we Pickwick mogen geloven.

Sinds het gesprek op pakjesavond heb ik geprobeerd meer rekening te houden met het feit dat onze levensstijl intimiderend kan zijn voor zo'n jong meisje dat ver van huis is, dus ik besluit eerst Jana de kans te geven om te vertellen hoe ze het bij ons vindt. Ze denkt even na en zegt: 'I really love the boys!' Ze vindt ze weliswaar druk, écht jongetjes, maar het is duidelijk wat ze wel en niet willen en wat ze wel en niet mogen. De tweeling heeft een redelijk vast ritme en wijkt daar eigenlijk zelden van af.

Meer moeite heeft Jana met kleine Pien. 'I really don't understand her needs and wishes,' zucht Jana. Ons dametje weigert inderdaad Engels te praten en gaat Jana met handen en voeten te lijf om duidelijk te maken wat ze wil: koekjes eten, billen afvegen, boekjes lezen, televisiekijken, wandelen, eendjes voeren, ballonnen opblazen, prinses spelen, taart bakken, verven, appels eten, schommelen, kleien, kettingen maken, opmaken met echte make-up, verkleden, verkleden en nog eens verkleden.

En dan Tessa. Nu kijkt Jana me trots aan. 'I think she finally accepts me.' Tessa heeft het Jana echt moeilijk gemaakt en haar behoorlijk uitgetest. Ze probeerde de regels te verdraaien, zei dat ze van Monica veel meer mocht, was soms ronduit grof en vreselijk tegendraads. Nu vertelt Jana dat Tessa haar tijdens het schaatsen heeft toevertrouwd dat ze Monica heel erg miste, die vond ze zo cool. Daarna had Tessa haar armpjes even om Jana geslagen: 'But you can play gitaar en you can vet good schaatsen!'

Daarna vertelt Jana dat ze erg onzeker wordt als ze mij in een razend tempo vijf dingen tegelijk ziet doen. Dat zou zij ook wel willen, maar het lukt haar nog niet. Ik noem mezelf inderdaad altijd voor de grap 'de wervelwind', maar verwacht echt niet van haar dat ze dat ook wordt.

Bovendien wil ik niet dat ze probeert mij na te doen, ze moet juist haar eigen routine vinden. Ze moet zelf ontdekken wat het ritme van de kinderen is, wat ze wel of niet leuk vinden, hoeveel limonade er precies in de bekers moet en wie welk broodbeleg lekker vindt. Daarbij benadruk ik dat het belangrijk is de kinderen niet te veel keuzes te geven; kinderen kunnen niet kiezen. Vraag niet of ze pindakaas, kaas, honing of worst op hun boterham willen, maar geef ze gewoon allemaal een boterham met worst. Geen gezeur.

'Trial and error, that's how I learned. Zo leer ik nog steeds iedere dag en voor jou geldt hetzelfde, Jana.' Niemand wordt tenslotte geboren met opvoedkundige vaardigheden. Ik geef Jana nog een aantal aanwijzingen en instructies, in de hoop dat ze de komende tijd een stuk zelfstandiger wordt.

Twee uur later rijden we met gefronste wenkbrauwen een bungalowpark op.

'Dit wordt niks, Paul,' fluister ik hoofdschuddend.

Goede vrienden uit onze studietijd hadden ons gevraagd oudjaar met hen te vieren in een nieuw vakantiepark bij Roermond. Zij hadden via via geregeld dat we er gratis een midweek konden verblijven en dat sprak ons natuurlijk direct aan.

Niet dat we toehappen op alles wat gratis is, maar een betaalbare vakantie met vier kinderen is bepaald niet makkelijk te vinden, laat staan een gratis verblijf. Bovendien was hiermee ons jaarlijkse oud-en-nieuwdilemma in één klap opgelost. Bij ons kan namelijk echt niemand meer logeren, ons huis is vol, en wij kennen helaas niemand die zomaar even zes personen kwijt kan. Het lijkt ons supergezellig om weer eens herinneringen op te halen uit onze vrolijke, onbezorgde studietijd. Bovendien hebben Wouter en Alice een zoon die maar twee maanden ouder is dan Tessa, en een dochtertje dat vrijwel even oud is als de jongens. Dat is een leuke en handige bijkomstigheid.

Maar het bungalowpark van Wouter en Alice blijkt nog helemaal niet klaar te zijn. Het valt eerder te beschrijven als een volgeregende bouwput.

Aarzelend rijden we verder door diepe plassen en over blubberige bobbels. We zien de beginselen van nog te bouwen huisjes, veel graafmachines en 'gezellige' bouwketen. Tessa is net wakker geworden en zit met haar neus tegen het autoraam gedrukt.

'Waar zijn we?' vraagt ze slaperig.

Kleine Pien en de tweeling slapen onrustig verder. Paul en ik geven geen antwoord; we wéten ook geen van beiden een antwoord.

Dan zien we Wouter staan, met kaplaarzen aan en diep weggedoken in een knalgele oliejas. Hij staat met zijn rug naar ons toe en hoort ons kennelijk niet. Dus toeteren we en geschrokken draait hij zich om. We zien nog net dat hij een sigaret weggooit.

'Hé makker, sta je nou stiekem te roken, joh?' Paul buigt zijn hoofd uit het open autoraampje en lacht vrolijk naar Wouter, die er bleek en moe uitziet.

'Paulus, goed je te zien man!' Wouter schudt Paul stevig de hand, buigt zich naar hem over en zegt zacht: 'Alice weet inderdaad niet dat ik af en toe rook; mondje dicht, goed?' Onzeker kijkt hij naar mij en ik doe braaf alsof ik mijn mond dichtrits.

'Rijd maar achter me aan, onze huisjes liggen daar.' Wouter

wijst naar een onduidelijke plek in de verte en begint met stevige pas voor onze auto uit te lopen.

'Wie is dat?' vraagt Tessa.

'Dat is Wouter, Tes, een vriend van papa en mama,' zegt Paul.

'Wat is er met hem?' vraagt ze nieuwsgierig. Gelukkig hoeven we daar geen antwoord op te geven, want door de hobbelige weg worden de andere kinderen ook wakker. Ik vraag me ook af wat er met Wouter is, maar we hebben nog een paar dagen de tijd om daarachter te komen.

Er zijn precies twee huisjes min of meer af, en daar zitten wij. Het zijn geschakelde huisjes midden in de gribus. Buitenspelen wordt een modderbad en er is geen wasmachine in de huisjes. Ook geen vaatwasmachine, magnetron of oven. En geen tv. Wonder boven wonder is er stromend water, warm en koud, en een elektrisch fornuis. Wouter lijkt zich zo ongemakkelijk te voelen over de staat van de huisjes dat Paul en ik er maar niet te veel van zeggen, maar we begrijpen in elk geval waarom het gratis is.

Ook Alice ziet bleek en moe, en al snel blijkt waarom. Als we de eerste avond goed en wel met een bord frietjes van de dichtstbijzijnde snackbar voor onze neus zitten, krijgen Wouter en Alice ruzie over de hele situatie. Paul probeert het direct te sussen, want er zitten maar liefst zes kinderen mee te luisteren.

'O, papa en mama hebben zo vaak ruzie hoor,' weet Sander, hun zoon, ons schouderophalend te vertellen. Wouter snauwt tegen Sander dat hij zijn mond moet houden en Paul en ik kijken elkaar geschrokken aan. Zie je wel, denk ik teleurgesteld, dit wordt niks.

Maar we kunnen niet zomaar weer opstappen en 's avonds, als we samen de kinderen in bed hebben gelegd, besluiten we met Wouter en Alice te gaan praten, want dat lijkt noodzakelijk. Er zit gelukkig een tussendeur in de geschakelde huisjes zodat we de kinderen gewoon kunnen horen als er iets is. Gewapend met twee flessen wijn en een zak borrelnootjes komen we de woonkamer van onze oude vrienden binnen. Alice zit huilend op de bank. Wouter is 'iets uit de auto aan het pakken'.

'Alsof ik niet weet dat hij weer rookt,' snikt Alice boos.

Paul gaat op zoek naar Wouter en ik plof naast Alice op de bank. In een notendop vertelt ze over de strubbelingen in hun huwelijk. Wouter en Alice zijn totaal verschillende mensen en in hun studietijd riepen ze nog lachend 'opposites attract'. Maar nu er kinderen, zorgen en verantwoordelijkheden zijn, komen ze er helemaal niet meer uit. Ze geven elkaar overal de schuld van in plaats van samen te zoeken naar oplossingen.

Helaas staat ook de volgende dag in het teken van hun huwelijksproblemen. Ze maken om de meest onbenullige dingen ruzie, en tot mijn grote ergernis probeert Wouter zijn gelijk te halen bij Paul en Alice bij mij. Het put ons volledig uit. 's Avonds in bed hakken Paul en ik de knoop door: we gaan naar huis, hoewel het de volgende dag oudjaar is. Behoorlijk lullig voor onze vrienden, natuurlijk, maar we moeten ook aan onszelf en vooral aan de kinderen denken. Tessa bewees al dat kleine potjes grote oren hebben door te vragen: 'Mama, gaan de papa en mama van Sander scheiden?'

Verbaasd en geschrokken dat mijn dochter van vijf dit woord kent, zei ik: 'Hoe kom je daar nou bij?'

'Daar hoorden Sander en ik jullie over praten.'

Spijtig schud ik mijn hoofd. Hoogste tijd om te vertrekken.

Jana had allerlei plannen gemaakt voor de dagen dat wij weg zouden zijn, maar wanneer we de volgende dag het garagepad oprijden, staat ze daar met een meisje te praten. Naast het meisje staat een koffer.

'Milou, this is my friend Lorena. Mag ze hier een paar nachtjes logeren?' vraagt Jana als we in de keuken staan.

Ik steek mijn hand uit: 'Hi Lorena, ik ben Milou. En hoe hebben jullie elkaar ontmoet?' vraag ik geïnteresseerd. Ik heb Lorena nooit eerder gezien, maar de meeste au pairs leggen makkelijk en snel contact en als dat contact eenmaal gelegd is, is het ook meteen een vriend of vriendin.

'We kennen elkaar via Teresa, de au pair van uw vriendin Angela.' Volgens mij herkennen au pairs elkaar ergens aan, of hebben ze een geheim teken of zoiets.

'O, oké. Maar, heeft jouw gastgezin je niet nodig?'

Schuchter kijkt het meisje naar haar voeten. 'Nee, niet echt. Ze zijn aan het skiën.' Hulpzoekend kijkt Lorena naar Jana. Het is bepaald geen knap meisje. Ze heeft een lelijke acnehuid en is klein en mollig. Ik vermoed dat ze Zuid-Amerikaans is. Opeens gaan Lorena's ogen stralen: 'Oooo, is dat de tweeling?' Mijn kleine mannetjes komen met hun liefste, onschuldigste gezichtjes de keuken in gehobbeld en voor ik het goed en wel doorheb, zit Lorena op haar knieën en hangt Bram op haar rug. Timo laat zich door haar kietelen en rolt grinnikend over de vloer. Jana en ik staan erbij en kijken er verbaasd naar.

'Hello, little guys. Wat zijn jullie lief! Ik heet Lorena, L o r e n a!'

'Lena! Lena! Pelen?' Bram kijkt haar smekend aan terwijl Timo haar nu probeert terug te kietelen.

'Natuurlijk wil ik met jullie spelen.' Lorena begint ook Bram te kietelen en de jongens schreeuwen het uit van plezier.

'Nou, Jana, Lorena heeft de vuurdoop doorstaan. Ze mag blijven!' zeg ik lachend en geniet van het tafereel. Lorena is binnen één seconde veranderd van onopvallend en verlegen in lief en stralend.

Op oudejaarsavond staan we met de kinderen om acht uur 's avonds op straat. Paul heeft onze loodzware vuurkorf uit de achtertuin gesleept en voor op het garagepad neergezet. Een picknicktafel vol hapjes en de kerstverlichting in de tuin zorgen voor een gezellige sfeer, hoewel het koud en donker is. De kinderen vinden het superspannend. We hebben aangebeld bij alle buren waar we licht zagen branden, en al snel staan we met een hele groep gezellig rond de vuurkorf. De kinderen mogen sterretjes afsteken en gillen door elkaar terwijl ze de stokjes zo snel mogelijk ronddraaien.

Een nieuwe buurvrouw komt naar me toe met een klein meisje aan haar hand. 'Hoi, ik ben Chris,' zegt ze vrolijk, 'en dit is Emma, ze is vier. Gezellig is het hier.'

'Hoi Chris, ik ben Milou. Wanneer ben je in de straat komen wonen?' vraag ik belangstellend.

'Een week geleden. Mijn man is piloot en zit in Singapore. We zouden eigenlijk met hem meegaan, maar de kist zat vol, er waren geen plaatsen meer voor Emma en mij.' Dan buigt ze zich samenzweerderig naar me toe. 'Mag ik je iets vragen?'

'Ja, natuurlijk,' zeg ik nieuwsgierig.

'Dat stel met die Range Rover Vogue, ken je die goed?'

'Jazeker, Henriëtta en Willem.' Lachend kijk ik Chris aan, benieuwd naar wat ze gaat zeggen.

De tweeling slingert zich als aapjes rond mijn benen. Bram begint ongegeneerd in zijn neus te peuteren en Timo staat met zijn twee jaar vol met Emma te flirten. Het verbaast me dat ze nog zo fit zijn; het is waarschijnlijk de spanning die ze wakker houdt.

'Nou, Willem belde de eerste avond bij ons aan en vroeg of ik een wijntje bij hem kwam drinken. Emma lag net in haar bedje en Charlie, mijn man, was nog even terug naar ons oude huis. Hij stelde voor dat zijn dochter bij Emma zou blijven zodat ik met hem mee kon!'

'Typisch Willem!' zeg ik hoofdschuddend. 'Zijn dochter Charlotte is pas negen. Maar Willem laat geen kans onbenut om met een leuke vrouw een wijntje te drinken, dus wees gewaarschuwd.'

Chris begint aarzelend te lachen en vraagt: 'Maar wat vindt zijn vrouw daar dan van? Dat is die met die Vogue toch, die niet kan autorijden?'

'Ha ha, ja, dat is Harrie. Ach, zolang zij mag shoppen, naar de kapper en naar de schoonheidsspecialiste kan, is ze happy. Een echte Gooise diva, zullen we maar zeggen.'

'En wat is Willem? Een echte Gooise matras? Mooi stel!' We lachen erom en nemen nog een lekker glaasje glühwein. Ik leg Chris uit dat het met Henriëtta en Willem wel meevalt en dat het prima mensen zijn, zolang je ze maar met een flinke korrel zout neemt.

De kinderen liggen om half tien uitgeput in bed en daarna staan we met de babyfoon en de halve straat nog tot diep in de nacht rond de vuurkorf. Als ik om half vier eindelijk mijn bed inrol krijg ik een sms en verbaasd kijk ik op mijn iPhone; het is een berichtje van Viola uit Oostenrijk.

`hpy nwyr, missu lots xoxo`

Paul en ik zijn op oudejaarsdag gaan samenwonen. We kwamen uit kleine studentenkamers en hadden bepaald niet veel spullen. Na een halve dag inpakken en sjouwen waren we over en zaten we tussen de troep in ons nieuwe huis. Trots dat we waren, en blij! Geen gedoe meer met logeertassen en nooit meer in kleren van de vorige dag naar je werk.

We hadden veel te veel eten ingekocht en alles stond klaar voor ons oudejaarsdiner, toen Paul zich niet zo lekker voelde. Hij lag spierwit en met opgetrokken knieën op onze nieuwe Ikea-bank. Na ruim een uur kreunen en steunen rende hij naar de badkamer en gooide zijn hele ziel en zaligheid in de plee. De lucht die daarbij vrijkwam, ontnam mij alle eetlust. Na nog een uur kreunen en steunen begon Paul beetje bij beetje op te knappen en tegen middernacht was hij weer helemaal het mannetje. Hij verdween alsnog in de keuken en maakte voor zichzelf een complete maaltijd. Ik was inmiddels al uren over mijn honger heen en zat aan de bubbels met Youp. Het gevolg was dat ik na twaalf uur laveloos en in mijn uppie in bed rolde en Paul fit en vrolijk nog even de stad in ging.

JANUARI

Nog steeds word ik iedere dag wakker met een pijnlijke schouder. Aan het eind van de ochtend zitten we allemaal nog in pyjama beneden. Paul doet een voorzichtige poging mijn rug en nek te masseren, als Jana en Lorena binnenkomen. Ze willen graag even met ons praten. De tweeling komt er direct bij: 'Lena! Lena! Pelen?' en ze klimmen bij haar op schoot. Lorena geniet er zichtbaar van. Jana biecht op dat Lorena door haar gastgezin op straat is gezet, vlak voordat ze op vakantie gingen. Paul en ik kijken elkaar geschrokken aan. Doen mensen dat?

'They were not very nice people,' zegt Lorena zachtjes. 'Ik zal hun kinderen ook niet missen. De meisjes zijn tien en twaalf jaar oud en ook zíj waren niet aardig tegen me.'

Lorena vertelt dat ze uit Lima komt, maar absoluut niet terug wil naar Peru. Door au pair te worden, heeft ze de mogelijkheid gekregen uit haar geboorteland te ontsnappen om in Europa een beter bestaan op te bouwen. Die kans wil ze met beide handen aangrijpen. Ze heeft familie in Spanje en wil daar graag naartoe. Klein detail: ze heeft geen geld.

Paul en ik beseffen onmiddellijk dat we waarschijnlijk een illegaal meisje in huis hebben, we zitten in elk geval in de 'grijze' zone. Haar ex-gastgezin denkt dat ze terug is naar het aupairbureau of naar huis. Het au-pairbureau denkt dat ze terug is naar huis of, als ze niet geïnformeerd zijn, nog steeds bij het gezin verblijft. Maar Lorena heeft ons hart gestolen, én de hartjes van onze jongens, dus met een korte knik van verstand-houding besluiten Paul en ik, zonder overleg, om haar bij ons te laten logeren tot we een oplossing hebben gevonden.

Aan het eind van Tessa's eerste schooldag in het nieuwe jaar, komt ze stralend en huppelend de klas uit. Ik word helemaal blij van haar vrolijke gezichtje en haar ogen twinkelen als ze vertelt: 'Het is weer aan met Tom!'

'Wat fijn voor je, lieverd.'

Ik zie Livia met gebogen hoofd en hangende schoudertjes het schoolplein aflopen. Haar moeder slaat troostend een arm om het fragiele meisje. Wat een hartenbreker, onze vijfjarige Tom, dat belooft nog wat.

'Wat is er dan met Livia gebeurd?' vraag ik voorzichtig.

'O, die had Toms puntenslijper geleend en toen was de punt van haar potlood afgebroken en toen zat die vast in de punten-slijper. Tom kreeg hem er niet meer uit en toen heeft Tom het gewoon uitgemaakt met Livia. En toen mocht ik zijn vriendin-netje weer zijn, want dit vond hij erger dan die roze stift.' Glun-derend kijkt Tessa me aan na dit 'en-toen-en-toen-verhaal'.

'Arme Livia. Wel een beetje zielig voor haar, toch?'

Tessa huppelt voor me uit en zegt achteloos over haar schouder: 'Ach mama, komt ze echt wel weer overheen, hoor.' Tjee, wat kunnen kinderen toch meedogenloos zijn.

In de auto word ik gebeld door een onbekend nummer.

'Met Milou van Someren.' Ondertussen gebaar ik naar Tessa dat ze zachtjes moet doen.

'Milou, goedemiddag. Je spreekt met Steven Stoutjesdijk van BeWear.'

Ik weet onmiddellijk wie ik aan de lijn heb en voel mijn hart sneller kloppen van spanning. Zou ik de opdracht krijgen?

Door de kerstvakantie heb ik Suus nog niet gesproken over mijn tweede confrontatie met haar nieuwe liefde.

'Bel ik gelegen?' vraagt Steven kortaf. Oké, dit wordt dus niks. Ik heb de neiging om iets tegen hem te zeggen over Suus of over het feit dat ik hen betrapte op het parkeerterrein, maar ik hou me in.

'Ja hoor,' zeg ik nonchalant, 'ik zit in de auto, maar ik bel handsfree.' Alsof hem dat iets kan schelen.

'Zeg, luister eens, Milou, ik zal het kort houden: we willen jou.' Mijn hart maakt een sprongetje, maar Steven praat op zeer zakelijke toon verder: 'Je moodboard was weliswaar groot, maar naar onze mening niet *rough enough*, en je presentatie was ook niet erg sterk.'

Nou zeg, wat is dit? Ik sta inmiddels langs de kant van de weg geparkeerd.

'Maar Milou, je hebt onlangs samengewerkt met Sjors, de visagist, en Sjors weet exact wat wij willen. Hij adviseerde ons deze klus met jou te doen.'

Sjors? Heb ik deze opdracht aan Sjors te danken? Een visagist? Die insteek had ik echt *never* nooit kunnen bedenken.

'Geweldig, Steven! En hoe ziet de planning eruit?' Ik steek mijn duim op naar Tessa. Waarschijnlijk zit ik nu net zo te stralen als mijn kleine meid.

Steven gaat me de planning mailen en ik roep enthousiast: 'En de groetjes aan Suus, hè!' Het blijft even stil aan de andere kant van de lijn, dan zegt Steven: 'Juist, Milou van Someren. Nu begrijp ik waarom die naam me al bekend voorkwam.'

Yep, mijn man is de baas van jouw vriendin! Ik heb jullie laatst zoenend op het parkeerterrein betrapt, ha ha!

In plaats daarvan zeg ik: 'Ik zie de planning tegemoet Steven. Dank voor je telefoontje.'

Ik open het portier van de auto, stap uit en maak een kleine vreugdesprong.

'Kom op, Tes, we gaan iets lekkers kopen om het te vieren.'

We staan vlak bij een klein winkelcentrum. Ik laat Tessa ook uitstappen en hand in hand rennen we naar de bakker waar we samen voor iedereen een taartje uitzoeken. Voor Bram en Timo, voor Pien, voor Jana en Lorena, voor Paul, Tessa en voor mij.

'Paul, kom op nou, doe niet zo flauw. We zouden toch samen die checklist van de gemeente invullen? Het moet nu echt een keer gebeuren, hoor!'

Paul zit op de bank tv te kijken. Zijn blik blijft strak op de buis gericht terwijl hij verontwaardigd zijn handen in de lucht gooit en antwoordt: 'Maar Lou, er is voetbal!'

'Ja, jammer dan! Dan kijk je maar naar de score op teletekst. Als het nou nog een belangrijke wedstrijd was, maar nee. De checklist is belangrijk, Paul, en we moeten die nu doen.' Geïrriteerd kijk ik naar de grote stapel verbouwingspapieren op de keukentafel.

'Schatje, schatje.' Paul hijst zich van de bank, loopt naar me toe en slaat z'n armen om me heen. Poeslief zegt hij: 'Kom nou even gezellig bij me zitten. Kijken we samen naar de tweede helft en dan gaan we de checklist invullen.' Hij zoent me in mijn nek, pakt mijn hoofd tussen zijn handen en zoent me vervolgens overal op mijn hoofd. Slijmjurk.

'Het is dat je het zo lief vraagt.' Volgzaam als ik ben, ahum, kijk ik vervolgens een half uur naar FC Knudde tegen FC Polderboys. En spannend dat het was!

Als we daarna aan de keukentafel de checklist te lijf gaan, blijven we bij het eerste punt (van de ruim veertig!) al hangen.

Kwaliteitsverklaringen, gelijkwaardigheidsverklaringen. Onder het mom van 'met de gemeente is het altijd feest', besluit Paul al na vijf minuten een fles wijn te openen. Op een paar punten na – foto's van de bestaande situatie, detailtekeningen van gezichtsbepalende bouwdelen, draairichting draaiende delen – weten we eigenlijk helemaal niets! We lachen ons een ongeluk om het feit dat de gemeente wil weten wat we doen aan het weren van ratten en muizen. Maar ook: hoe de vluchtroutes lopen en welke brandveiligheidsvoorzieningen we aanbrengen.

Het wordt een latertje, niet vanwege de checklist (die sturen we snel door naar de constructief adviseur) maar omdat we samen nog urenlang kletsen over alles en niets.

'Jongens, oma is er!' Mijn moeder belt nooit aan maar kleppert altijd met de brievenbus. Ik weet niet beter, ze deed het al toen ik zelf nog een kind was.

'Oma, oma, wat is het wachtwoord?' roept Tessa boven het gegil van haar broertjes en zusje uit.

'Appeltaart?' Probeert mijn moeder lachend met haar mond voor de brievenbus.

'Nee!' roepen de kinderen in koor.

'Eh, chocoladetaart?'

'Die andere, oma!' verklapt Pien.

'Ooh, slagroomtaart!'

'Ja!' roepen de kinderen in koor en Tessa opent de voordeur. Vier kinderen knuffelen oma plat, en hinkend en balancerend tussen alle kleine armpjes en beentjes door, komt mijn moeder lachend naar me toe.

'Dag lieverd.' Ik krijg een zoen op mijn wang. 'Ben ik nog op tijd voor een kopje koffie?'

Het is woensdag en Tessa is net terug uit school. Mijn moeder en ik gaan met Timo en Bram naar het consultatiebureau, alias consternatiebureau. Ze wil graag een keer mee en ik vind dat heel fijn. Ik ben bepaald geen fan van deze bezoekjes. Het is daar altijd een behoorlijk gedoe met mijn twee zoons, zeker nu er geen kinderwagens meer naar binnen mogen. Tot voor kort mocht dat wel, en kon ik ze lekker in de riempjes laten zitten tot we aan de beurt waren. Dan reed ik gewoon die hele wagen bij de arts naar binnen en haalde de jongens er een voor een uit. Nu moeten de kinderwagens buiten blijven staan, onder een krap afdakje, en sjouwen alle moeders hun kindjes plus handtas plus luiertas naar binnen. Baby'tjes moeten dus worden vastgehouden en kindjes die al kunnen lopen, worden losgelaten. Tot groot verdriet van de assistente... Ik vraag me af wie die regel eigenlijk bedacht heeft.

Jana past samen met Lorena op de meisjes. Ook zoiets: wat is dat nou voor onhandigheid om het spreekuur van het consultatiebureau op woensdagmiddag te laten vallen? Gelukkig heb ik een au pair!

'Oma, poepie.' Bram trekt aan de jas van mijn moeder en gaat wijdbeens staan, ter illustratie van zijn 'probleem'.

'Nou zeg, mag ik niet eens eerst een kopje koffie?' Lachend aait mijn moeder Bram over zijn krulletjes, maar Bram roept ongeduldig: 'Nee oma, nu! Tinkt!' Boos houdt hij zijn neus dicht en hij stampt met zijn voet. Hoofdschuddend geef ik mijn moeder koffie, maar als ik Bram wil optillen, herinnert een pijnscheut me weer aan die irritante schouder; die gaat maar niet over. Mijn moeder tilt Bram op met haar handen onder zijn oksels en houdt hem plagend met gestrekte armen zo ver mogelijk van haar vandaan. De schade is enorm, tot in zijn sokjes. Maar liever nu en thuis, dan straks bij de dokter.

'Oma, ikke ook.' Mijn moeder heeft misschien twee slokken van haar koffie gedronken als Timo naast haar staat. Tja, het is en blijft een tweeling.

Op het consultatiebureau kleden we de kinderen op verzoek van de assistente direct uit. Er gaat niets bijzonders gebeuren, geen prikken of toestanden, alleen de gebruikelijke metingen en vaardigheidstestjes bij de wijkzuster. Mijn moeder blijft bij Timo terwijl ik met Bram naar binnen ga. Na wat testjes zegt de zuster peinzend: 'Mmm, hij had die blokjes nu toch echt wel moeten kunnen opstapelen.'

Niet reageren, inademen en gewoon weer uitademen, Milou, neem ik me voor. Vervolgens wordt zijn dossier erbij gepakt om de curves bij te werken. Mijn jongens zijn aan de flinke kant en tot nu toe heb ik daar bij elk bezoek een opmerking over gekregen. Gelukkig word ik ook deze keer niet teleurgesteld.

'Timo is behoorlijk zwaar, wat geeft u hem te eten?'

'Zullen we dat bespreken als Timo aan de beurt is?' zeg ik allerliefst. Wazig kijkt de zuster van Bram naar mij en weer naar Bram.

Een half uur later lopen we naar buiten. Dat zit er voorlopig weer op, denk ik met een zucht. De jongens zijn uitgeput en vallen vrijwel direct in slaap. Mijn moeder en ik wandelen op ons gemak door het dorp, terug naar huis.

Als we thuiskomen doet Lorena de deur open.

'Lena! Lena! Pelen?' Zodra de jongens Lorena zien beginnen ze weer onrustig heen en weer te schuiven in de kinderwagen.

'Uit, uit!' roepen ze naar Lorena. De chemie tussen hen is werkelijk ongelooflijk.

Jana zit met Tessa en Pien te verven aan de keukentafel. Jana zit in het midden, tussen mijn meisjes in, en samen maken ze op een groot vel papier een kleurig boeket bloemen. Ze zijn zo geconcentreerd bezig, dat ze alleen even 'hallo' mompelen en meteen weer druk verder schilderen.

'Nou Milou, je hebt het goed voor elkaar, zo te zien.' Mijn moeder bekijkt verbaasd het rustige tafereel en knijpt me lachend in mijn arm. Iedereen lijkt volkomen tevreden en gelukkig, mijn kinderen, mijn au pair en haar illegale vriendin. Mijn moeder en ik maken direct gebruik van de situatie en kletsen even gezellig bij, iets wat er nauwelijks nog van komt sinds ik kinderen heb.

Tijdens het eten vertelt Lorena dat ze inmiddels genoeg geld heeft gespaard voor een busticket naar Spanje. Ze heeft allerlei klusjes gedaan voor vriendinnen en buren, van schoonmaken en strijken tot tuinieren en auto's wassen. Ze heeft met Jana de bustijden uitgezocht en zal aanstaande zaterdag vertrekken. Waarschijnlijk kan ze zonder problemen naar Spanje reizen, ze zal alleen niet meer terug kunnen komen naar Nederland. Haar familie weet dat ze komt en haalt haar op in Barcelona.

Jana is er stil van. Ze is de laatste tijd enorm opgebloeid, want de aanwezigheid van Lorena was voor haar natuurlijk erg leuk. Ook Lorena heeft het moeilijk; ze zal niet alleen Jana, maar ook Timo en Bram erg missen. De kans dat ze elkaar ooit zullen terugzien is klein, en dat beseft iedereen. Er valt een verdrietige stilte.

Maar zoals dat gaat met kinderen aan tafel duurt die niet lang, en al snel zit iedereen weer door elkaar te praten, wordt er volop gekliederd met het eten en stoot Pien zoals gewoonlijk haar drinkbeker om.

'Nu moet je echt ophouden met dat gezeur over die schouder. Ga dan naar de fysiotherapeut.' Paul werkt vanmiddag thuis en is mijn geklaag duidelijk zat. De denkwijze van Paul is altijd erg oplossingsgericht: niet zeuren, onderneem actie. 'Waarom bel je Willem niet?'

'Willem?' vraag ik aarzelend. 'Heeft Willem verstand van schouders dan?'

'Nee, natuurlijk niet, Lou. Willem heeft iets aan zijn knie en is erg tevreden over de behandeling die hij krijgt. Bel hem even en vraag het nummer van zijn fysiotherapeut.'

Paul heeft gelijk. Ik kan wel gaan zitten zeuren, maar ik moet er gewoon naar laten kijken.

Als ik Willem bel op zijn mobiel neemt hij uiterst vrolijk op.

'Milou, wereldvrouw! Wat een aangename verrassing om jouw naam op mijn gsm te zien verschijnen.'

'Ja, Willem? Maakt het je dag weer goed?'

'Zeker, zeker! Kom je nu eindelijk eens een wijntje bij me drinken?'

Ik kan het haast niet geloven, wat een lef! Zou Henriëtta het gedrag van haar echtgenoot in de gaten hebben? Misschien houden zij er speciale afspraken op na; standaard zijn ze in elk geval niet.

'Helaas Willem, ik moet je teleurstellen, daar bel ik niet voor. Ik wil graag het nummer van jouw fysiotherapeut, daar ben je toch zo tevreden over?'

'Klopt. Maar wat heb je dan? Zal ik je even masseren, dan is het zeker meteen opgelost!'

'Dank je Willem, zeer aantrekkelijk aanbod. Maar ik ga liever naar de expert.'

'Oké, oké. Ik heb 'm door. Jij je zin.' Willem zucht teleurgesteld. 'Ik ga altijd naar de praktijk van Cybille van der Ven. Zij is echt fantastisch met haar handen.' Hij klinkt alweer een stuk opgewekter.

'Waarom verbaast het mij niet dat je een vrouwelijke fysio hebt?'

'Natuurlijk heb ik die! Wat denk jij nou, ik laat me echt niet masseren door een vent! Ik sms je het nummer wel even. Tot snel en de groeten aan Paul.'

Cybille is met vakantie en een collega neemt haar praktijk waar. Of ik daar problemen mee heb, vraagt de vrouw aan de telefoon. Natuurlijk maakt het mij allemaal niet uit, zolang ik maar zo snel mogelijk geholpen kan worden.

En ik heb geluk, er is iemand uitgevallen en ik kan aan het einde van de middag terecht.

Bladerend in de *Linda* van deze maand zit ik in de wachtkamer van de fysio. Rust. Heerlijk. Ik geniet nu al van mijn afspraak.

'Mevrouw Van Someren?' Een warme, diepe stem roept mijn naam en ik schrik op.

De stem hoort bij de goddelijke man die voor me staat: een grote, semidonkere jonge vent met prachtige donkerbruine ogen, een gigantisch bovenlijf en perfect gekrulde haartjes die boven zijn blouse uitsteken.

'Eh, ja, dat ben ik.' Ik spring onhandig omhoog en geef de man een hand.

'Goedemiddag, mevrouw. Ik ben Stavros, de vervanger van Cybille. Loopt u maar mee.'

Ik volg Stavros naar de behandelkamer en realiseer me dat ik nog nooit bij zo'n wonderbaarlijk knappe en uiterst lekkere fysiotherapeut ben geweest. Ik word er zelfs onzeker van. Het zal toch niet zo zijn dat ik volledig uit de kleren moet? Ik heb helemaal niet nagedacht over mijn ondergoed en volgens mij draag ik die wanstaltige oude bh uit de tijd dat ik Tessa net had gekregen. Ik schrik van mijn eigen gedachten: best erg. Gelukkig getrouwd, vier kinderen en dan maak ik me druk over het ondergoed dat ik aanheb bij de fysio. Maar goed, zo'n Griekse god kom je ook niet elke dag tegen...

Allereerst mag ik, nog aangekleed, op een stoel plaatsnemen en voert Stavros mijn gegevens in de computer in. Hij noteert mijn klacht, stelt veel vragen en luistert aandachtig.

'Duidelijk. U kunt zich nu uitkleden, dan kan ik even kijken.'

Ik sta in een hoek van het kleine kamertje, terwijl Stavros rustig bekijkt hoe ik eerst mijn trui, daarna mijn shirt en als laatste mijn hemdje uittrek. Als er iets ongemakkelijk is, dan is dit het wel.

'Ik neem aan dat ik mijn broek kan aanhouden? Het gaat tenslotte om mijn schouder.' Ik kijk Stavros vragend, eigenlijk smekend aan. Hij wil me toch niet in mijn onderbroek?

'Nee, voor nu is dit wel goed.'

Hij trekt aan mijn arm, draait, duwt, beweegt naar voren, naar achteren, omhoog en omlaag. Zijn armen zijn waanzinnig gespierd en hij heeft geweldige handen! Zou hij doorhebben dat ik dit alles met lust bekijk? Zou hij doorhebben dat mijn hart in mijn keel klopt?

Ik mag op mijn buik op de behandeltafel gaan liggen. Tot mijn grote verbijstering klimt hij boven op me en begint met massageolie mijn schouder en omstreken te masseren. Zijn heerlijke handen duwen precies op de pijnlijke plek.

'Er zitten ook nog wat wervels niet goed, dat voel ik hier duidelijk.' Hij duwt ergens in het midden van mijn rug.

'Draai je maar om.' Langzaam draai ik me om. Hij klimt weer boven op me. Tjee, wat een beroep, denk ik, terwijl zijn indrukwekkende torso boven me hangt. Hij kruist mijn armen, ik moet diep inademen en niet schrikken.

'Ontspannen,' zegt hij zachtjes. Op het moment dat ik uitadem duwt hij met zijn volle gewicht op mijn armen: KNAK! Het doet geen pijn, voelt ook niet echt prettig, maar vreemd is het wel. Al mijn wervels lijken acuut op een andere plek te zitten.

Nog geen half uur later sta ik met rode konen weer op straat. Stavros verzekerde mij dat de pijn in eerste instantie minder zal worden maar rond de derde dag na de behandeling weer kan terugkomen. Het kan me allemaal niets schelen. Wat een man, wat een ervaring!

De hele ochtend ben ik al in de weer; inmiddels heb ik alle tegelhandelaren op het uitgestrekte industrieterrein van Amersfoort gezien. Ik had me er erg op verheugd, maar wat een enorme hoeveelheid mogelijkheden. 'Even' tegels uitzoeken... nou, mooi niet. Ik moet zo langzamerhand wel beslissen, want aan het einde van de maand kan Peter, de aannemer beginnen, dan zijn de mannen beschikbaar. Er komen vier Slowaken die ook bij ons blijven slapen. Aangezien de verbouwing steeds omvangrijker lijkt te worden en de kosten steeds hoger – zo gaat dat nu eenmaal met verbouwingen – hebben we ingestemd met deze logeerpartij. De mannen kunnen dan van 's ochtends vroeg tot het einde van de dag doorwerken, dat scheelt tijd en reiskosten.

'Je hoeft verder niet voor ze te zorgen, hoor, ze regelen hun eigen eten!' riep Peter nog sussend. Hij is een Slowaak en spreekt gebroken Nederlands met een plat Haags accent, heel wonderlijk.

Het gevolg is dat er zes weken lang vier Slowaken in mijn

kantoortje slapen, de enige beschikbare plek. Ik verheug me er nu al op...

Moe en niet voldaan sta ik op het schoolplein te wachten op Tessa.

'Mogen we afspreken? Ah, pleeeease. Mogen we afspreken?' Mijn dochter springt met Livia aan de hand op en neer op het schoolplein.

'Nou, ik weet het niet hoor. Jullie hebben vanmiddag ook nog een verjaardagspartijtje bij Desirée. Dat is wel een beetje druk, meiden.'

'Ah mam, we willen het zo graag!' Tessa kijkt me met haar liefste, smekende blik aan.

'Goed dan, als het mag van Livia's moeder, mag het ook van mij.'

Niet veel later zit ik met drie dames en twee heren in de auto. Tessa voorin, Pien en Livia samen in één riem tussen de jongens, die in hun stoeltjes zitten. In de achterbak kan ik een extra rij stoelen maken, maar daar liggen nu allerlei benodigdheden voor de verbouwing en een grote zak hondenvoer. Ik vraag me af hoe hoog de boete is voor de opeenhoping van vier kinderen op de achterbank. Toen ik laatst zonder riem werd aangehouden, kostte me dat negentig euro! Ik kon het niet geloven, negentig euro voor die riem. En dan te bedenken dat ik geluk had, ik zat namelijk ook nog te bellen. Mijn lange haren bedekten de telefoon en toen ik stilstond, gooide ik hem snel in het zijvakje van het portier. Terwijl de politieman zijn hoofd door het raam stak, hoorde ik (en hij vast ook) in de verte: 'Hallo? Hallo? Ben je daar nog? Milou?' Met grote ogen keek ik langs het gezicht van de agent, alsof ik op zoek was naar die zogenaamde vriendin die mij riep. Met bonzend hart, het blijft tenslotte een beetje eng als een agent je aanhoudt, duwde ik snel het portier open en stapte uit.

'Ik krijg zeker een boete omdat ik mijn riem niet om heb?'

'Inderdaad, mevrouw. Een riem is verplicht.'

Ik probeerde nog te beweren dat ik nog maar heel kort in de auto zat, maar de agent keek me tijdens het typen op zijn moderne boetecomputer schuin aan. Zijn blik zei genoeg. Toen ik de negentig euro zag staan, voelde ik bijna tranen van irritatie opkomen.

'Agent, negentig euro. Wat is dat voor onzin?' Half smekend, half boos keek ik de man aan.

'Dat zijn de prijzen. Het leven is duur.'

'Maar dit is echt belachelijk!' Mijn beleefdheid en vriendelijkheid waren inmiddels ver te zoeken.

'Ik kan er niets aan doen, dit is wat het kost. Voortaan gewoon de riem om hè, zoals het hoort. Het is voor uw eigen veiligheid, u doet het niet om mij een plezier te doen. En u mag nog van geluk spreken.' Hij knikte naar het portier van de auto. Duidelijk. Hij heeft natuurlijk ook gelijk. Irritant.

Met een schijnheilige glimlach stapte ik weer in, deed mijn riem vast en reed snel maar beheerst weg.

Achter in de auto zijn de dames inmiddels een interessant gesprek begonnen. 'Mijn mama heeft een baby in haar buik.' Livia kijkt haar vriendin trots aan.

'Wow, hoor je dat, mam?' roept Tessa enthousiast. Ik hoor het inderdaad en reageer net zo enthousiast op het nieuws als Tessa. Eigenlijk moet ik er een beetje om lachen. Sabine is inderdaad zwanger, maar pas zes weken. Ik ben verbaasd dat ze het al aan Livia heeft verteld. Kinderen kunnen nu eenmaal geen geheimen bewaren.

'Waarom?' komt Pien er eigenwijs tussen.

'Gewoon. Omdat ze dat leuk vindt,' antwoordt Livia simpel. Pien en Tessa gaan akkoord met een knik. Mooi, niets ingewikkelds, zo is het.

's Middags breng ik Livia en Tessa naar het verjaardagsfeestje van Desirée, een vriendin van de Kids Dancing Class. Zo heet dat in het Gooi, niet gewoon 'kinderdansen' of 'dansles', maar net iets internationaler en interessanter. Dergelijke verbasteringen vind je hier wel meer. Een aantal vriendinnen heeft de kinderen niet op de crèche, maar op de Kids Club. Klinkt toch een stuk chiquer en minder banaal.

Op het feestje rennen al tien kinderen hyperactief door het huis. In het midden van de kamer staat een tafel vol cadeaus, daarboven hangt een grote glanzende poster van de jarige job. Slingers en heliumballonnen in de vorm van hartjes en prinsesjes hangen in de lucht en een gigantische roze taart met daarop weer een foto van de jarige, staat gereed. De moeder van Desirée ken ik alleen van het uurtje Kids Dancing Class per week.

Als ik Tessa drie uur later kom halen, is de cadeautafel omgetoverd tot borreltafel. Grote houten planken met allerlei kazen en hapjes staan gereed voor de ophalende ouders. Een aantal moeders staat al met een glas wijn in de hand en met deze uitnodigende borreltafel kan ik moeilijk Tessa snel inpakken en wegwezen.

'Dag, ik ben Bernhard.' Een man in soepele kleding steekt zijn hand naar me uit. 'De vader van Desirée.'

'Hoi, ik ben Milou, de moeder van Tessa.' We schudden elkaar de hand.

'Ook een glaasje wijn? Zal ik je jas even aannemen?' Bernhard pakt met een snelle beweging mijn jas en voor ik het weet heb ik een glas wijn in mijn handen.

'Hebben jullie het leuk gehad?' vraag ik, terwijl ik een toastje van Bernhard aanneem.

'Ja, geweldig! We hadden een clown ingehuurd, die hield ze lekker bezig, dat was super. De kinderen vonden het eindeloos leuk!'

'Waar zijn ze eigenlijk?' Ik kijk om me heen, ik zie niemand en hoor niets.

'O, boven. In de speelkamer met de nanny, maak je geen zorgen, dat gaat goed. Vind je de wijn lekker?'

'Ja, heerlijk.'

'Echt waar, vind je hem echt lekker?' vraagt Bernhard nadrukkelijk.

Ik weet even niet wat ik moet antwoorden. Wat wil hij dat ik zeg? Is het misschien geen lekkere wijn en ben ik een oen omdat ik dat wel vind? Of is het een goede wijn en moet ik die herkennen?

'Ik vind hem echt lekker.'

'Gelukkig.' Bernhard slaat met zijn hand op zijn borst en schudt zijn hoofd vrouwelijk naar achteren. 'Weet je wat het probleem is? Iedereen is de laatste tijd zo chardonnay-moe.' Hij kijkt me serieus aan, ik kijk serieus terug. 'Daarom heb ik besloten over te stappen op deze sauvignon.' Hij neemt nog een slokje van zijn wijn, gooit zijn hoofd in zijn nek en gorgelt luid. Dan kijkt hij me weer aan en slikt de wijn door.

Hoe hou ik mijn ogen op normale stand, hoe hou ik mijn lach in en hoe hou ik mijn gezicht in de plooi? Dan krijg ik een harde klap op mijn schouder; Sabine staat breed lachend naast me.

'Hoi!' Zo enthousiast bij het zien van Sabine ben ik in tijden niet geweest, ik zie haar tenslotte praktisch elke dag op het schoolplein.

'Hoe is het?' Sabine's glinsterende ogen doen mij altijd enorm plezier.

'Alles goed. En met jou? Hoe is het met dat kleine wurm? Voel je...'

Nog voor ik mijn zin kan afmaken buigt Bernhard zich voor mij langs naar Sabine: 'Glaasje wijn?'

'Nou, nee. Liever een spa.'

'Het is een sauvignon, geen chardonnay.' Bernhard probeert Sabine over te halen, maar het zal hem niet lukken.

'Nee, echt niet. Gewoon een spaatje.' Sabine is uiteraard vastbesloten. Ze kijkt me met opgetrokken wenkbrauwen aan terwijl Bernhard teleurgesteld wegloopt, waarschijnlijk op zoek naar een Spa Henriëtte.

'Opdringerig mannetje, die Bernhard.' We schieten allebei in de lach.

In de auto vertelt Tessa me over het partijtje, de cadeautjes die Desirée heeft gekregen en natuurlijk de clown. De clown met de grote schoenen en de rare ballonnen die veranderden in konijnen, poppen, honden en paarden. Ah, paarden! Daar is Tessa dol op. Ze wil er ook een. En ik maar duidelijk maken dat je niet zomaar een paard kunt nemen, dat je een wei moet hebben met gras, waarin het paard kan rennen en grazen. Het helpt niets, Tessa is vastbesloten en wil een paard. Ze heeft zelfs al bedacht waar we in onze tuin een stal kunnen bouwen.

Vandaag, aan het einde van dit bijzondere partijtje, heeft ze een nieuwe wens. 'Mam, ik wil Uggs. Iedereen heeft Uggs. Alle meisjes op het partijtje hadden ze. Mag dat?'

Tja, wat zeg ik nu? Uggs. Het is een trend, dat is waar. Ik zie hele gezinnen in Uggs door het dorp lopen: moeders, dochters, vaders en zonen. Uniseks heet dat. Vroeger had je het in glimmende sportpakken, *totally not done*, tegenwoordig is uniseks hot.

'Ik heb toch ook geen Uggs?' Mijn antwoord is weloverwogen, maar zou het effect hebben?

'Ja, maar jij bent een mama. Ik ben een kindje.' Tessa is niet onder de indruk.

'Er zijn ook Uggs voor mama's, en deze mama vindt ze niet nodig. Bovendien vind ik ze niet mooi en belachelijk duur. Je hebt genoeg schoenen, schat.' Tessa is verontwaardigd, weet zo snel geen antwoord, slaat demonstratief haar armen over elkaar en tuurt boos door het raam naar buiten.

Uggs. Mooi niet dat ik mijn dochter van vijf laat meedenderen met de laatste trends. Ze moet eerst maar eens ontdekken wat ze echt mooi vindt.

Mijn bezoek aan Stavros is mij, om diverse redenen, niet in de koude kleren gaan zitten. Op dag drie is mijn schouder inderdaad pijnlijker dan vóór ik werd behandeld. Ongemakkelijk zit ik 's avonds op de bank, en ik erger me aan mijn eigen gepiep. Ik lijk wel een vent, denk ik lachend, terwijl ik op mijn zij voor de televisie hang. Dan gaat de bel en ik hijs mezelf onhandig omhoog. Mijn adem stokt in mijn keel als ik de deur open.

'Dag mevrouw Van Someren.'

'Eh, hallo. Dag. Ik bedoel, goedenavond.'

'Hoe gaat het met uw schouder?'

Is dit een grap? Heeft iemand ooit een fysiotherapeut op huisbezoek gehad? Op de avond dat je man niet thuis is?

'Nou, ja. Ik...' Ik twijfel. Zal ik gaan zeuren en zeggen dat het zo'n pijn doet, of stoer zeggen dat ik nergens last van heb?

'Het doet nog best pijn. Maar goed, dat had je gezegd.'

'Ja.' Stavros lacht. 'Maar, ik heb u ook stevig te grazen genomen, geen wonder dat u dat nu voelt.' Hij lacht nog harder.

Ik sta er op mijn sloffen wat lullig bij en na deze opmerking weet ik al helemaal niets meer te zeggen.

Er valt een merkwaardige stilte. Ik heb geen idee wat hij komt doen. Zou hij dan toch iets aan me gemerkt hebben tijdens dat half uurtje? Zou hij hetzelfde... Ach, wat denk ik toch allemaal?

'Wat kan ik voor je doen? Kom je speciaal langs om te vragen hoe het met me gaat?' Ik leg mijn hand op mijn wang en voel de blozende warmte eronder. Kom op Milou, doe even normaal!

'Nee hoor, ik kom voor Jana. Zij woont toch hier? Is ze thuis?'

In één klap schrik ik wakker uit mijn droom. Jana?

'O. Ja. Ja. Ik... Eh, nou. Ik weet niet... of ze er is. Hoe ken jij Jana eigenlijk?' Dat gaat me niets aan natuurlijk, maar het is eruit voor ik er erg in heb.

'Ik heb haar bij de Blokker ontmoet, vlak voor kerst. Ik wilde haar mee uit vragen.'

'Nou, wat leuk. Hartstikke leuk!' Ik doe mijn best enthousiast te klinken, alsof ik dit allang vermoedde. 'Als je hier door de poort loopt, zie je onze garage. Daarboven woont ze. Zoals ik al zei, weet ik niet of ze er is.'

Stavros loopt naar de poort, zwaait nog even en verdwijnt uit het zicht. Wat een gênante vertoning! En ik maar denken...

Aan het ontbijt zijn Bram en Timo duidelijk in een fout humeur. En ze zijn niet de enigen. Na mijn gesprek met Stavros heb ik een groot deel van de nacht wakker gelegen. Wat bezielde me? Een beetje sjansen met de fysio, ik begin toch Gooiser te worden dan ik dacht. Mooie roddel voor het dorp:

'Zeg, heb je het al gehoord? Milou, heeft een affaire met haar fysio.'

'Nee, dat meen je niet!'

'Ja, je weet wel, die lekkere Griek.'

'Nou, dat is zeker een lekkertje. Maar dat geloof je toch niet? Getrouwd met een leuke vent, vier kinderen en dan een affaire met de fysio.'

Ik lag te draaien en te woelen en nu voel ik me belabberd. In tegenstelling tot Jana, die uitermate vrolijk rond de ontbijttafel dartelt en met een lichtroze blos de kinderen helpt hun boterhammen te smeren. Rara, waarom zou dat zijn?

Ik sta er maar niet te lang bij stil en smeer vermoeid twee boterhammen met chocopasta voor mezelf.

'No more diet?' Jana geeft een klopje op mijn schouder en kijkt me lachend aan.

Oef, die zit. Ik weet dat ze het helemaal niet onaardig bedoelt, maar jeetje, laat me met RUST! Ik hou me in, lach vriendelijk en zeg stilletjes: 'Yep, that's right. Tomorrow is another day.'

Inderdaad, gisteren klaagde ik nog tegen Jana dat ik na de eetfestijnen in de decembermaand echt eens aan mijn lijn moest gaan denken. Zojuist heeft ze me bepaald niet subtiel aan dit goede voornemen herinnerd. En nu ik met mijn lieve maar luidruchtige kinderen zo moe aan de keukentafel zit, begrijp ik weer even waarom sommige mensen geen au pair willen. Ze zijn er constant, weten precies wat je doet, hoe je het doet en wanneer je dat doet. Dat kan enorm confronterend zijn!

Vanavond komen Wouter en Alice eten. Na ons vertrek uit het 'bungalowpark' hebben we elkaar nauwelijks meer gesproken, en Paul en ik vonden het belangrijk om nog even op ons plotselinge vertrek terug te komen.

Als ik sta te koken, komt Jana de keuken binnen in een wel heel spannende outfit: een kort rokje tot net onder haar billen, een zwart-wit geblokte legging met felroze All Stars en een wit, laag uitgesneden hemdje met zilverkleurige pailletten. Er zitten roze krulspelden in haar haar, van die flexibele plastic dingen die je eindeloos in moet houden om een klein beetje krul te krijgen. Ze is vrolijk en vraagt zonder enige gêne of ik vind dat ze zich mooi heeft opgemaakt.

'Why do you ask me?' Alsof ik expert ben op dat gebied.

'Omdat jij altijd al die mooie modellen fotografeert. Jij hebt er vast meer verstand van dan ik. Wat vind je ervan?'

Ik moet lachen. Zoals ze voor me staat, met haar grote, onschuldige blauwe ogen en geblondeerde haren, is ze nog zo jong en puur. Onbevangen, zou mijn moeder zeggen. Ik bekijk Jana's make-up aandachtig. Wat zal ik ervan zeggen? Ze heeft een enorme laag plamuur op haar wangen gesmeerd, is daarbij haar neus vergeten en haar ogen zijn met een zwart kohlpotlood dik omlijnd. Het geheel is afgemaakt met donkerpaarse oogschaduw.

'Nou, eerlijk gezegd denk ik dat je iets te veel make-up draagt. Zal ik je even helpen?'

Ze knikt enthousiast en niet veel later ziet ze er een stuk natuurlijker en vriendelijker uit.

'Waar ga je vanavond naartoe?' vraag ik oprecht geïnteresseerd.

'Er is een Facebook-feestje in Amsterdam en ik neem Stavros mee.'

'Een Facebook-feest? Wat is dat?' Op het feit dat ze Stavros meeneemt ga ik maar niet in.

'Ken je dat niet? Iemand nodigt via internet al haar vrienden uit en die vrienden mogen ook allemaal weer iemand meebrengen. Echt geweldig is dat! En ik blijf bij een vriendin in Amsterdam slapen.'

Een beetje verbaasd ben ik wel. Ik had niet in de gaten dat Jana al zo veel vrienden heeft gemaakt, maar ik kan het niet laten om ook mijn bezorgdheid uit te spreken.

'Ken je die vriendin bij wie je blijft slapen? Of ken je haar alleen via internet?'

Ze lacht om mijn bezorgde reactie. Tja, dat deed ik ook bij mijn moeder op die leeftijd: maham, ik ben geen kind meer hoor, ik ben al negentien!

'Natuurlijk ken ik haar! Ze heet Anet en ik heb haar al een keer ontmoet. Ik ken haar via Facebook, en ze is echt oké. Ze woont in Amsterdam en ze is ook au pair. Ik mag bij haar gastgezin slapen vanavond.'

Ik kijk nog wat bezorgd, alsof het mijn eigen tienerdochter betreft, maar ik weet donders goed dat ik haar moet laten gaan, ik kan Jana tenslotte niet thuishouden. En gek genoeg vind ik het geruststellend dat Stavros meegaat.

'Thanks, Milou, voor de make-up. Ik zie je morgen!'

Vrolijk huppelend verdwijnt Jana door de achterdeur.

De avond met Alice en Wouter is pittig en lijkt eindeloos te duren. Alice barst meerdere keren in tranen uit, waarop Wouter zuchtend roept dat ze zich niet zo moet aanstellen. De spanning is om te snijden; om de avond nog enigszins door te komen, schenk ik mezelf regelmatig een glas wijn in. Paul blijft rustig en probeert zo af en toe te bemiddelen, maar het mag niet baten. Uiteindelijk stort Paul zich samen met mij op de wijn. Alice en Wouter vertrekken pas na middernacht.

Emotioneel uitgeput en met veel te veel alcohol op liggen Paul en ik in bed. Na deze waardeloze avond kunnen we alleen maar concluderen dat het huwelijk van onze vrienden niet lang meer zal standhouden.

Midden in de nacht schrik ik wakker van de telefoon. 'Onbekend' verschijnt op mijn display en nog slaperig neem ik op.

'Milou, I am sorry to wake you. Maar ik... Er is iets gebeurd. Ik moet naar de politie. Ik moet een groep identificeren die me heeft aangevallen...'

'Aangevallen? WAT!' Ik zit rechtop en klaarwakker in bed. 'Wat is er gebeurd?'

'Ik ben bang, Milou. Ik...' Jana's gesnik weergalmt door de telefoon.

'O, Jana. O nee. Ben je gewond?'

'Een beetje. Ik ben aangevallen door een groep jongens, ze hebben me geslagen met paraplu's en... ze hebben sigaretten op me uitgedrukt.'

Tranen schieten in mijn ogen. Dit kan toch niet? Weer voelt het alsof het om mijn eigen dochter gaat.

'Waar ben je? Ik kom er nu aan!'

Paul laat me met tegenzin gaan. Hij was liever zelf in het holst van de nacht naar Amsterdam gereden, maar begrijpt mijn argument dat Jana, onder deze omstandigheden, liever mij ziet.

Op weg naar Amsterdam passeren verschillende scenario's de revue. Waarom is ze aangevallen? Waar waren haar vrienden? En waar was Stavros? Waarom loopt ze 's nachts alleen op straat?

Ik rijd veel te hard en in minder dan een half uur arriveer ik bij het hoofdbureau van politie op de Marnixstraat. Een agent staat me vriendelijk te woord en brengt mij naar een kamertje waar Jana met een vriendin zit te wachten.

Het meisje stelt zich voor als Anet. Jana kijkt me aan met opgezwollen ogen en een dikke rode neus. Ik geef haar een knuffel en hou haar even stevig vast, terwijl ze hard huilt op mijn schouder. Met bevende stem vertelt ze wat haar is overkomen.

Op het Leidseplein volgden massa's mensen via een groot scherm de wedstrijd van Ajax. Jana was in een café haar jas vergeten en liep alleen terug om hem te halen, terwijl de rest op haar wachtte bij een ander café. In de menigte pakte een stel jongens haar pet van haar hoofd en precies op het moment dat ze die terugvroeg, werd er gescoord. De jongens wilden haar pet niet teruggeven. Voor ze het wist werd ze ingesloten en met paraplu's geslagen. Ze gooiden bier over haar heen en drukten peuken uit op haar arm en in haar nek.

'I just couldn't do anything, I was so shocked. En ze probeerden ook nog mijn tas te pakken. Ik schreeuwde en gilde het uit, maar niemand hielp me!' Jana veegt de tranen van haar wangen en dan zie ik een brandplek in haar nek.

'Uiteindelijk kwam Anet me redden. Ze vertrouwde het niet, omdat ik zo lang wegbleef. Ze heeft me uit de groep getrokken, maar ze volgden ons. We renden weg, zo hard als we konden. Bij de tramhalte haalden ze ons in. Ze trapten en sloegen ons, en we konden niks doen. We hebben echt geluk gehad, de politie zag het gebeuren en heeft de groep gearresteerd. We moesten meteen mee naar het bureau om een verklaring af te leggen. Nu moeten we ze nog identificeren.'

'O, Jana, wat erg.' Ik leg mijn hand op haar knie.

'Weet je?' Vastbesloten kijkt ze me aan. 'Ik kan het niet verkroppen als deze jongens vrijuit gaan, ze moeten gestraft worden voor wat ze hebben gedaan. Ik wil dit doen, maar... ik vind het doodeng.'

Na een half uur wachten worden we meegenomen door een politievrouw, die zich voorstelt als Karin. Ze is heel lief voor Jana en Anet, stelt hen gerust en brengt ons naar een ander kamertje. Het is net als in de film: een kleine ruimte met drie muren en een glaswand.

'Don't worry. They can't see you.' Karin neemt Jana bij de arm en helpt haar naar een stoel. Ook Anet gaat wat huiverig zitten, terwijl ze angstig om zich heen kijkt. Ik voel de trillende handen van Jana in de mijne.

'Oké,' zegt Jana hardop. 'Ik kan dit. Ik weet dat ik het kan.'

Niet veel later komen er vijf jongens en een meisje binnen. Wow, een meisje, dat is heftig! Zou zij Jana ook hebben geslagen en geschopt?

Het duurt even, het is immers nog midden in de nacht en ik ben meer met Jana bezig dan met de groep die voor ons staat, maar ineens grijpt iets me naar de keel. Ik hap naar lucht en mijn handen trillen nu net zo erg als die van Jana. Dat gezicht! Ik herken het!

'Verdomme! Dat is Mo, de schoft! Karin, de tweede jongen van links is Mo! Hij heeft vorig jaar bij ons ingebroken!'

Karin kijkt op haar lijstje, kijkt me aan en bevestigt met één knik zijn naam.

FEBRUARI

Een skivakantie moet je ruim van tevoren regelen. Ik vergelijk het altijd met de ligstoelen bij een zwembad: als je niet op tijd bent, liggen de handdoeken van de fanatiekste toeristen al om acht uur 's ochtends op de beste plekken.

Dit jaar hebben we met drie gezinnen een gigantisch chalet gehuurd in een klein dorpje in Oostenrijk: in totaal zijn we met acht kinderen en zes volwassenen. De oudere kinderen zullen in stapelbedden bij elkaar slapen en Bram en Timo liggen in campingbedjes bij ons op de kamer.

Het vooruitzicht: ketende kinderen, gerommel in de sneeuw, veel gehuil, helm op, helm af, skischoenen aan, skischoenen uit. Veel gezeur: 'Ik wil die sjaal niet om', 'Deze bril doet pijn bij mijn oren', 'Gatver, gaan we dat eten?', 'Ik heb het zo koud', 'Ik wil die zonnebrandcrème niet op', 'Die helm zit niet lekker', 'Mijn skisok zit onder in mijn schoen', 'Ik ben moe, ik wil niet meer lopen'. En ook: skilesjes van twee uur per dag, mooi weer, sleeën met de kinderen, lekker (uit) eten en veel gezelligheid.

In de afgelopen jaren hebben we geleerd dat je je verwachtingspatroon moet aanpassen aan de kinderen. Elk uurtje skiën is meegenomen, daar moet je van genieten. Aan het einde van de dag met een fysiek vermoeid lijf en een biertje in de hand lekker lang in een kroeg blijven hangen, is er de komende jaren even niet meer bij. Biertje in de hand, dat kan. Vermoeid, dat ook. Vermoeid van het heen en weer zeulen met de kinderen op de piste, het lopen met drie paar ski's op je schouder of het trekken van een slee door de diepe sneeuw met te veel kinderen erop.

Het voelt niet goed om Jana alleen thuis te laten. Ze is enorm aangeslagen door wat haar is overkomen en bewoog de afgelopen dagen als een schim door ons huis.

Na de line-up op het politiebureau vorige week mochten we naar huis. Mo is in Amsterdam blijkbaar een bekende van de politie en werd in voorarrest gehouden. Men zou uitzoeken of hij verantwoordelijk was voor de poging tot braak (zoals dat zo leuk heet) in ons huis. De anderen kregen een melding van slecht gedrag, een gesprek met een agent en mochten daarna gaan. Weer ben ik verbaasd over de gang van zaken, maar dit schijnt echt alles te zijn wat de politie kan doen. Geen boete, geen gevangenisstraf, helemaal niets. Een gesprek met meneer de agent: alsof die gasten daar bang van worden. De volgende keer doen ze het gewoon weer!

Na overleg met Paul, onze vrienden en natuurlijk Jana, hebben we besloten haar mee te nemen op skivakantie. En zo gaan we met een overvolle lading, zowel ín de auto als op het dak, op weg naar Oostenrijk.

Als we arriveren blijken de twee andere gezinnen zich al volledig te hebben geïnstalleerd en tot grote ergernis van Tessa zijn de bovenste stapelbedden al bezet (ook te vergelijken met de ligstoelen rond het zwembad). Een slaapplek voor Jana is er eigenlijk niet; uiteindelijk leggen we voor haar een matras op de grond tussen twee stapelbedden in. Jana vindt het allemaal best, ze is allang blij dat ze mee mocht.

De eerste avond zijn de kinderen helemaal door het dolle heen. In combinatie met de grote hoeveelheden wijn die wij verzwelgen, maakt dat de eerste skidag tot een ware beproeving. Het lijkt wel een militaire exercitie om iedereen op tijd bij het juiste skiklasje te krijgen met de juiste uitrusting.

De skileraar van Tessa, Lars, is rechtstreeks uit de Heinekenreclame komen wandelen. Ik schat hem rond de vijfenveertig. Hij heeft een vlassige, rossige snor die door de zon zo hier en daar verbleekt lijkt te zijn en in zijn flitsende rood-witte pak herleeft hij duidelijk zijn jonge jaren.

Op de tweede dag gaat Jana mee om Tessa naar haar les te brengen. Ineens ontpopt Lars zich tot een ware charmeur, en ik sta erbij en kijk ernaar. Het is eigenlijk dolkomisch: Jana is zich met haar negentien levensjaren absoluut niet bewust van de avances van Lars.

Op de derde dag waagt Jana zich voor het eerst op ski's. Ze heeft het vroeger wel eens gedaan, maar is duidelijk een beginner. In haar skipak uit de jaren tachtig, fluorescerend roze met gele driehoeken, oefent ze op de kinderweide. Tessa, bijdehand als ze is, zal Jana wel even leren hoe het moet. Zij staat namelijk al voor het tweede jaar op de ski's en is van mening dat ze het heel goed kan. Als ik na een half uur terugkom om de vorderingen van de dames te bekijken, staat Lars ook op de helling.

'Lars helpt Jana met skiën, lief hè?' Tessa komt enthousiast naar me toe. Argwanend bekijk ik het tafereel dat zich voor me afspeelt: Lars hangt over Jana heen, lacht, knipoogt en sjanst zich een ongeluk; Rudi's evenbeeld is helemaal in zijn element. Jana geniet van de aandacht en sjanst met rode wangetjes net zo hard terug.

Die gast heeft echt een probleem als hij probeert aan te pappen met een meisje dat zo veel jonger is, denk ik. Ineens zie ik tot mijn grote schrik dat onze au pair een veel groter probleem heeft, waarvan ze zich absoluut niet bewust lijkt te zijn. Met twee paar ski's op mijn schouders strompel ik moeizaam de berg op en vraag haar dringend of ze meegaat naar huis. Teleurgesteld kijkt Jana me aan en Lars probeert me ook op andere gedachten te brengen.

'Come on, Jana, let's go.' Ferme taal blijkt nodig om Jana mee te krijgen.

Met tegenzin trekt ze haar ski's uit en wandelt met Tessa achter me aan de berg af. Wat onhandig met de ski's in haar hand draait ze zich om, zwaait nog een keer naar Lars en kijkt me met een brede grijns aan.

'What a great man, don't you think?'

'Hmmm, eerlijk gezegd niet echt mijn type. Maar Jana, ik moet je iets vertellen. I think you are having your period.'

'Period? What do you mean? What period of what?' Jana kijkt me glazig aan.

Ik krijg een kleine flashback. Wie had kunnen vermoeden dat ik zo veelvuldig met mijn au pairs over hun ongesteldheid zou moeten praten?

'Period is another word for when a woman is bleeding,' antwoord ik zachtjes zodat Tessa het niet hoort.

'O nee! O nee!' Geschrokken duikt ze met haar hoofd tussen haar benen. Haar ski's vallen van haar schouder.

'O nee, het is niet waar!' Jana gilt het uit; het doet me denken aan de restaurantscène van Meg Ryan in When Harry met Sally. Ik lach wat schaapachtig naar enkele voorbijgangers.

Tessa had tot dit moment niet in de gaten waar ons gesprek over ging. Maar nu Jana met haar hoofd tussen haar benen op straat staat te gillen, loopt mijn dochter nieuwsgierig en met gebogen hoofd naar haar toe.

'O, mam, Jana heeft bloed tussen haar benen!'

De rest van de week wil Jana niet meer skiën; ze durft zich op de piste niet meer te vertonen, uit angst om Lars tegen het lijf te lopen. Ze wil wel graag op de kleintjes letten, en hoewel dit voor ons en onze vrienden een geweldige uitkomst is, probeer ik haar nog op andere gedachten te brengen. Maar het mag niet baten. Het wordt een heerlijke week met veel zon, veel plezier en meer tijd om te skiën dan verwacht.

Het is elk jaar hetzelfde liedje: carnaval. Paul zweert erbij. Hij is opgegroeid in Breda en heeft dit spektakel met de paplepel ingegoten gekregen. Op zich heb ik er niets tegen, maar het zottenfeest valt rond mijn verjaardag en gooit hoe dan ook altijd roet in het eten. Of Paul wil fit zijn om ernaartoe te gaan, of Paul is brak omdat hij er net vandaan komt.

Voor een nuchtere Hollandse als ik blijft het fanatisme rond carnaval een onbegrijpelijk fenomeen, maar ja, daar ligt dan ook het probleem: als je nuchter bent is er niets aan!

Tot mijn grote frustratie viert Paul liever carnaval met zijn oude vrienden dan mijn verjaardag met mij, zijn grote liefde. Natuurlijk ben ik wel eens met hem meegegaan naar Kielegat (zo heet Breda tijdens het carnaval); ik wilde dit belangrijke feest waar Paul elk jaar koste wat het kost heen gaat ook wel eens meemaken. Maar als buitenstaander is er écht geen fluit aan. Je kent namelijk niemand, en daar draait het nou juist om: carnaval is eigenlijk gewoon een grote reünie. Dat is prima hoor, dat kan ik best begrijpen, maar dat verkleden vind ik echt een triest dieptepunt. Ik ben bereid heel ver mee te gaan in tradities, maar de kleding die tijdens carnaval tevoorschijn komt is zo oncharmant. We zijn al zo'n onelegant volk, en het lijkt wel alsof dat tijdens carnaval nog even flink benadrukt moet worden, het is echt niet sexy. Wat veren en glitter uit Rio zou helemaal geen kwaad kunnen!

Toen de ouders van Paul naar het Gooi verhuisden, stelden ze aan de kinderen voor dat ze lid werden van een van de vier carnavalsverenigingen in Laren. Ze weigerden alle drie subiet: carnaval vier je waar je roots liggen en nergens anders.

Dit jaar ben ik jarig op een zondag, de zondag waarop carnaval begint en Paul zal afreizen naar het zuiden. Omdat ik weiger mijn verjaardag stilletjes voorbij te laten gaan, overweeg ik zaterdagavond een feestje te geven in mijn favoriete kroeg. Of een high tea op zondagmiddag? Nee, ik ben toch meer van de feestjes en ik vraag Paul wat hij ervan vindt. Stom, ik weet het antwoord natuurlijk al.

'De zaterdag voor carnaval?' vraagt Paul verbaasd.

'Nee Paul, de zaterdag voor mijn verjaardag.' Ik ben direct geïrriteerd.

'Ja maar dat is toch de zaterdag voor carnaval!' zegt Paul niet-begrijpend. Daarmee is het voor mij alweer klaar.

'Laat maar, Paul, ga jij lekker carnaval vieren, ik maak er wel een leuke meidenpartij van.' Stampvoetend loop ik weg. Sukkel. K**carnaval.

Kleine Pien hangt al een paar dagen lusteloos aan mijn been. Ze wil helemaal niets en is huilerig. Toch lijkt ze niet echt ziek en ze gaat gewoon naar de peuterspeelzaal. Als ik Pien daar aan het eind van de ochtend weer ophaal, hangt er een briefje op de deur: 'Er zijn waterpokken!'

Aha, de verklaring voor Piens gedrag. Tessa heeft al waterpokken gehad toen ze anderhalf was, maar de jongens zijn nog niet aan de beurt geweest. Eigenlijk wel prima zo, hopelijk krijgen ze het nu allemaal, dan zijn we er als het meezit na deze ronde helemaal vanaf.

Twee dagen later zit Pien van top tot teen onder de lelijke

pokjes. Ze huilt tranen met tuiten, niet van de pijn of de irritatie, maar omdat ze zichzelf in de spiegel heeft gezien.

Timo en Bram lijken het ook te pakken te hebben, te oordelen naar hun gedrag: ze zijn lastig, drammerig en barsten om de haverklap in huilen uit. Het is zaterdagochtend en om half tien sta ik even uit te rusten onder de douche; ik heb er al een pittige ochtend op zitten. Maar het is de dag van mijn meidenfeestje, en Paul vertrekt alvast naar Kielegat. Alaaf!

Mijn moeder heeft Tessa al vroeg opgehaald voor een logeerpartijtje; Jana kan dus op Tessa's kamer slapen zodat ze tijdens mijn feestje in de buurt is van de kinderen. Eigenlijk ben ik gesloopt en het liefst bleef ik een weekend in bed, of in een luxe hotelkamer aan het strand om lange strandwandelingen af te wisselen met lekker slapen. Maar gelukkig geeft het vooruitzicht van een gezellige avond me toch weer nieuwe energie.

Aan het einde van de ochtend sta ik samen met de kinderen Paul uit te zwaaien, als Jana binnenkomt. Foute boel, ik zie het meteen. Luchtig vraag ik nog: 'Did you have a good time, last night?' Maar Jana is niet uit geweest, ze is vroeg naar bed gegaan omdat ze zich niet lekker voelde.

'I thought it was just a cold,' zegt ze verdrietig. 'Het spijt me, Milou, ik voel me echt heel erg beroerd.'

O shit. Ik heb er geen seconde aan gedacht dat Jana ook waterpokken kon krijgen! We hebben het er wel even over gehad, maar ze wist niet wat chickenpox was en stom genoeg hebben we het daarbij gelaten. Ik had het woord natuurlijk even voor haar moeten opzoeken in het Tsjechisch, dan had ze haar moeder kunnen vragen of ze ooit waterpokken heeft gehad. Aan de ene kant baal ik, want ik zie mijn verjaardagsfeestje in het water vallen. Aan de andere kant voel ik me vreselijk schuldig en zeg ik tegen Jana dat ze lekker in Tessa's bed moet kruipen.

In tegenstelling tot de kinderen, die eigenlijk alleen maar dreinerig en huilerig zijn, is Jana flink ziek; ze krijgt steeds hogere koorts. Nu ze op Tessa's kamer ligt kan ik haar redelijk makkelijk verzorgen; ik hoef tenminste niet steeds naar haar kamer boven de garage. Het is nogal een vreemde gewaarwording om te moeten zorgen voor drie zieke kinderen plus de zieke au pair!

In de loop van de middag gaat het steeds slechter met Jana. Het lijkt wel of er elke seconde een nieuwe pok verschijnt, arm kind. Hopelijk worden het in haar gezicht geen littekentjes. Maar Jana is te ziek om zich daar nu zorgen om te maken.

De jongens leg ik voor een middagslaapje in ons grote bed, dat vinden ze geweldig. Ik vertel er wel bij dat ze onmiddellijk naar hun eigen bedjes moeten als ze niet direct gaan slapen, en wonder boven wonder is het binnen tien minuten stil. Daarna ga ik Pien zoeken. Ik tref haar aan op de rand van het bed waarin Jana doodziek ligt te zijn.

'Kijk mama, Jana ook lelijk, net mij!' Triomfantelijk kijkt Pien me aan. Ik glimlach vermoeid, pak haar handje en leg haar bij de jongens in bed. Zelf ga ik er ook bij liggen en stuur zuchtend mijn vriendinnen een sms. Ik heb het echt helemaal gehad: zij zullen straks zonder mij gezellig het glas gaan heffen en ik heb buikpijn van ellende. Margreet zou misschien best op de kinderen willen passen, maar ik kan haar met geen mogelijkheid vragen ook nog de zorg voor Jana op zich te nemen. Mijn verjaardag gaat ondanks mijn gezellige voornemens dus toch stilletjes voorbij. Het is niet de eerste keer dat ik mezelf moet wegcijferen; het zal ook zeker niet de laatste keer zijn.

Gelukkig neemt mijn moeder wanneer ze Tessa komt terugbrengen een heerlijke taart mee. Tessa is apetrots, want ze hebben hem samen gebakken.

'En je man? Verhinderd?'

Jeetje, wees blij dat ík er ben! Een grote geeuw onderdrukkend zit ik op Tessa's kleuterstoeltje aan een kleutertafeltje. De juf en de meester van Tessa kijken me onderzoekend aan.

'Alles goed? Zijn er problemen op het thuisfront? Je begrijpt dat we graag op de hoogte zijn van dat soort zaken. In het belang van het kind natuurlijk,' haast de juf zich eraan toe te voegen.

'Nee hoor, alles pico bello aan het thuisfront. Hoe gaat het met mijn dochter op school?' Vragend kijk ik van de juf naar de meester. Ik zie een kort knikje van verstandhouding tussen hen en ik ben onmiddellijk op mijn hoede.

'Wij maken ons zorgen om Tessa.' De juf, die drie dagen per week voor deze klas staat, neemt onomwonden het woord. De meester, die de andere twee dagen lesgeeft, knikt bevestigend.

'Waarom?' Gelukkig ben ik niet het type dat direct in paniek raakt. Integendeel zelfs: hoe absurder de situatie, hoe helderder ik meestal ben.

'Uw dochter is nogal... snel afgeleid. Dromerig. Speels.'

Ik kijk hen om beurten aan. 'Ja, en...?'

Nu neemt de meester het woord. 'Wij vragen ons af of ze het straks in groep drie wel zal redden.'

'O,' zeg ik verbaasd. 'Ze gaat toch pas over een half jaar naar groep drie?'

De juf neemt het weer over. 'Ja, Milou, dat klopt. Maar er zal nog heel wat werk verzet moeten worden voor Tessa zover is. Op dit moment denken wij dat ze het nog niet aankan.'

'Maar gelukkig hebben we nog een half jaar, nietwaar?' zeg

ik sarcastisch. Zo vriendelijk mogelijk vervolg ik: 'Ik geef toe, Tessa is snel afgeleid én dromerig én speels. Maar kom op, ze is vijf, dat hoort er toch bij? Moet ik me daar zorgen over maken? Of geven we haar nog een kans? Een kind kan zich in een half jaar enorm ontwikkelen, zeker op deze leeftijd.'

'Misschien heb je gelijk. Laten we het hopen, Milou.'

'Hoe gaat het verder met Tessa?' vraag ik. 'Voelt ze zich op haar gemak in de klas? Heeft ze veel vriendinnen?' Ja zeg, dat wil ik natuurlijk ook graag weten, dat is minstens zo belangrijk als haar 'prestaties'. En hopelijk hebben ze ook nog iets positiefs te melden.

'Tessa heeft niet alleen veel vriendinnen, ze heeft zelfs een vriendje!' De juf lacht, zowaar. 'Heel uitzonderlijk hoor, in groep twee.'

'Nou, fijn dat ze dat wél op orde heeft, hoef ik me daar in elk geval geen zorgen om te maken.' Ik veins een zucht van verlichting voor ik in de lach schiet. Dan gaat de wekker, de tien minuten zijn om.

'Milou, nog even snel een vraag. Zou je af en toe ergens mee willen helpen in de klas?'

Ik wist het! Ik wist het!

'Natuurlijk zou ik dat willen,' zeg ik enthousiast.

'O ja?' Verbaasde blikken.

'Ja, het lijkt me geweldig om te helpen in de klas.' Ik neem een kleine pauze in de hoop dat mijn positieve antwoord in hun geheugen blijft hangen.

'Ik zit alleen niet zo heel ruim in mijn tijd. Ik heb natuurlijk nóg drie kleine kindjes thuis, en als ik echt helemaal niets anders te doen heb, probeer ik ook nog af en toe te werken.' Ik lach om mijn eigen grapje maar ik ben de enige. De verbaasde blikken zijn inmiddels veranderd in niet-begrijpende.

'Aha, oké, nou, dank je wel Milou. Tot morgen dan maar. Volgende!'

Sabine loopt achter me langs naar binnen en knijpt in mijn bil.

Ik laat een hoog gilletje horen. 'Gek wijf,' fluister ik haar toe.

'Hoe ging het?' fluistert ze terug.

'Top!' Lachend steek ik beide duimen omhoog en ik geef haar een vette knipoog.

'*Milou, they want to know where to turn off the water.*'

'Wacht even, Jana.' Ik ben vandaag al zes keer gebeld over de verbouwing, terwijl ik intussen probeer tien peuters te fotograferen die allemaal tegelijk een nieuw, gezond, tandvriendelijk, suikervrij koekje in de lucht moeten steken. Een lastige klus, want er zit er altijd wel één bij die net even in zijn neus peutert, geeuwt, hoest of in huilen uitbarst omdat mama even uit het vizier is verdwenen. Gek genoeg dacht ik op een zwak moment dat het leuk zou zijn als ik mijn eigen peuter mee zou brengen. Daarvan heb ik spijt als haren op mijn hoofd. Het leek me geweldig om mijn eigen dochter terug te zien in de advertentie, maar Pien is ronduit vervelend, heeft het hoogste woord en schreeuwt meer dan ooit om aandacht.

'De hoofdkraan zit buiten, in een klein kastje onder het keukenraam. Hoe is het met de jongens?'

'Alles goed. De grote mannen zijn hard aan het werk en de kleine mannen proberen te helpen, zo schattig!' Ik zie het voor me: mijn twee kleine Bob de Bouwertjes vinden het prachtig, die werklui.

'Mooi. Ik zie je straks en bedankt voor al je hulp, Jana!'

De Slowaken zijn al een paar dagen bij ons en slapen, zoals afgesproken, in mijn kantoortje. Toen ze arriveerden met hun sporttassen, matrassen en slaapzakken, kreeg ik het even Spaans benauwd: mijn fijne werkplek, míjn 'terugtrekplek', werd geconfisqueerd door vier smoezelige, sterk ruikende mannen. Binnen de kortste keren rook het hele tuinhuisje naar 'werkman' en ik vroeg me angstig af of ik die lucht er ooit nog uit zou krijgen.

Met pijn in mijn hart zie ik elke ochtend de *steamy windows* van mijn kantoortje. Zo ranzig. Er moet echt zo snel mogelijk een raam in dat open kan; hoewel, ik heb de indruk dat frisse lucht niet erg hoog staat op het prioriteitenlijstje van deze mannen. Gelukkig zijn ze vrolijk en aardig, en ze werken hard. En omdat Peter, de aannemer, er niet altijd bij kan zijn, helpt Jana met de communicatie. Tsjechisch en Slowaaks zijn weliswaar verschillende talen, maar ze lijken erg op elkaar.

De werklui maken niet alleen gebruik van Jana's vertaalkunsten, ze maken ook gebruik van haar kleine badkamertje in de garage. Gelukkig gaat Jana 's morgens douchen en de mannen 's avonds, dus ze lopen elkaar niet al te zeer in de weg. Paul en ik voelden ons een beetje ongemakkelijk over het feit dat we onze au pair blootstelden (nou ja, niet letterlijk, natuurlijk) aan vier wildvreemde mannen in en om het huis én in haar badkamer, maar na Stavros en Lars hadden we beter moeten weten: Jana heeft er geen enkel probleem mee. Sterker nog, ze geniet van de aandacht die ze krijgt en haar zelfvertrouwen groeit zienderogen. Ze heeft zelfs al een keer 's avonds met de mannen gegeten. Ze bereiden met kampeerspullen eenvoudige maaltijden die Jana aan thuis doen denken; ze voelt zich helemaal op haar gemak bij hen.

Jana heeft een paar lelijke plekken in haar gezicht overgehouden aan de waterpokken en aan het nare incident met Mo en

consorten in Amsterdam. Puur uit schuldgevoel heb ik een afspraak gemaakt met een dermatoloog in het ziekenhuis.

We hebben nog maar net de juiste afdeling gevonden als we
Agnes tegen het lijf lopen.

'Milou! Meid, wat doe jij hier?' roept ze opgewekt met haar
nasale stemgeluid.

Zo'n domme vraag; alsof je in een volle wachtkamer eens
lekker uitvoerig je klachten gaat bespreken.

Tot mijn stomme verbazing zegt Jana: 'Hi Agnes, how are
you?'

Ik zie dat Jana Agnes scherp aankijkt, en vraag me natuurlijk
af waar deze twee mensen elkaar in vredesnaam van kennen.

Agnes lijkt zich opeens helemaal niet meer op haar gemak
te voelen en begint onrustig heen en weer te schuiven op haar
stoel. Net als ik wil vragen wat er tussen hen speelt, gaat Jana
verder. Koel zegt ze: 'In case you were wondering, Agnes, Lorena is
doing very well.'

Verschrikt sla ik mijn hand voor mijn mond.

'Ben jij... hebben jullie...? Dit meen je niet! Agnes?' Ik begin
spontaan te stotteren. Dat ik de vreselijke gastouders van Lorena misschien wel kende, was iets waarover ik nooit had nagedacht. Ik ben echt met stomheid geslagen: de opperroddeltante van het dorp zorgt zelf voor een wel heel smeuïg verhaal.

'Agnes, Lorena heeft een paar weken bij ons gelogeerd.' Ik
zie haar schrikken en vraag: 'Wat is er gebeurd?' Onderzoekend
kijk ik haar aan, hopend op een plausibel verhaal. Agnes doet
haar best om zich in de plooi te houden en ik zie dat ze probeert iets te verzinnen, maar het duurt te lang.

Uiteindelijk zucht ze en zegt zachtjes: 'Toen ik op een avond
laat en moe thuiskwam van een beurs, trof ik Lorena en George
samen aan op de bank.'

Mijn ogen worden groot van ongeloof; ik herinner me de acne en Lorena's kleine, mollige postuur. En George! Wat bezielt zo'n man? Bovendien heb ik hem nog nooit op iets aantrekkelijks kunnen betrappen en ik heb geen enkel idee wat Lorena in hem zag. Mijn fantasie slaat walgelijk op hol, maar het verhaal is nog niet afgelopen.

Verdrietig vervolgt Agnes: 'Mijn twee dochters zaten er ook bij.'

Abrupt komen alle gedachten in mijn hoofd tot stilstand, alsof er ongenadig hard aan de noodrem wordt getrokken.

'Ze zaten met zijn allen Idols te kijken en het zag er zo gezellig uit dat ik stikjaloers werd.' Er lopen tranen over Agnes' wangen.

Sprakeloos zit ik haar aan te staren. Ik heb geen tekst. Gewoon geen tekst.

MAART

'Mam! Mam! Ik mag afzwemmen! Mam!' Tessa is helemaal door het dolle heen. En ik ook, ik ben dat zwembad zo vreselijk zat! Opgewekt stap ik op Teun, de zwemleraar af. 'Nou Teun, fijn dat Tessa eindelijk mag afzwemmen. Jammer dat je er zo lang over moest doen.'

Mijn grapje wordt direct afgestraft: 'Tja, leuke meisjes met leuke moeders hou ik altijd wat langer.' Zijn vette knipoog doet een rilling over mijn rug lopen. Brr, engerd.

'Neem zelf ook een handdoek mee, Milou, je weet maar nooit wat er kan gebeuren.' Pardon? Wat bedoelt hij daar in 's hemelsnaam mee? Teun draait zich met een brede grijns om en gooit, terwijl hij wegloopt, nonchalant een handdoek over zijn schouder. Nou, die voelt zich duidelijk een stuk sexyer dan hij in werkelijkheid is, denk ik, nog steeds rillend.

Een andere moeder fluistert in mijn oor: 'Hij staat erom bekend dat hij moeders in het water gooit na het afzwemmen.'

In mijn vroegste jeugdherinnering leert mijn vader me fietsen. Het moment dat hij me voor de laatste keer losliet en ik eindelijk zelf mijn balans vond staat stevig in mijn geheugen gegrift. Ik weet nog heel goed hoe gedreven ik was. Fietsen was op dat moment het hoogste doel in mijn leven. Ik droomde er zelfs van.

Gek genoeg was ik toch al zes jaar toen ik het eindelijk onder de knie had. Daar stond tegenover dat ik al wel mijn zwemdiploma's A en B had, maar van zwemles kan ik me werkelijk geen enkele seconde herinneren.

Van de heisa die er tegenwoordig van afzwemmen wordt gemaakt, met opa's, oma's, ooms en tantes joelend langs de kant van het bad, was vroeger geen sprake. Laat staan van de stroom cadeaus die de kinderen als beloning krijgen. Je zwemdiploma halen was pure noodzaak om te voorkomen dat je zou verdrinken. Als kind heb ik de nodige zwemlessen gehad, heeft mijn moeder vele kilometers afgelegd van en naar het zwembad en heb ik twee diploma-uitreikingen bijgewoond; toch weet ik er niets meer van. Geeft je te denken of die toestanden van vandaag de dag wel nodig zijn.

Soms val je gewoon van de ene verrassing in de andere, zonder dat je ergens om vraagt. Als ik thuiskom van het zwembad, hangt er een nare lucht om het huis. Ik kan die nog niet helemaal plaatsen en vraag me af of de werklui vandaag misschien vroeg koken. Maar Jana komt met een bedrukt gezicht naar me toe.

'Milou, I'm sorry to bother you, but my toilet... ehm... stinks.'

'Dat was te verwachten als er vijf mensen gebruik van maken. Ik kom wel even kijken.'

Met flinke tegenzin ga ik in Jana's badkamertje kijken. Er hangt inderdaad een vreselijke lucht. Rond de toiletpot ligt een plasje bruinig water; werklui die in de pot kunnen mikken, bestaan geloof ik niet. Als ik doortrek hoor ik geborrel en het bruine plasje wordt iets groter. Jana staat achter me en houdt haar neus dichtgeknepen.

'Jana, je hebt toch geen tampons in de wc gegooid? Dat had ik toch uitgelegd?' Smekend kijk ik haar aan en Jana schudt heftig haar hoofd.

'Nee, nooit, echt niet!'

De lucht is echt niet om te harden en ik besluit de mannen er even bij te roepen. Voor ik wegloop trek ik nog een keer door en dat had ik nou net niet moeten doen: langzaam maar zeker begint het water in de pot te stijgen.

'Jana! Kijk! Nee!' Vol afschuw kijken we hulpeloos toe hoe het bruinige water stijgt en stijgt tot aan het randje van de toiletpot... en erover. Het lijkt niet meer te stoppen en de kleur van het water wordt steeds donkerder. Jana en ik doen steeds grotere stappen achteruit, te zeer van walging vervuld om iets te doen. Voor we het weten staat het hele badkamertje blank, nou ja, bruin, en we zien zelfs hier en daar 'iets' drijven.

'Shit,' zeg ik uit de grond van mijn hart.

'Yep, no doubt about that,' vult Jana bijdehand aan. Heel even kijken we elkaar met ingehouden lach aan, dan pakt Jana met een snelle beweging een stapel handdoeken uit de kast en gooit ze op de grond tussen de drempel van het badkamertje en de garage, om te voorkomen dat die ook onderloopt. Jana mag van geluk spreken dat haar appartementje boven is en de badkamer beneden.

In de garage pak ik de ontstopper en begin onhandig met het ding in de wc te pompen. Het lijkt een klein beetje te helpen, maar het zet niet echt zoden aan de dijk. Ik pak een emmer en een dweil en begin de vieze drab weg te werken. Tegen Jana zeg ik dat ze de mannen maar even moet halen.

Een uur later zitten we met z'n allen aan de keukentafel. Het is een bijzonder gezelschap: vier Slowaken, Peter, de Slowaakse aannemer met het Haagse accent, Jana, Bram en Timo in hun kinderstoelen en Tessa en Pien samen op een stoel. Alle heren hebben een biertje voor hun neus en voor Jana en mezelf ben ik net een wijntje aan het inschenken als er op de keukendeur wordt geklopt. Ik zie het vrolijke hoofd van Chris en hoor het gezellige lachje van Emma. Pien is blij dat Emma er is en ik vind het heerlijk dat Chris er is; we raken steeds beter bevriend en lijken wel dezelfde bloedgroep te hebben.

Alsof er nog niet genoeg mensen in mijn keuken zitten, komt Stavros ook nog langs. Jana biedt hem giechelend een biertje aan en gaat zich daarna snel opfrissen in onze badkamer. Met mijn schouder gaat het een stuk beter en mijn dagdromen over Stavros zijn gestopt toen bleek dat hij en Jana elkaar leuk vinden. Maar hij blijft lekker om naar te kijken.

Chris zit Stavros echter nog wel met open mond aan te staren en ik geef haar een flinke por in haar ribben, waardoor haar kaken weer op elkaar klappen.

'Is dat...?'

'Yep. Need I say more?'

'Nop.'

Mijn keuken lijkt wel een filmset. Dan gaat de deur nogmaals open en blijft Paul stomverbaasd op de drempel staan. Zijn keurige pak en zijn zakelijke koffertje steken behoorlijk af tegen de 'kleurrijke' achtergrond.

De volgende ochtend rijdt een indrukwekkende gele vrachtwagen van de rioolreinigingsdienst onze straat in. Alles trilt op z'n grondvesten, zo zwaar is het ding. Er stapt een grote, vierkante man uit, een soort Jerommeke; ik durf hem nauwelijks de hand te schudden. Ik wijs hem de probleemzone, verontschuldig me en ga snel weer naar de kinderen. Jana is vandaag vrij en heeft zich nog niet gemeld. Normaal gesproken hoeft dat ook niet, maar nu ze niet kan douchen in haar eigen badkamer zal ze gebruik moeten maken van onze badkamer, net als de werklui. Er moeten maar liefst zeven volwassenen en vier kinderen onder onze douche, dus we hebben een rooster gemaakt om te voorkomen dat we elkaar in de weg lopen of (belangrijker!) bloot zien!

Het is een vreemde toestand om een plek die normaal gesproken zo privé is te moeten delen met zo veel mensen. Onze slaapkamer is momenteel ook voor publiek toegankelijk en een soort openbare ruimte geworden. Dat wil zeggen: er wordt een muur weggebroken omdat de bovenverdieping op het platte dak achter die muur wordt doorgetrokken. Privacy is voor Paul en mij ver te zoeken. Maar uiteindelijk krijgen we er extra ruimte en een mooie nieuwe badkamer voor terug.

Jerommeke klopt hard op de keukendeur en Bram en Timo verstoppen zich angstig achter mijn benen zodra ze hem zien. De kleerkast is van top tot teen gehuld in een glimmend, knalgeel, waterafstotend pak.

'Mevrouwtje, ik ben bang dat ik slecht nieuws voor u heb.'

O jee, wat hangt me nu weer boven het hoofd, denk ik zuchtend.

'Uw beerput is vol.'

'Mijn wat?'

'Beerput. De wc in de garage is aangesloten op een beerput, wist u dat niet?'

'Koffie?'

'Ja, doe maar een bakkie, alles erop en eraan, graag, de chique versie.'

'Goed, de beerput is dus vol,' zeg ik, als we allebei onze koffie hebben. Jerommeke staat nog steeds in de deuropening, hij komt met zijn outfit niet naar binnen. Normaal gesproken zouden de jongens allang hebben geprobeerd te ontsnappen, maar langs deze meneer durven ze echt niet.

'Wat is een beerput precies?' vraag ik, in de hoop dat hij me niet al te dom zal vinden.

'Dat is lastig te zeggen. Als u geluk hebt is er in de grond een flinke kuil gegraven die een soort van betegeld is.'

'En als ik pech heb?'

'Dan is er een kleine kuil gegraven die niet is betegeld. In dat geval heb je kans dat de grond eromheen is verzadigd en dan loopt de put over twee weken misschien weer over. Ik heb hem nu helemaal leeggepompt, maar we zullen moeten afwachten of u geluk hebt of pech.'

Shit. Bij het volgende huis dat we kopen toch even vragen of alles gewoon is aangesloten op het riool.

Een van mijn tennisvriendinnen heeft me uitgenodigd voor het *Sweet Sixteen*-verjaardagsfeestje van haar dochter. Ik voel me zeer vereerd. Zoals gezegd zijn de dames met wie ik tennis tien jaar ouder, tien keer rijker en tien kilo lichter dan ik, dus ik zal behoorlijk afsteken. Speciaal voor dit feestje heeft Geneviève, kortweg Viv, een paar weken geleden een minifacelift laten doen, en ik ben benieuwd hoe ze eruitziet. De dresscode voor het feestje is tot mijn verbazing cocktail, iets waar ik op mijn zestiende echt nog nooit van had gehoord, maar waarschijnlijk heeft het lieve kind dit niet zelf bedacht.

Tijdens onze laatste tennisochtend vertelde Viv trots dat ze maar liefst tweehonderd mensen heeft uitgenodigd. Ik vraag me af hoeveel van hen vriendinnetjes van haar dochter zijn. Toen ik haar vroeg of ze suggesties had voor een cadeau, antwoordde ze: 'Lieverd, *don't you worry*, op haar hyvessite staat een verlanglijstje!' Viv sloeg vervolgens vrolijk een keiharde ace.

Helaas kan Paul niet met me mee, hij heeft een bachelors.

Pech voor hem, niets weerhoudt mij ervan naar dit feest te gaan.

Als ik op mijn fiets aankom bij Vivs prachtige huis, stuit ik op *valet parking*: er is een weiland geregeld waar ingehuurde studenten in smoking de auto's naartoe rijden. Grinnikend geef ik mijn fiets af, die keurig voor me wordt weggezet. Ik loop met Chris Zeegers en een groepje vrienden naar de voordeur, waar Viv met de nodige gilletjes en kreetjes iedereen welkom heet. Ze ziet er spectaculair uit met veel make-up, hoog opgestoken haar en een fantastische, knalroze cocktailjurk. Naast haar staat een vriendelijk uitziende man die rustig handen schudt, en daarnaast een miniversie van Viv: een verveelde puber, balancerend op te lange, dunne benen. Een prachtig meisje, maar het is aandoenlijk om te zien hoe ze op haar eigen feestje in de schaduw van haar moeder staat.

Het hele huis is versierd met bloemen en zilveren accenten. Er zijn veel BN'ers en ik heb een plekje gevonden aan de bar vanwaar ik alles en iedereen goed kan bekijken. De catering bestaat uit onberispelijk geklede meisjes die met grote dienbladen vol champagne tussen de gasten door manoeuvreren. Het is een typisch Goois glamourfeestje en ik geniet met volle teugen.

Tot mijn grote vreugde zie ik opeens Angela lopen.

'Hé, wat gezellig!' roep ik blij. 'Ik wist niet dat jij ook was uitgenodigd!'

'Jazeker Milou, het voltallige bestuur van de tennisvereniging is aanwezig op dit zogenaamde kinderfeest.'

Lachend brengen we een toost uit op het jarige meisje van wie we geen van beiden de voornaam weten.

Op het schoolplein staat iedereen dicht bij elkaar in een hoek, waar het eerste zonnestraaltje sinds de winter langs strijkt; iedereen heeft meteen last van lentekriebels. Er wordt druk gekletst over nieuwe kleuren in huis, nieuwe kleding in de kast en nieuwe bloemen in de tuin. Het is maart en maar liefst elf graden, maar je bent een Nederlander of je bent het niet. Er wordt zelfs al geklaagd dat de terrasjes van de restaurants nog niet op orde zijn.

Sabine staat trots te vertellen dat ze bijna klaar is met het inplakken van al haar foto's; ze liep, net als de meeste mensen, flink achter. Sinds de geboorte van Livia stonden de foto's in mapjes op de computer. Nu er een nieuw baby'tje op komst is, wilde ze het graag op orde hebben. Ze heeft alle foto's laten afdrukken en gesorteerd en vervolgens albums gemaakt per half jaar.

We staan zo gezellig te kletsen dat we allemaal schrikken als we uit de schaduw de stem van Francesca horen. Wat doet zij hier? Francesca haalt Frederik nooit zelf uit school. 'Plak jij je foto's zelf in?' vraagt ze hooghartig aan Sabine. 'Daar heb je toch mensen voor?' vervolgt ze. Niemand zegt iets terug.

'Ik laat mijn au pair altijd onze foto's inplakken, doet ze af en toe ook nog iets nuttigs in haar vrije tijd.' Nog steeds zegt niemand iets terug, maar Francesca is zich kennelijk van geen kwaad bewust, ze lacht om haar eigen opmerking. Dan gaat de schoolbel en rennen de eerste kinderen het plein op. Iedereen haalt opgelucht weer adem: *saved by the bell!*

Eindelijk is het zover: Tessa zwemt af voor haar A-diploma. Beide opa's en oma's komen kijken en het hele huis is in rep en roer. Ik heb een tas bij de voordeur gezet met Tessa's badpak, zwemkleren, handdoek en watersandalen, en voor mezelf heb ik er ook een handdoek en reservekleren in gedaan. Liever goed voorbereid dan als Miss Wet T-shirt weer naar huis.

'Paul, er is een kans dat ik na afloop door Teun in het water word gegooid, dus ik heb voor mezelf ook spullen in de tas gedaan. Dan weet je dat.'

'Wat! Waar heb je het over? Wat krijgen we nou?' Paul is op slag uit zijn humeur.

Verbaasd kijk ik hem aan, maar hij is bloedserieus en retejaloers.

'Die engerd van een Teun moet met zijn handen van je afblijven!'

'Paul!' Ik maak een time-outbeweging en fluister: 'Niet waar de kids bij zijn. Doe niet zo raar, man.' Inmiddels ben ik boos, maar Paul is nog bozer.

Ik ken zijn soms hevige aanvallen van jaloezie, maar deze is echt buiten proportie.

'Nee, Lou, ik meen het, hij moet van je afblijven! Wat is dat voor flauwekul?'

Ik moet eerlijk zijn: Paul heeft gelijk, het is ook flauwekul, maar ja.

'Ik weet het niet, Paul, misschien ben ik gigantisch beetgenomen en gebeurt er helemaal niets, of misschien lig ik straks in het zwembad, waar alle opa's en oma's bij zijn. Hoe dan ook, het draait om Tessa, niet om mij.'

Paul loopt opgefokt naar de auto.

Tessa haalt glansrijk haar diploma en Teun is in geen velden of wegen te bekennen.

Drugs. Moet ik met Jana over drugs praten? Ze gaat regelmatig uit in Amsterdam en ik vraag me af of zij de ins en outs van drugs kent. Weet zij het verschil eigenlijk wel tussen softdrugs en harddrugs? Ik neem aan dat zij wel op de hoogte is van het drugsbeleid in Nederland, dat je joints mag roken, maar zou ze dat ook doen?

Gisteravond zat ik met een aantal vriendinnen in Amsterdam in een kroeg. Het gesprek ging toevallig over au pairs en ik was onder de indruk van de verhalen die over tafel vlogen. Een au pair in de Betuwe bleek tussenpersoon voor een drugsdealer; zij verspreidde cocaïne onder haar vriendinnen in de buurt. Een andere au pair had een zakje ecstasy onder haar bed verstopt en de derde kwam zo ziek thuis van een avondje stappen dat ze een week niet meer kon bewegen. Rara, hoe kwam dat?

Het werd mij duidelijk dat ik misschien iets te naïef ben. In mijn standaard 'praatje' vertel ik dat er in huis geen drugs en alcohol gebruikt mogen worden, maar dat dekt natuurlijk niet de hele lading.

Mijn vorige au pairs gingen niet zo vaak uit als Jana, en als ze gingen, kwamen ze niet veel verder dan de lokale jazzbar. Ik heb me nooit afgevraagd of zij wel of geen drugs gebruikten, maar bij Jana is het anders. Ze vindt vrienden via internet en spreekt met hen af. Meisjes of jongens, het maakt haar niet uit, als ze maar een mooie avond heeft. Mijn naïviteit werd gisteravond nog eens extra benadrukt.

'Lou, zo dom ben je toch niet? Natuurlijk gebruikt zij ook drugs!'

Het heeft me aan het denken gezet. Ik weet inderdaad niet wat Jana allemaal uitspookt als ze uitgaat. Ik vraag haar wel waar ze is geweest en met wie, maar echte details ken ik niet en inderdaad, ik vraag er ook niet naar. Op de een of andere manier ben ik ineens bang dat ze misschien toch 'verkeerde vrienden' heeft gemaakt in Nederland. Als ik mijn zorgen aan Paul vertel, reageert hij heel laconiek.

'Joh, Milou, jij hebt toch ook geblowd toen je jong was? Dat wisten jouw ouders toch ook niet?' Typisch Paul. Maar ik wil het toch graag weten. Wij zijn niet Jana's ouders, maar ze woont wel in ons huis en wij zijn verantwoordelijk voor haar; na de mishandeling in Amsterdam is me dat extra duidelijk geworden.

Het duurt een paar dagen, maar dan besluit ik het gesprek over drugs met Jana aan te gaan. '*Jana, I would like to talk to you about something.*'

'O, oké. Maar ik moet over tien minuten weg. Ik heb afgesproken met een vriendin.'

'Goed, dan zal ik het kort houden.' Eigenlijk wil ik het helemaal niet kort houden, ik wil alles weten: wel of geen gebruik, wat, wanneer, hoe.

'Jana, ik wil graag weten of je drugs gebruikt.'

Jana kijkt me met grote ogen aan. 'Drugs? Je wilt weten of ik drugs gebruik?'

Deze wedervraag baart mij al zorgen; het antwoord zou 'ja' of 'nee' moeten zijn.

'Ja, dat klopt,' zeg ik.

'Nou, eh...' zenuwachtig trekt ze een stuk nagel van haar duim. 'Ik heb twee keer een spacecake gegeten.' Ze kijkt me niet aan.

Spacecake? Is dat alles?

'Echt? Niets anders?' Ik kijk haar lachend aan en ze is duidelijk verrast.

'Ben je niet boos?' vraagt ze opgelucht.

'Boos? Welnee, helemaal niet! Ik vraag het omdat ik het graag wil weten.' Ik realiseer me dat ik mijn vraag nogal bot heb geformuleerd en dat ze is geschrokken.

'Maar heb je nooit een joint gerookt, een pil geslikt of andere drugs gebruikt?'

'Nee! Ik haat roken, dat weet je toch. En al dat andere spul vind ik niks, ik heb gezien wat het met mijn vrienden doet.'

'Gebruiken zij wel?' vraag ik voorzichtig; ze hoeft me dit niet te vertellen als ze niet wil.

'Sommigen. Cocaïne,' zegt ze, een beetje terughoudend.

'Cocaïne? Dat meen je niet!' Dat is heftig! Jana vertelt me enkele verhalen over haar vriendinnen, wat ze allemaal gebruiken, hoe ze eraan komen en hoe dat gaat. Een vriendin uit Soest blowt elke dag, ook als de gastouders aan het werk zijn en zij op de kinderen moet passen. Een au pair uit Badhoevedorp snuift regelmatig cocaïne, laatst nog met een paar jongens achter in de bus op weg naar Amsterdam. Jana zat ernaast, maar wilde niet meedoen. Gevolg: vriendschap voorbij. Jana baalde er wel van, maar nu kan het haar niets meer schelen.

'Weet je wat het is: als ze me stom vindt omdat ik geen cocaïne wil gebruiken, dan is dat maar zo. In eerste instantie was ik verdrietig; ik dacht dat we echt een vriendschap hadden opgebouwd. Maar nu realiseer ik me dat ze me gebruikte, zodat ze niet alleen in de kroeg zou staan.'

Jana kijkt me aan. Ik ben onder de indruk van haar wijsheid, en dat voor een meisje van negentien. Gelukkig blijkt ze niet zo veel met drugs bezig te zijn als met mannen.

'Ik ben zo blij dat je me dit allemaal hebt verteld. We moeten vaker praten, ik realiseer me dat ik te weinig op de hoogte ben van al jouw vriendschappen hier in Nederland.'

'Dat is goed, maar nu moet ik weg. Ik ben al laat en ik haat laatkomers.'

Jana staat op, geeft me een zoen op mijn wang en vertrekt. Verbaasd blijf ik achter. Een zoen! Wat lief! Ik blijf nog even zitten en bedenk dat alles wat ik nu meemaak met Jana, in viervoud de revue zal passeren als onze kinderen ouder worden. Een interessante les voor de toekomst, zo'n au pair in huis!

Alice heeft het echt zwaar, dat is duidelijk te zien. Haar normaal gesproken sprankelende gezicht vertoont diepe rimpels en ze heeft een treurige blik in haar ogen. 'Ik wil niet meer, ik ben op. Ik heb geen zin meer in dit huwelijk.' Het is eruit en opgelucht kijkt ze me aan. We staan in een hoekje van een zitkamer vol lachende, borrelende mensen.

'Is er echt helemaal niets meer om voor te vechten?' Ik leg mijn hand op haar schouder en haar opluchting slaat om in dikke tranen. Ik ga voor haar staan, zodat niet iedereen kan zien dat ze huilt.

'Ik kan het niet meer opbrengen. Ik zie gewoon geen andere uitweg meer. Hij is...' Alice zucht, veegt haar tranen weg en praat zacht maar gedecideerd verder. 'Hij is zo boos en hard. We communiceren al maanden niet meer, en ik trek dat niet.'

'Het klinkt misschien flauw, maar ik had al zo'n voorgevoel. Wanneer heb je dit besloten?' vraag ik.

'Gisteren. Ik heb het vermoeden dat hij afgelopen weekend is vreemdgegaan. Hij deed zo raar toen hij om vijf uur 's ochtends thuiskwam en sindsdien heeft hij me nauwelijks meer aangekeken. Het is klaar.'

'Hé hoi! Hoe is het hier?' Verschrikt kijk ik op en zie Martine, een oude bekende uit Amsterdam. Ze pakt me stevig beet, geeft me drie zoenen en een harde klap op mijn schouder.

'Hoi, ik ben Martine.' Ze schudt de hand van Alice hard op en neer. Martine was ooit mijn stapmaatje. Ze is een enorm feestbeest met een waanzinnig gevoel voor humor. Martine is behoorlijk aangekomen sinds de laatste keer dat ik haar zag. Haar grote borsten hangen zichtbaar losjes in een diep decolleté, en een meer dan gezellige zwemband in combinatie met haar lengte zorgen ervoor dat je nu letterlijk en figuurlijk niet meer om Martine heen kunt.

'Milou, wat gezellig om jou weer eens te zien! Hoe is het?'

Alice kijkt wat sip, maar Martine heeft niets in de gaten.

'Ja, zeker gezellig je weer eens te zien. Het gaat heel goed met mij, en met jou?'

'Nou ja, wat zal ik zeggen, waar zal ik beginnen.' Martine lacht luidruchtig, neemt een trek van haar sigaret en vervolgt. 'Ach, ik ben net gescheiden. Die vent van mij is zo'n eikel, ik had er geen zin meer in. Gelukkig hebben we geen kinderen, dat scheelt een hoop ellende.'

Ik bijt op mijn lip en vanuit mijn ooghoeken zie ik Alice wat ongemakkelijk tegen de muur geleund staan.

'Maar goed, ik ben blij dat ik van hem af ben. Zo gaat dat, hè, in het leven. Ik zie het maar zo: ik ga het er eens lekker van nemen. Dus ik ben op zoek naar een leuke, lekkere, gezellige vent. Heb je nog suggesties?' Martine neemt weer een hijs van haar sigaret en kijkt me vragend aan.

'Die van mij is beschikbaar.'

Ik kijk verschrikt opzij. Alice staat nog steeds tegen de muur geleund en kijkt Martine droogjes aan.

'O, echt? Nou, wellicht is hij wat voor mij. Of is het ook zo'n eikel?'

Ik krab zenuwachtig in mijn nek. Wat is dit voor vreemd gesprek?

'Nee hoor, in principe is hij wel oké. Maar niet meer voor mij.'

'Loopt hij hier ook rond? Beschikbare mannen zijn niet makkelijk te spotten!' Martine schatert het uit om haar eigen grap. 'En dan te bedenken dat praktisch mijn hele adresboekje hier o zo happily married rondloopt. Word jij daar ook zo moe van, van al die blije koppels? Sinds ik gescheiden ben, heb ik het daar enorm mee gehad.' Vragend kijkt ze Alice aan.

Het is ongelooflijk, Martine houdt maar niet op met praten. Ze ratelt aan één stuk door en heeft natuurlijk geen enkel benul van de situatie van Alice. Maar Alice heeft er blijkbaar geen last van, ze is zo te zien wel gecharmeerd van mijn ontactische vriendin. Misschien ook wel goed voor Alice, zo'n levensgenieter is toch verfrissend. Het gesprek over scheiden, de zoektocht naar lekkere mannen en ander vrouwenleed gaat vrolijk verder. Ik laat de dames alleen en sta de rest van de avond inderdaad met happily married koppels te praten.

Voor de, naar mijn gevoel, eeuwig durende update van mijn website heb ik inmiddels contact met twee jongens uit Amsterdam, die op freelance basis aan websites klussen. Via via vernam ik dat zij mij voor een vriendelijk bedrag kunnen helpen en na wat telefonisch contact werd duidelijk dat het beter en goedkoper is een nieuwe site te bouwen; mijn huidige is blijkbaar te zeer verouderd.

Victor en Rolf, je kunt het haast niet geloven, zijn twee broers en wonen samen in Amsterdam-West. Bij hen thuis, waar het 'kantoor' is gevestigd, heb ik een afspraak op het twijfelachtige tijdstip van acht uur 's avonds. Het appartement, dat bestaat uit twee kamers met schuifdeuren ertussen, staat blauw van de rook. De heren zijn begin twintig, ze hebben lange vette haren en dikke wallen onder hun ogen – die zijn duidelijk dolblij dat ze niet meer bij hun ouders wonen. Naast zeker acht computers, drie printers en een aantal andere apparaten, staan er overal vieze borden, beschimmelde kopjes en overvolle asbakken en ligt er op een kastje een aantal voorgedraaide joints.

Het gesprek vindt plaats op het bed van een van de heren, dat tevens gebruikt wordt als bank. Ik vraag me af of mijn tipgever op de hoogte is van dit fantastische kantoor. Maar als ik een uur later weer buiten sta, ben ik onder de indruk. Na het zien van een aantal websites van grote klanten, ben ik overtuigd. Binnen tien dagen kan ik een offerte verwachten en als ik hiermee akkoord ga, hebben ze binnen een maand mijn nieuwe website klaar. Blij met deze positieve voortgang, rijd ik tevreden naar huis.

Wanneer ik thuiskom zijn alle lichten al uit, Paul is kennelijk vroeg naar bed gegaan. In onze deels verbouwde slaapkamer met een noodmuurtje en eindeloos veel rommel op de grond, is het onmogelijk me stilletjes uit te kleden. Ik kruip naast Paul in bed en hij draait zich om. Hij trekt me naar zich toe en begint me in mijn nek te zoenen, maar stopt plotseling.

'Milou, waar ben jij geweest? In de Bulldog? Wat een stank.'

Ik moet lachen, hij heeft gelijk: ik ruik het ook, er hangt een lucht van joints om mij heen.

Een Range Rover op twee parkeervakken en een Porsche Cayenne midden op het kruispunt waardoor voorsorteren niet meer mogelijk is: het is dagelijkse kost en het irriteert me vreselijk. Goed, ik heb ook een grote auto, maar ík kan tenminste rijden. Vind ik. De meeste dames zitten helemaal niet op te letten; ze zijn bezig met hun haar of lipgloss en speuren tussen de voorbijgangers naar bekenden. Midden op de weg stilstaan om met een vriendin te kletsen is in ons dorp niet vreemd. En zo rijden tientallen moeders elke ochtend om kwart over acht naar de verschillende scholen, afgewisseld door een enkele vader of een au pair, wiebelend op een bakfiets.

De eerste keer dat onze au pairs onze speciale au pairfiets

zien, vragen ze verbaasd of het écht de bedoeling is dat zíj daarop gaan fietsen. Het is een stokoud model omafiets, die inmiddels volledig is verroest; de lichten doen het niet meer en hij trapt loodzwaar. De meeste au pairs kunnen niet fietsen of zijn een mountainbike gewend, dus is fietsen op een omafiets voor hen wat links rijden is voor ons. Op het moment dat zij rechtop op een fiets moeten zitten, gaat alles mis. Om het slingeren te beperken is uiterste concentratie nodig en dat heeft als gevolg dat ze zich nauwelijks meer bewust zijn van het overige verkeer. Het mag duidelijk zijn dat het fenomeen 'bakfiets' algehele stress veroorzaakt bij de meisjes.

Bij ons moeten ze uitgebreid oefenen voordat ze mogen deelnemen aan het verkeer. In het dorp rijden onzekere au pairs met bakfietsen in alle soorten en maten, en dit in combinatie met ijdele vrouwen in Cayennes brengt soms levensgevaarlijke situaties met zich mee.

Jana is inmiddels volkomen vertrouwd met ons fietsenpark en vanavond gaat ze op de fiets naar haar cursus Nederlands bij de volksuniversiteit. Ze heeft de plek van respectievelijk Ruella en Cindy overgenomen en is tot mijn verbazing nog steeds enthousiast. Van mijn vorige au pairs weet ik dat het maar weinig voorstelt, dat de lerares er niets van bakt en dat de meisjes verveeld of giechelend de twee uur doorkomen. Blijkbaar spreekt de lerares vanaf de eerste dag uitsluitend Nederlands, en dat is voor de meeste au pairs een hilarische taal. Ze leren sinterklaasliedjes, kerstliedjes, 'lang zal ze leven', de standaardgewoontes van de Nederlander (helaas eten ze in het Gooi minder vaak aardappels met jus, dus dat onderdeel geeft al de nodige problemen) en de basis van de Nederlandse taal: 'Hoe gaat het met u?', 'Dank u wel' en nog meer van dat soort zinnetjes. Het niveau van de cursus is redelijk beschamend. De meeste meisjes willen graag iets leren, ze willen vooruitkomen in het leven, maar het diploma van de volksuniversiteit stelt eigenlijk niets voor in de internationale wereld van universiteiten en hogescholen.

De klas is gevuld met veel Filippijnse meisjes (die niet integreren maar altijd bij elkaar zitten), een aantal Braziliaanse, Zuid-Afrikaanse en Oost-Europese meisjes en een enkel Scandinavisch meisje. Het hele gebeuren is niet erg effectief, maar het biedt de au pairs in elk geval de mogelijkheid elkaar te leren kennen.

Ik stop net Bram en Timo in bad, als Jana de badkamer binnenkomt.

'Hi. I want to ask you something. Are you busy?'

'Het lijkt er wel op,' antwoord ik een beetje cynisch, terwijl ik Bram nog net met z'n hoofd boven water kan houden. De tweeling in bad doen is nog altijd een pittige klus.

'Het licht van mijn fiets is kapot en ik moet vanavond naar de Nederlandse les. Kun je me even helpen?'

'Nou, zoals je ziet ben ik op het moment even bezig. Waar is het setje lampjes dat ik voor je heb gekocht?' Nog niet lang geleden kocht ik voor Jana bij de Hema van die lampjes die je op je fiets of jas kunt klikken.

'Eh... dat ben ik kwijt.'

Ik heb even geen zin om hierop te reageren en mijn stilte voert de spanning op. Bram en Timo willen uit bad en ik sla snel een handdoek om hen heen. Jana staat erbij en kijkt ernaar. Ze is vrij en ze wil dat ik haar help, maar de kinderen zitten in bad en moeten naar bed. HELP DAN EVEN MEE! Maar nee.

Ik heb dit al zo vaak meegemaakt; blijkbaar vinden zij dat ze geen vinger hoeven uit te steken als ze vrij zijn. Maar ze verwacht wel van mij dat ik haar even help met het licht op haar fiets.

'Oké,' zeg ik gedecideerd. 'We gaan het volgende doen: jij gaat mij helpen met de kinderen en dan help ik jou met je fietslamp. Dus... jij brengt de meisjes naar bed en ik de jongens.' Mijn antwoord is *loud and clear* en Jana kijkt me even verbaasd aan. Dan lijkt het kwartje te vallen en gaat ze de meisjes voorlezen.

Een half uur later sta ik in het donker naar haar fietslamp te staren. Ik trek aan wat draden en friemel wat links en rechts, maar ik heb er niet echt verstand van. Ik geef het op en Jana vertrekt, zonder licht op haar fiets, naar haar cursus.

'Maak je geen zorgen,' zeg ik nog geruststellend, 'als de politie je aanhoudt, betaal ik de boete.' Bezorgd kijkt ze nog even achterom, rijdt bijna tegen de Vogue van Henriëtta en vervolgt wiebelend haar weg. Au pairs kunnen niet fietsen, dat staat als een paal boven water.

Ik zit 's avonds achter mijn computer mijn e-mails te bestuderen als de telefoon gaat.

'Loutje, je bent toch wel thuis vanavond?' De enthousiaste stem van Anne maakt me weer helemaal vrolijk.

'Ja, ik ben er. Hoezo?'

'Nou, doe even de deur open, dan zie je het vanzelf!' Ze heeft al opgehangen voor ik een woord kan uitbrengen. Wat huiverig loop ik naar de voordeur, maar als ik die open, zie ik vijf stralende gezichten. Mijn vriendinnen!

'Nog gefeliciteerd met je verjaardag! We komen een borrel drinken en hebben natuurlijk ook een verlaat verjaardagscadeautje meegebracht!' Anne geeft me drie dikke zoenen en fluistert: 'Leuke verrassing hè?' Ik kan het haast niet geloven, dit is inderdaad de leukste verrassing sinds tijden!

Binnen tien minuten zitten we aan tafel met toastjes, kaasjes en koude Prosecco, allemaal stiekem in huis gehaald door Paul. Terwijl Anne met haar ring tegen het glas tikt, ontfermt Paul zich over de open haard.

'Lieve Lou, je had pech dit jaar. Geen verjaardagsfeestje, dat is natuurlijk het ergste... Maar er zit gelukkig ook van alles mee: je hebt vier gezonde, superleuke kinderen, je bent nog steeds gelukkig getrouwd met onze grote vriend Paul,' Anne heft haar glas even in de richting van Paul, 'je carrière zit weer in de lift en je hebt ons aardig weten te overbluffen met het aantal au pairs dat je in één jaar in huis hebt gehaald.' Iedereen lacht. 'Maar, lieve Milou, vanavond drinken we op jou en jouw verjaardag, waarbij de nieuwe leeftijd je zeker niet is aan te zien! Proost!' Ze heft haar glas en iedereen proost mee. Chris schuift een cadeautje over tafel. Ik open het en ben blij verrast. Een Minikit Chic Bluetooth Parrot, een echt vrouwencadeau waar ik al meerdere Gooise dames over heb horen praten.

'Top, jongens! Perfect. Precies wat ik nodig had, ik heb al heel wat bijna-ongelukken gehad door die stomme headset!'

Aan de flessen Prosecco lijkt geen einde te komen. Tot in de kleine uurtjes zit ik te kletsen met mijn vriendinnen en geniet met volle teugen van dit heerlijke avondje.

APRIL

Onze uitbouw heeft inmiddels muren en een half dak, en de contouren van de nieuwe badkamer zijn zichtbaar. Met wc-papier op de grond probeer ik te visualiseren of de geplande indeling van bad, douche, wc en wasbak wel slim is.

Mijn werkwijze baart veel opzien en binnen no time staan er vier mannen verbaasd te kijken wat ik in vredesnaam met dat wc-papier aan het doen ben. Maar ik kan hun de reden van mijn besluiteloosheid ook niet uitleggen; zij spreken geen Engels, ik geen Slowaaks en Jana is met de jongens een stukje fietsen. Dus ik lach en roep tevergeefs: 'Just checking bath position,' wetende dat ze er niets van begrijpen.

Morgen vindt er een wissel plaats. De twee grote, sterke en meest zwetende types (die je niet in een donker steegje wilt tegenkomen) vertrekken, en twee schilders komen voor hen in de plaats. Zij zullen zich in eerste instantie bezighouden met het schilderwerk buiten. Ik heb zo mijn twijfels; met al dat ronddwarrelende stof lijkt het me niet verstandig om te gaan schilderen. Toen ik een paar dagen geleden deze twijfels uitte, zuchtte Peter diep, gaf me een vriendelijk klopje op mijn schouder en zei: 'Maak je geen zorgen, wij weten wat we doen, mevrouwtje. We doen niet anders.' En dat was dat.

Ik ben er na meerdere verbouwingen aan gewend dat de meningen en ideeën van vrouwen niet op prijs worden gesteld. Ik weet namelijk zeker dat als Paul deze opmerking had gemaakt, hij in plaats van een klopje op zijn schouder een normaal gesprek zou hebben gehad over de juiste planning.

Morgen gaat het dak dicht, worden de gipsplaten aangebracht en zullen Paul en ik onze slaapkamer tijdelijk moeten verlaten. Het provisorische muurtje wordt verwijderd en een deel van de nieuwe ruimte zal worden toegevoegd aan onze slaapkamer. Pien en Tessa gaan bij elkaar slapen en Paul en ik verplaatsen ons bed, kleren, meubels en wat je verder nog maar kunt bedenken naar de kamer van Tessa. De kinderen vinden het natuurlijk fantastisch, maar Paul en ik moeten echt even doorbijten. Verbouwen, vier kinderen en werken, dat is gewoon zwaar.

Het voelt alsof Chris al eeuwig in de straat woont. Regelmatig komt Emma bij ons spelen, en Tessa en Pien rennen net zo gemakkelijk bij haar naar binnen.

'Wij gaan naar Emma!' wordt er geroepen en voor ik het weet, zijn ze al op weg naar hun tweede huis. Hoewel Emma en Pien een half jaar schelen, zijn ze nu 'beste vriendinnen', zoals Pien me laatst zo lief kwam vertellen. Beste vriendinnen, maar voor je het weet willen ze niets meer met elkaar te maken hebben, is de beste vriendin ineens heel stom en mag ze niet meer komen spelen. De reden? Ach, wat zullen we ervan maken: een gebroken haarband, niet geduwd bij het schommelen of kattig gedaan. Maar wonderbaarlijk genoeg komt het altijd weer goed en dan, zomaar uit het niets, zijn beste vriendinnen weer beste vriendinnen.

Buiten schijnt de lentezon en aan het einde van de middag zitten Chris en ik met een glas wijn in de tuin, terwijl de kinderen het hele huis overhoophalen. Het is goed zo, ik heb even geen puf om politieagentje te spelen.

'Hoe is dat nou, een au pair in huis?' vraagt Chris.

'Top! Alles heeft natuurlijk zijn voor- en nadelen, maar voor ons werkt het perfect.'

'Waar is ze nu dan?' Chris kijkt door het raam naar binnen en ziet, net als ik, chaos in de kamer en rondrennende kinderen in piratenpakken, terwijl de andere helft probeert tv te kijken.

'Ze is nu vrij, ik denk dat ze op haar kamer zit. Ze werkt voornamelijk onder schooltijd en op de momenten dat ik werk. Soms helpt ze ook 's avonds, maar niet altijd. Ik hoef haar ook niet altijd om me heen te hebben.'

'Hoeveel uur per week werkt ze eigenlijk?'

'Ongeveer tweeëndertig uur,' antwoord ik.

'En eet ze ook mee?'

'Zeg Chris, dit lijkt wel een kruisverhoor!' Ik kijk haar lachend aan en vervolg: 'Ja, meestal eet ze mee met de kinderen. Ik probeer altijd te wachten op Paul, maar als ik weet dat hij laat thuiskomt, eet ik met haar en de kinderen. Wil je nog meer weten?'

'Hé, wat zitten jullie daar gezellig!' Het hoofd van Henriëtta verschijnt boven de schutting. 'Ik kom eraan!'

Ik moet stilletjes lachen; het is me allang duidelijk geworden dat Henriëtta het moeilijk heeft met de vriendschap tussen Chris en mij. Dat onze kinderen samen spelen en wij regelmatig bij elkaar over de vloer komen, voelt Henriëtta als een bedreiging.

Binnen dertig seconden staat ze in de tuin. 'Heb je voor mij nog geen wijn ingeschonken? Kom op, doe mij er ook een.' Ze pakt een stoel en gaat zitten.

Henriëtta heft haar glas in de richting van Chris. 'Op jou, Chris. Het is fijn om een gezellige buurtgenoot te hebben, en helemaal als ze ook van wijntjes houdt!' Henriëtta lacht hard om haar grap en neemt een grote slok. 'Zo, heerlijk. Dat doet een mens goed.'

'Waar is Charlotte?' vraagt Chris.

'O, die speelt bij een vriendin. Ze wordt straks thuisgebracht. Dat vind ik wel zo prettig en het scheelt mij weer een ritje, vooral naar déze vriendin... Aan die kant van het dorp wil ik echt niet gespot worden!' Nu moet Chris lachen, maar Henriëtta kijkt bloedserieus: dit was geen grapje.

'Mama, mama! Kijk!' Bram komt naar buiten rennen in een prinsessenjurk en showt vol trots zijn outfit. 'Mooi, schat, wat ben je mooi!' Vertederd kijk ik naar mijn kleine man, die nog helemaal niet doorheeft dat een prinsessenjurk niet cool is voor een jongen. Pien en Emma komen ook verkleed naar buiten. Nou ja, verkleed, ze dragen de antieke Franse kerstjurkjes van Margreet. Die moest eens weten!

'Is je au pair nu alweer vrij?' Henriëtta kijkt verwonderd om zich heen.

'Inderdaad.' Ik zucht, daar gaan we weer.

'Het is toch ook te gek voor woorden, dat kind hoeft echt niets te doen hier! Dit is toch een perfect moment om haar eens lekker aan het werk te zetten?'

'Ach Harrie, laten we er nou niet weer over beginnen.'

'Lou, serieus. Mijn vriendinnen pakken dat heel anders aan. Ik verbaas me telkens weer over jouw werkwijze.'

Chris haakt ook aan: 'Ik hoorde laatst over een au pair bij vrienden van vrienden. Dat meisje moet iedere dag om half zes opstaan, broodtrommels klaarmaken, ontbijt klaarzetten en sinaasappels uitpersen voor het hele gezin, de kinderen aankleden en ze naar school brengen. Die heeft er om half negen al een hele werkdag op zitten.'

'Zo, dat is pittig,' antwoord ik.

'Ach, hou toch op, niks pittig.' Voor Henriëtta klinkt dit allemaal heel normaal.

Chris vervolgt: 'Na een maand kwam er een baby bij, naast de drie kinderen die er al waren. De au pair kreeg een soort Dokter Spock-boek in haar handen geduwd met de achteloze mededeling: "*The baby is in your care, just read the book.*" Overdag had ze naast de baby ook een peuter plus een waslijst aan klussen die gedaan moesten worden, zoals ramen lappen, was draaien, strijken, stofzuigen, dweilen, wc's schoonmaken, boodschappen doen en koken.'

'Dat meen je niet, dat kan niet waar zijn!' Geschokt kijk ik Chris aan. Henriëtta kijkt zuchtend naar mij.

'En als ze 's avonds haar lijstje niet goed had afgewerkt, kreeg ze ervan langs. Alsof ramen lappen belangrijker is dan een baby verzorgen. Ongelooflijk toch?'

'Dat is gewoon slavenarbeid! Het mag ook niet, ze kan aangifte doen! Arm kind. Die meisjes komen naar Nederland om op kinderen te passen en licht huishoudelijk werk te doen, in de hoop dat het hun leven zal verbeteren. Maar goed, ze kan weggaan. De meeste bureaus hebben een soort opvanghuis voor au pairs.' Ik ben nog niet uitgepraat of Henriëtta gilt het uit: 'Ha ha, dat meen je niet! Een soort asielzoekerscentrum voor mislukte au pairs?'

Het moet gezegd worden: *never a dull moment* met Henriëtta. Chris en ik lachen hoofdschuddend met haar mee.

Aan het einde van de week is Jana jarig. Haar verjaardag ongemerkt voorbij laten gaan vanwege onze verbouwing en de ongelooflijke chaos in huis, vind ik niet terecht. Ik heb haar dan ook voorgesteld een *tea party* te geven. Niet al te ingewikkeld: ik koop een paar taarten en zet thee, zij zorgt voor de vriendinnen. Mijn voorstel wordt dankbaar in ontvangst genomen, maar een dag later komt ze erop terug.

'Milou, I was wondering if I can ask the girls to come to dinner?' Verbaasd kijk ik haar aan. Er lopen vier werklui in en uit, het huis is één grote stoffige bende en Jana vraagt doodleuk of haar vriendinnen kunnen komen eten.

'Nou, dat lijkt me niet zo'n goed idee. Er zijn op het moment al genoeg mensen in huis. Een dinetje is me eigenlijk iets te veel.'

'Oké. Het leek me zo'n leuk idee, dan kan iedereen eten meenemen uit zijn eigen land. Maar... laat maar. Theedrinken is ook heel leuk... Dank je, Milou.' Ze draait zich om en loopt teleurgesteld weg.

Waarom krijg ik nu weer een schuldgevoel? Ik bied haar een *tea party* aan. Dat is toch prima? Nou ja, als ze zelf hun eten meenemen... Misschien valt het dan wel mee. Eigenlijk een heel leuk idee. Zo veel vriendinnen heeft Jana nu ook weer niet. Ach, wat maakt het uit, het is toch al chaos.

'Jana!' Ze is net de tuin ingelopen en draait zich om.

'Goed, het mag. Als iedereen zijn eigen eten meebrengt, dan hebben we ook geen rommel. Vraag je vriendinnen maar voor vrijdagavond. Het wordt mooi weer, dus je kunt op het terras eten. Maar het is jouw feestje, dus je moet het zelf regelen. En je moet vrijdagochtend gewoon werken.' Met een brede grijns gilt ze: 'Ja, ja, ja. Natuurlijk! Geweldig! Dank je! Je bent fantastisch!'

Om even aan de chaos in mijn huis te ontsnappen, besluit ik vrijdagochtend op bezoek te gaan bij mijn vriendin Yvette in Amsterdam. Ze heeft acht weken geleden een dochtertje gekregen, maar door wat opstartproblemen van de kleine kan ik nu pas komen kijken.

Yvette woont op de bovenste etage van een fantastisch pand aan de Brouwersgracht. Luiken aan de buitenkant, een prachtig uitzicht op de gracht en een loftachtig appartement met prachtige balken en grote ramen. Bij het voeteneinde van haar bed hangt een houten wieg als een schommel aan een grote balk. De wieg lijkt op een bolderkar zonder wielen, is fel roze geschilderd en de witte strakke letters JIP laten duidelijk zien wie erin ligt. Yvette heeft het zwaar gehad met een te vroege keizersnee en een veel te kleine Jip. Maar het gaat nu gelukkig beter; Yvette begint langzaam een soort routine te krijgen en gaat zelfs zo af en toe de deur uit.

'Allemaal leuk en aardig, maar jeetje, het valt me vies tegen. Die roze wolk heb ik niet gezien, die was verdomde grijs.' Ik moet lachen om haar constatering. Ik heb me ook zo vaak afgevraagd wie die roze wolk ooit heeft bedacht.

'Het enige wat felroze werd, waren mijn tepels. Die hebben alle pompsessies maar net overleefd. Ik ben uitgeput van het pompen, voeden, eventjes slapen en weer pompen en voeden.'

'Heb je haar via de fles borstvoeding gegeven?'

'Ja, ze was zó klein dat we precies moesten weten wat erin ging. Gisteren ben ik overgestapt op poedermelk, ik kon niet meer. Ik ben letterlijk en figuurlijk leeggepompt.' We lachen erom; het is wat, dat kinderen krijgen!

'Ik moet er eerlijk gezegd niet meer aan denken, ik ben er mooi klaar mee,' zeg ik. 'Ik heb eindelijk weer eens het gevoel dat ik alles op de rails heb.' Ik kijk naar de kleine Jip. 'Toch blijft het bijzonder, zo'n minimensje,' verzucht ik.

'Volgende week moet ik naar de gynaecoloog. Hij gaat natuurlijk ook vragen wat ik qua anticonceptie ga doen. Wat vind jij?' vraagt Yvette.

'Het is maar net wat je prettig vindt. Ik gebruik de pil, maar ik probeer Paul zover te krijgen dat hij zich laat steriliseren. Hij wil alleen nog niet.'

'Dat verbaast me niks, dat willen de meeste mannen niet. Ze hebben toch het idee dat hun mannelijkheid wordt aangetast en daar zijn ze nu net zo op gesteld!'

'Ik hou nog wel even vol, de aanhouder wint, toch?'

Yvette moet lachen. Ze weet dat ik niet zomaar de handdoek in de ring zal gooien.

'En hoe gaat het verder? Hoe is het met de verbouwing?'

'Pff, ik ben blij even weg te zijn. Er slapen vier Slowaken in mijn kantoortje, overal ligt een dikke laag stof en vanavond geeft de au pair een verjaardagsfeestje.'

'Dat meen je niet. Is dat wel handig?'

'Nee, helemaal niet, zelfs. Maar we kunnen haar verjaardag niet negeren, dat is ook zo sneu.'

'Wist je eigenlijk dat ik vroeger ook au pairs heb gehad?' vertelt Yvette.

'Nee? Hoe oud was je toen?'

'Ik woonde met mijn ouders en zusjes in Londen en wij hebben daar een stuk of vier Nederlandse au pairs gehad. En je gelooft het niet, maar vorige week had ik een afspraak bij het consultatiebureau en ik herkende de assistente, maar kon haar niet direct plaatsen. Maar zij mij wel! Ze kwam op me af, sloeg haar armen om heen en begon te huilen. "Yvette, klein Yvetje. Ik kan het niet geloven. Wat is de wereld toch klein!" Bleek dat zij een jaar lang onze au pair is geweest toen ik twaalf was! Ongelooflijk, toch?'

Als ik thuiskom is alles spic en span. Jana is zo dankbaar dat haar vriendinnen mogen komen, dat ze de hele ochtend heeft schoongemaakt en opgeruimd.

'Even the boys were helping and we also bought flowers in town.'

Verwachtingsvol kijkt ze me aan. Ik ben inderdaad blij verrast; ik was namelijk van plan die middag eens goed op te ruimen, want als er mensen komen, wil ik graag dat het een soort van netjes is. Ook als er vriendinnen van mijn au pair komen.

Rond vier uur begint het festijn en drie meisjes komen giechelend de tuin inlopen. Ze zwaaien eerst verlegen naar de twee schilders en stellen zich dan aan mij voor.

Tegen zessen staat de keuken vol grote schalen eten en verschillende soorten buitenlandse drank. Aan de tafel buiten zitten tien au pairs; uiteraard zijn onze vier Slowaken zo spoedig mogelijk aangeschoven en er wordt in diverse talen met elkaar gecommuniceerd.

Een beetje overdonderd ben ik wel, ik had niet verwacht dat Jana zo veel meisjes zou uitnodigen. Maar dat heb ik aan mezelf te danken, want ik heb er ook niet naar gevraagd. Weer een leermoment: grenzen stellen. Geef ze een vinger en ze nemen de hele hand. Dat is zo bij kinderen, maar dat geldt evengoed voor au pairs.

Gedurende de avond hou ik me afzijdig, maak zo hier en daar een praatje met Jana's vriendinnen en aanschouw het geheel van een afstandje.

Wanneer ik de kinderen in bed heb gelegd, zit het hele stelletje onder een grote parasol. Nederland is onberekenbaar en het mooie weer is omgeslagen in een fikse regenbui. Tot mijn verrassing zie ik dat Jana bij Standa op schoot zit, de nieuwe schilder.

Niet alle klussers passen goed in het gezelschap. De twee mannen die al een aantal weken in mijn kantoor slapen, zijn niet erg in trek bij de dames. De schilders, daarentegen, zijn jong en gespierd en hebben een aardig kleurtje. Jana heeft het weer goed bekeken: Standa is duidelijk de knapste en de leukste van het stel. Hij lijkt eigenlijk meer op een Italiaan dan op een Slowaak, met zijn donkere haren, grote donkere wenkbrauwen, een rechte kaaklijn en sensuele mond.

Zijn ogen stralen als hij praat en alle dames hangen aan zijn lippen.

Opgewonden komt Jana naar me toe: 'O Milou, this is just só great! Iedereen vindt het geweldig! We missen nog een paar mensen, maar die komen zo.'

'Nog meer mensen? Hoezo? Het feestje is toch bijna afgelopen?'

Jana lacht, maar ik begrijp niet wat er zo grappig is.

'Afgelopen?' roept ze verbaasd, 'Welnee, natuurlijk niet, we zijn net begonnen!'

Ons gesprek wordt abrupt verstoord door luid getoeter dat van de straat lijkt te komen. 'O, daar zijn ze!' Jana rent weer weg, helemaal hyper.

Verbouwereerd blijf ik achter. Komen er naast de ruim vijftien mensen die zich inmiddels onder mijn parasol hebben verzameld, nog meer 'gasten' aanschuiven? Gasten, inderdaad. Als ik uit het raam kijk, zie ik vijf jongens uit een Volkswagen Polo stappen. Jana is door het dolle heen en staat te springen op de oprit.

'Birthday Girl, there you are!' Een jongen tilt Jana op en geeft haar een zoen op haar mond. 'Looking good, looking good,' roept hij vrolijk. De volgende jongen komt met een bos rode rozen aan.

'Hi babe, there you are. Twenty roses for my favorite au pair!' en ook hij zoent Jana op de mond. Met grote ogen aanschouw ik het tafereel.

Allemaal leuk en aardig, maar dit feestje gaat ergens anders eindigen. Paul is ook een mooie, hij heeft vanavond een 'uitje met de mannen' en is in geen velden of wegen te bekennen, terwijl ik met al die vage lui zit opgescheept. Ik roep Jana zo naar binnen en dan mag ze het hele zooitje meenemen naar een kroeg. En morgen zal ik Jana eens vertellen dat dit niet de afspraak was. Afspraak? Shit, ik heb helemaal geen afspraken met haar gemaakt. Ik heb niet gezegd hoeveel mensen ze mocht uitnodigen, tot hoe laat het feestje mocht doorgaan of wie ik wel en niet over de vloer wil hebben. Ik heb het aan haar overgelaten, ik heb vertrouwd op haar gezond verstand. Hoe dom, hoe dom kon ik zijn?

'Loutje!'

Ik sta nog steeds als aan de grond genageld bij het keuken-raam als ik Henriëtta over de schutting zie hangen. Ook dat nog! Hoewel... Ik gebaar dat ze moet komen en prompt ver-dwijnt ze weer achter de schutting.

'Loutje, wat is dit allemaal?' Henriëtta wijst naar mijn over-volle terras en kijkt me met opgetrokken wenkbrauwen aan.

'Jana is jarig en heeft wat vrienden uitgenodigd,' antwoord ik nonchalant, alsof het me niets kan schelen. Ondertussen heb ik een fles wijn uit de koelkast gepakt en twee glazen inge-schonken.

'Wat vrienden? Het lijkt wel of heel Crailo hier aan tafel zit.' Geamuseerd kijkt Henriëtta naar de feestvierders.

'Kom op, we drinken gezellig een glaasje en daarna ga ik ze vertellen dat ze weg moeten, omdat jij last hebt van het lawaai. Idee?'

Beetje laffe oplossing, dat geef ik toe. Maar wel zo makke-lijk; Jana vindt Henriëtta toch al een eng mens. En dan be-spreek ik morgen met Jana een-op-een wat ik er echt van vind.

'Proost, Harrie! Waar zullen we op drinken?'

Henriëtta kijkt even naar buiten en zegt: 'Op die lekkere *hunk*, daar op rechts. Met hem zou ik wel eens een beschuitje willen eten!'

Een half uur later ben ik een stuk meer te weten gekomen over mijn buurvrouw dan in de afgelopen vier jaar. Ik heb geen idee hoeveel Henriëtta al had gedronken voor wij de tweede fles opentrokken, maar ze zat behoorlijk op haar praatstoel.

Ik weet nu precies wat Henriëtta aantrekkelijk vindt in een man, hoe Willem haar roze wolken kan laten zien (haar woorden), waar ze het doen en hoe vaak per week, en ik ben erachter gekomen dat Henriëtta en Willem een vrije relatie hebben. Allemaal dankzij de drank en de inspirerende lekkere *hunk* op rechts. Juist: Standa, mijn schilder.

'Mam? Mam! Mam, word nou wakker!' Tessa duwt opgewonden tegen mijn schouder. 'Het is Koninginnedag!'

Pff, het moet geen gewoonte worden van Tessa om me zo vroeg wakker te maken, daarvoor ben ik niet ontworpen. Dus zolang mijn wekker niet gaat, probeer ik te negeren dat mijn dochter midden in de nacht naast mijn bed staat. Door een piepklein spleetje tussen mijn wimpers kijk ik stiekem toch even naar de wekkerradio op mijn nachtkastje. Op het moment dat ik zie dat het 05:30 is, begint de radio veel te hard tekeer te gaan. Shit, de werkster heeft het volumeknopje weer eens afgestoft. Tessa moet hard lachen, Paul bromt.

Drie kwartier later rijd ik met mijn overactieve dochter en een volgepakte auto naar het grote plein in het dorp voor de traditionele vrijmarkt. Tessa is klaarwakker en kletst me de oren van het hoofd.

Door de verbouwing heeft er een soort aardverschuiving plaatsgevonden in huis en er is een heleboel overbodige troep tevoorschijn gekomen. Perfecte timing, Koninginnedag is de ideale dag om al die oude meuk kwijt te raken. Bovendien is Tessa een en al bevlogenheid, ze vindt het prachtig om mij te helpen met de verkoop; ik zal wel goed moeten opletten, Tessa denkt nog steeds dat vijftig cent meer is dan één euro. Ze weet wel dat papiergeld áltijd meer is dan muntgeld.

Paul verklaart me voor gek. Los van het feit dat ook hij bepaald geen ochtendmens is, begrijpt hij niet dat ik er lol in heb ooit zo dierbare spulletjes voor een grijpstuiver te verkopen. Hij doet het lekker rustig aan en belooft in de loop van de ochtend langs te komen met Pien en de tweeling.

Er is op dit vroege uur al heel wat gezellige bedrijvigheid in het dorp. Mijn slaperigheid wordt verdreven door een opgewonden kriebel in mijn buik, een heerlijk gevoel dat ik een beetje was vergeten door drie zwangerschappen en andere toestanden aan mijn lijf. Voor ik kinderen had, stond ik elk jaar op de vrijmarkt in Amsterdam met allerlei zelfgemaakte en opgeknapte spulletjes. Van de opbrengst kocht ik standaard nieuwe laarzen, mijn grote verslaving. Ik weet nog precies welk paar van welke Koninginnedag is! De laatste aanschaf, zwarte cowboylaarzen met rode stiksels, heb ik vandaag aangetrokken. Ze brengen vast geluk.

Jana begreep helemaal niets van alle opwinding en moest een beetje lachen om mijn fanatieke gedrag. Ik geef toe, in sommige dingen ben ik erg gedreven en Koninginnedag is er één van. Als je dan toch een jaartje in Nederland bent, en de kans is klein dat je ooit terugkeert, is dit een gebeurtenis die je absoluut no way mag missen. Dus ik heb Jana naar Amsterdam gestuurd en met rode wangen en glinsterende ogen nodigde zij Standa uit om haar te vergezellen. Maar Standa heeft een enorme plaat voor zijn hoofd, gaf zijn eigen invulling aan de uitnodiging en vroeg al zijn collega's mee. Dus vertrok Jana gistermiddag met een sip gezicht en maar liefst zeven Slowaken in haar kielzog naar het treinstation.

De verbouwing is inmiddels klaar. Met maar twee weken uitloop vertrekken de mannen, na wekenlang ons dagelijks leven overhoop te hebben gegooid, voor een maand naar huis, naar hun families. De schilders moeten nog een paar dingen afmaken dus die blijven nog een week, tot grote vreugde van Jana. Stavros lijkt zonder pardon aan de kant te zijn gezet. Jana zweeft door het huis met dromerige ogen en probeert zo veel mogelijk in de buurt te zijn van Standa, die niets in de gaten heeft.

Tessa was gisteravond al zo opgewonden over Koninginnedag, dat ze eigenlijk niet naar bed wilde. Ik verwacht dat ze halverwege de ochtend volledig zal instorten van vermoeidheid. We zullen zien...

Zodra ik mijn auto heb geparkeerd, wordt Tessa ronduit hyper. Dan zet Roos haar auto naast die van mij, en gedeelde smart is halve smart, want ook daar komt een stuiterbal uit. Tom en Tessa springen hand in hand op en neer en van helpen is geen sprake meer.

Roos en ik vinden een topplek voor het uitstallen van onze spullen. Ik heb vooral veel kleertjes en babyspullen, Roos heeft met name speelgoed waar Tom op is uitgekeken, dus we vullen elkaar goed aan.

Tom had bedacht om zijn trampoline mee te nemen, en voor vijftig cent mogen kinderen drie minuten springen. Het is een minitrampo van een meter doorsnee, die net in de auto paste, en dit wordt het project van onze kinderen. Tom trekt het pak van een circusdirecteur aan en probeert met een megafoon mensen te lokken. Tessa zal zijn liefallige assistente zijn, verantwoordelijk voor het met een kookwekker bijhouden van het aantal springminuten. Bij onze buurvrouw kopen we voor vijftig cent een grote, roze stola en Tessa straalt!

Het is al behoorlijk druk en de mooiste spullen worden al uitgewisseld; dat is het 'recht van de sterksten' oftewel, dat heb je verdiend als je zo vroeg opstaat en de ochtendkou trotseert. Er heerst een groot gevoel van saamhorigheid tussen de verkopers en dat maakt de sfeer superieur.

Tom en Tessa krijgen wat kleingeld mee en mogen zelf iets uitzoeken. Roos en ik houden ons hart vast; vijfjarige kleuters zijn bepaald nog niet kieskeurig. Tessa komt inderdaad na nog geen tien minuten terug met een achenebbisj roze spaarvarken met rode hartjes, een stapel Pokemonkaarten waarvan meer dan de helft dubbel en een ranzige knuffelbeer. Bah, denk ik rillend, tweedehands knuffels, die ga ik straks stiekem even ergens dumpen! Tom kijkt rustig en heel zorgvuldig op elk kleedje naar wat erop is uitgestald. Na lang zoeken heeft hij een kaartspel van het Huis Anubis gevonden voor twee euro. Tom laat de verkoper zien dat hij maar één euro heeft en de jongen gaat schouderophalend akkoord. Helemaal in zijn nopjes komt Tom terug. Vijf jaar en nu al onderhandelen over de prijs! Wat mij betreft mag hij voorlopig Tessa's vriendje blijven.

Paul is pas tegen elf uur in het dorp. Timo en Bram zitten stevig ingesnoerd in de kinderwagen en Pien zit op zijn nek. Hij loopt een rondje over de markt en komt terug met twee bokshandschoenen voor de tweeling – daar ben ik natuurlijk enorm blij mee – en Pien laat stralend een plastic tas vol blote barbies zien, ook leuk. Thuis snel opbergen en volgend jaar weer doorverkopen!

Mijn omzet van de ochtend is maar liefst honderdvijftien euro. Een stuk minder dan destijds in Amsterdam, dat wel. Als ik naar het kratje loop waar ik mijn handtas in had opgeborgen, zie ik al mijn spullen los rondslingeren. Mijn gsm, lipstick, zakdoekjes, een lolly, mijn rijbewijs, autopapieren, notitieblokje, koekjes, pleisters, tampons, pennen, luierdoekjes, oogpotlood, mascara, kruimels... Alles ligt los in het kratje en geschrokken kijk ik om me heen. Dan komt Tessa naar me toe rennen.

'Mam! Kijk!' Tessa zwaait trots met een briefje van vijf euro en roept: 'Ik heb je tas verkocht! Iemand wilde er een briefje voor geven! Kijk maar!'

Dit jaar dus geen nieuwe laarzen, maar een nieuwe handtas.

MEI

De shoot voor het modelabel zit er inmiddels op; het kostte me drie dagen om alles erop te krijgen. De eerste dag regende het pijpenstelen, het licht was slecht en Sjors kwam door een aanrijding te laat op de locatie. Toen het de tweede dag weer regende besloten we dat het eigenlijk wel cool was om die weersomstandigheden te gebruiken. In eerste instantie hadden we natuurlijk te kampen met mopperende modellen, maar het was niet koud en al snel kreeg iedereen de smaak te pakken. Met een paar extra lichtschermen en krachtige lampen maakten we een spectaculaire reportage.

Aan het eind van de tweede dag zaten we met het hele team voldaan rond mijn laptop de resultaten te bekijken, toen Steven belde met de mededeling dat de nieuwe schoenenlijn er ook op had gemoeten. Je kunt veel bereiken met Photoshop, maar schoenen toevoegen is echt te veel gevraagd. We hadden ook geen modellen meer tot onze beschikking en het regende niet meer. Toen heb ik de schoenen bij, naast en zelfs midden in modderige regenplassen gefotografeerd. Het thema 'Amsterdam Rough' lijkt meer dan gelukt en ik heb met volle teugen genoten van deze opdracht.

Omdat de schilders nog in mijn kantoortje bivakkeren, mag ik het definitieve sorteren en bewerken van de foto's bij mijn opdrachtgever op kantoor doen. Ik krijg een bureau toegewezen op de kamer van Lisette, een leuke, hippe en gezellige meid. Ze doet de marketing voor BeWear en kijkt samen met Yvon, een copywriter, mee over mijn schouder. Hun commerciële inzichten en commentaar komen uit een heel andere hoek dan mijn creatieve kijk; eigenlijk is het heel leerzaam en verfrissend om weer eens op deze manier samen te werken. Ik zou de vrijheid van mijn werk voor geen goud willen opgeven, maar ik mis de gezelligheid en vriendschap met collega's enorm, evenals de feedback en een klankbord.

Als ik klaar ben, neemt Yvon het eindmateriaal mee om de teksten en prijzen toe te voegen. Lisette vraagt of ik mee ga lunchen in de stad; ze heeft met een paar vrienden afgesproken bij Palladium. Die kans laat ik me natuurlijk niet ontgaan en een dik half uur later zitten we *downtown*. Lisette en ik bestellen een glas chardonnay en hebben de grootste lol. Samen bespotten we de aanwezige BN'ers en *rich kids* en het valt me op dat bijna iedereen haar gedag zegt. Dan gaat haar gsm en ze verontschuldigt zich.

'Nee! O, nee! Wat een ramp! Waarom bellen jullie Constanza niet? O, dan hang ik nu op,' hoor ik haar sissen. Geïrriteerd begint ze een nummer in te toetsen.

'Sorry Milou, ik moet even mijn au pair bellen.'

Hé, wat grappig, denk ik, zij heeft ook een au pair. Ik had niet verwacht dat ze moeder was. Hoeveel kinderen zou ze hebben?

'*Constanza, listen. School just called.* Kun jij Lauren ophalen uit school en met haar naar de dokter gaan? Ze heeft haar vinger gebroken. Je moet ook haar vioolles afbellen, Lauren zal voorlopig niet kunnen spelen. Dank je, Constanza.' Chagrijnig hangt ze op. Te laat besef ik dat mijn mond openhangt. Lisette kijkt me onderzoekend aan en vraagt: 'Heb jij kinderen?'

Ik knik bevestigend: 'Vier.' Meer woorden krijg ik er even niet uit.

'Echt? Meid, en jij zit lekker hier! Dat heb je slim bekeken! Wie zorgt er voor de kids? Oma, oppasmoeder, crèche?'

Nog steeds van mijn à propos antwoord ik: 'De oudste zit op school. Mijn au pair is vandaag bij de jongste drie.'

'Heb je ook een au pair? Geweldige uitvinding, vind je niet? Veel voor weinig, zeg ik altijd!' Lisette lacht hard.

Goh zeg, wat heb ik de plank misgeslagen. Ze is helemaal niet leuk, hip en gezellig. Mijn intuïtie heeft me volledig in de steek gelaten. Kennelijk zijn mijn voelsprieten afgestompt; vroeger wist ik vrijwel meteen wat ik aan iemand had, tegenwoordig kom ik vaak veel te laat achter de ware aard van mensen. Lastig, vervelend en onhandig. Zouden er workshops bestaan om je intuïtie weer op te vijzelen?

'Liesje!'

'Suzi Q!'

Tot mijn verbazing zie ik Suus om Lisettes nek vallen. Als ze klaar zijn met hun intense knuffel, ziet Suus mij.

'O. Hoi Milou, ik had je niet gezien.' We geven elkaar drie zoenen; tja, we zijn goed bevriend, maar de vrouw van je baas geef je nu eenmaal geen intense knuffel.

'Is alles goed met je, Suus? Wat gezellig dat je hier ook bent! Waar kennen jullie elkaar van?' vraag ik.

'Suzi Q doet het met mijn baas,' gniffelt Lisette, 'maar wij kennen elkaar al heel wat jaartjes, hè?' Lachend knipoogt ze naar Suus, die baldadig roept: 'En Milou doet het met míjn baas!'

'Nee, dat meen je niet!' Lisette kijkt ons om beurten aan en ik knik bevestigend. 'Liesje' en 'Suzi Q' hangen over de tafel van het lachen. Wat een hysterisch gedrag zeg, ze zitten duidelijk op een andere frequentie dan ik. Opeens ben ik er klaar mee. De walgelijke houding van Lisette en het aanstellerige gedrag van Suus staan me helemaal niet aan. Dan staat Lisette op en vertrekt luidruchtig en met veel bombarie naar de wc.

'Eh Milou, ik eh...' begint Suus meteen, maar ik onderbreek haar resoluut.

'Ik hoef echt niet te weten hoe het allemaal zit. Maar wil je niet meer zo ordinair rondbazuinen dat ik het met je baas doe? Beetje rare tekst, vind je ook niet?'

'Het spijt me Milou, echt. Maar ik kon het niet laten, de timing... Het was toch té grappig?' Ze kijkt me verontschuldigend aan maar begint toch weer te giechelen.

'Nou, ik ga maar eens op huis aan. Hoe oud is de dochter van Lisette eigenlijk?'

Suus kijkt me niet-begrijpend aan. 'Lisette? Lisette heeft geen dochter.'

Plotseling staat Steven bij onze tafel en geeft mij joviaal een klap op mijn schouder. 'Klasse werk, Milou! Echt heel cool geworden, sluit perfect aan bij het thema en geeft ons label een verrassend nieuw image. Top!'

Ik gloei van trots. Dan richt hij zich tot Suus. 'Dag lieverd, wat gezellig je hier te zien. Heb je alweer met Lisette afgesproken?'

'Stevie, vertel eens, Lisette heeft toch geen dochter?' Suus windt er geen doekjes om en komt meteen ter zake. Ze is kennelijk razend nieuwsgierig.

'Jij kent haar langer dan ik, toch?' reageert Steven verbaasd. 'Ze heeft een dochter van een jaar of acht, misschien negen. Niemand weet wie de vader is en eigenlijk heeft Lies het nooit over haar; ze werkt ook gewoon vijf dagen per week. Ik denk dat haar au pair alles regelt. Iedereen op kantoor kent de naam

Constanza, maar niemand weet hoe haar dochter heet.'

Suus zit boos voor zich uit te staren en hoewel de situatie nu reuze spannend lijkt te worden, haak ik af: 'Sorry mensen, ik ga mijn dochter ophalen uit school. Doe Lisette de groeten!'

Hoofdschuddend loop ik Palladium uit.

In de auto op weg naar huis belt Viola.

'Viola! How nice to hear your voice, how are you?' Ik hoor haar slikken en met dikke stem zegt ze: 'Milou, ik mis de kinderen. Ik kan haast niet geloven dat de jongens alweer twee jaar zijn! Het is lief hoor, dat je me foto's stuurt, maar ik wil ze gewoon graag zelf zien. En Tessa gaat zelfs al naar school! Ik wil ze echt graag zien, Milou.' Ze eindigt met een snik en is duidelijk geëmotioneerd. Zo lief, hoe betrokken een au pair kan raken bij je gezin. De kinderen zijn voor haar bijna net zo dierbaar als voor mij.

'Dus ik heb een busticket gekocht en ik kom dit weekend langs. Ik hoop dat je het goed vindt?' Geraakt door haar emotie ga ik, zonder erover na te denken, akkoord.

In gedachten verzonken sta ik een half uur later op het school-plein. Tessa is bijna jarig en ik moet snel bedenken wat we gaan doen, wanneer, waar en met wie. Zes jaar, alweer. Time flies.

Tessa werd geboren toen we nog in Amsterdam woonden. Na een prima zwangerschap en gewoon doorwerken tot twee weken voor de uit-gerekende datum, kwam Tessa een week eerder dan gepland ter wereld. De bevalling ging volgens het boekje: een 'oerding' met veel schreeuwen, puffen en pijn, maar dat kleine wurm was het mooiste wat we ooit hadden gezien. De eerste drie dagen heb ik gezweefd van puur geluk. Dit was van óns, dit hadden wíj gemaakt, dit kleine pakketje was ónze dochter! Na drie dagen drong tot me door dat dit afhankelijke wezentje mijn hele dagindeling bepaalde. Bovendien besefte ik dat ik niets wist en niets kon. Je bent opeens moeder, maar bij een baby zit geen handleiding.

Tessa was twee weken oud toen mijn buurvrouw op bezoek kwam met vijf kinderen. Tegen haar durfde ik natuurlijk niet te zeggen dat ik het zo druk had met één baby. Toen ik haar vroeg hoe zij het in godsnaam voor elkaar kreeg om voor vijf kinderen te zorgen, haalde ze nonchalant haar schouders op en zei: 'Ach, je eerste kind zet je hele wereld op zijn kop, voor de rest draai je je hand niet meer om.' Nu ik inmiddels vier kinderen heb, denk ik: wat een luxe was dat toen, één baby!

De verbouwing heeft heel wat gevolgen. Los van een irritante laag stof op elke plank, in elk hoekje en op elk randje, lijkt de rotzooi op onze bovenverdieping groter dan ooit. Na talloze wassen en twee dagen stevig schoonmaken heb ik het weer een klein beetje op orde, maar de herindeling van alle spullen is een lastige klus. Bovendien heb ik op een belachelijk enthousiast moment bedacht dat ik de nieuwe badkamer zelf wilde schilderen. Achterliggende gedachte was dat ik dan rustig en in mijn eigen tempo een aantal soorten verf en kleuren kon uitproberen, in plaats van onder druk te moeten kiezen voor 'doe maar wit, dat is altijd goed'. Na een week klooien en van alles uitproberen zitten er nu drie verschillende aardetinten op de muur. Paul mag de knoop doorhakken, heeft hij ook een taak.

Mijn geklieder en gedoe met verf heeft verder teweeggebracht dat de kleine dames en heren ineens ook een andere kleur op de muur wilden. We spraken af dat ze allemaal één muur in hun kamer mochten schilderen. Tessa koos voor paars, heel knal en stoer. Pien wilde een roze muur en verfde heel zorgvuldig (lees: sloom) de plint zilver. Bram riep 'lood' en Timo 'bauw', maar niet voor op de muur, ze wilden hun bedjes in die kleuren. Eigenlijk best een leuk idee, dus dat hebben we gedaan.

Jana heeft stilletjes meegeholpen. Sinds Standa is vertrokken, is ze vreselijk verdrietig. Ze krijgt geen hap door haar keel en zoekt zo veel mogelijk ons gezelschap om niet alleen te hoeven zijn.

Op Koninginnedag heeft Jana Standa uiteindelijk weten te verleiden. Hand in hand kwamen ze terug uit Amsterdam en tot mijn grote ergernis zag ik hem sindsdien elke avond door de tuin naar de garage sluipen. Paul en ik zeiden tegen elkaar dat het geen enkele zin had om in te grijpen; ze zouden zich toch niets van ons aantrekken. Stiekem hopen we nu dat deze flirt ook weer snel zal overgaan, zeker nu Standa terug is naar Slowakije.

'He'll be back in a week Jana, why are you so sad?' Ik probeer meelevend te klinken en het serieus te nemen, maar eigenlijk vind ik dat ze zich ontzettend aanstelt. Gedoe tussen de au pair en de schilder, wie zit daar nou op te wachten?

'Ik denk echt dat ik van hem hou, Milou. Ik mis hem zo vreselijk! En het ergste is dat hij nog niet weet waar zijn volgende klus zal zijn.'

Braak. Ik kan nu een opmerking maken over kalverliefde en pubergedrag, maar iedereen weet dat je dit soort dingen bloedserieus moet nemen. Ik kom op weinig anders dan: 'Hou vol, Jana, hou vol,' en alsof ik het tegen een klein kind heb voeg ik er onhandig aan toe: 'Nog maar zes nachtjes slapen.'

'Zes nachtjes zónder slaap, zul je bedoelen,' zucht Jana.

'But Viola is coming this weekend, maybe she can cheer you up! Je zult het vast goed met haar kunnen vinden!' Een klein beetje opgevrolijkt door het vooruitzicht van afleiding, slentert Jana de keuken uit.

De komst van Viola is in alle opzichten heftig. Met Jana en Tessa haal ik haar op bij het busstation en in eerste instantie herken ik haar niet; ze is enorm aangekomen. Niet verwonderlijk, gezien haar eetgedrag.

'Vi!' roept Tessa en uitgelaten slaat ze haar armen om de dikke buik van Viola. Lachend kijk ik hoe de twee elkaar uitgebreid knuffelen.

'Hi Viola, welcome back! This is Jana,' zeg ik. Viola en Jana raken onmiddellijk in gesprek en Tessa zit in de auto stralend tussen hen in.

Het klikt meteen tussen Viola en Jana en de dames zijn het hele weekend onafscheidelijk. Als Viola weer vertrokken is maak ik de balans op en moet constateren dat de koelkast leeg is, er een deuk in de achterdeur zit omdat Viola de kinderwagen ertegenaan duwde, een bloemenvaas is gesneuveld en kleine Pien onder de blauwe plekken zit omdat Viola was gevallen met de bakfiets.

Maar... Viola heeft het ook voor elkaar gekregen om Jana op te vrolijken en ze heeft wederom de harten van ons en onze kinderen gestolen.

Na dit drukke weekend gun ik mezelf een full treatment bij de kapper. Eigenlijk heb ik een hekel aan de kapper, maar eens in het half jaar trek ik er een ochtend voor uit. Voor veel vrouwen is het een ultiem uitje: even fijn ontspannen, kopje koffie erbij, roddelblaadje en tussen het geruis van de folies door de laatste nieuwtjes bespreken. Aan mij is het echter niet besteed. Het is dat het zo af en toe echt moet, maar het kost me te veel tijd, te veel geduld en veel te veel geld. Toch maak ik er altijd wel iets mee en gelukkig word ik ook dit keer uitgebreid geëntertaind.

Ik hang net lekker met mijn hoofd in de wasbak, als mijn Milou-moment ruw wordt verstoord door een drukke moeder met een druk zoontje. Het joch wordt in een kappersstoel geplant, waarna de moeder zich achter in de zaak terugtrekt en non-stop gaat zitten bellen. De jongen, ik schat hem een jaar of vijf, heeft het duidelijk niet naar zijn zin en schuift onrustig heen en weer in zijn stoel. Inmiddels zijn twee kapsters met hem bezig. De moeder is al een paar keer aangesproken met het vriendelijke verzoek bij haar zoontje te gaan zitten om hem rustig te houden; het knippen van een bewegend hoofdje is knap lastig en bovendien gevaarlijk. Maar het mens belt onverstoorbaar door. De eigenaresse van de zaak gaat zich ermee bemoeien en ik zit rechtop in mijn stoel om niets te missen.

'Kunt u bij uw zoon gaan zitten, het knippen wordt ons onmogelijk gemaakt,' zegt de eigenaresse vriendelijk maar dringend.

'Nou zeg,' snuift de moeder hooghartig, 'jij bent toch kapster! Je kunt mijn zoon toch zeker wel knippen zonder mijn hulp!' De eigenaresse antwoordt wonderbaarlijk rustig dat ze dit soort gedrag niet accepteert.

'Prima, dan vertrek ik toch!' roept de vrouw arrogant. Ze trekt haar zoon uit de stoel en loopt zonder te betalen de deur uit, de telefoon nog steeds aan haar oor. Even is het doodstil in de zaak, iedereen staart met open mond naar de dichtgeslagen deur, totdat een oudere dame zucht: 'Die moeders toch van tegenwoordig.' Iedereen in de kapsalon barst in lachen uit.

Zondag waren we op een feest van een collega van Paul, die 'groots en meeslepend' de verjaardagen van alle gezinsleden tegelijk vierde. Een enorme partytent overdekte het halve gazon, maar gelukkig bleven er nog genoeg vierkante meters over voor de bewoners van de lokale kinderboerderij, die per trailer waren afgeleverd, inclusief drie kleine pony's waarop de kinderen rondjes om het huis konden rijden. Er was voor de kinderen ook een 'verkleedtent' ingericht met allerlei kostuumpjes aan rekken en grote passpiegels. We keken onze ogen uit! Uiteraard was er catering en werden de volwassenen vermaakt door een professionele cocktailshaker.

Na dit 'partijtje' vreesde ik het ergste voor Tessa's wensen, maar tot mijn grote vreugde wil ze voor haar eigen feestje maar twee dingen: een speurtocht en daarna pannenkoeken eten.

Daarom stond Tessa vorige week Tom, haar vriendinnetjes en nog twee jongetjes op het schoolplein nogal luidruchtig uit te nodigen, tot grote ergernis van een aantal moeders. Meer specifiek: moeders van kinderen die níét werden uitgenodigd. Het schoolbestuur heeft ten strengste verboden schriftelijke uitnodigingen voor verjaardagsfeestjes uit te delen op het schoolplein en in de klas, om tere zieltjes te ontzien. Zonder twijfel een goedbedoeld initiatief, maar volkomen zinloos: alsof kinderen hun mond kunnen houden over zoiets belangrijks! Of er na afloop niets over vertellen. Bovendien moet er op die tere zieltjes toch wat eelt komen; het leven is helaas niet alleen maar rozengeur en maneschijn en daar moeten ze toch mee leren omgaan. De meeste kinderen zijn veel flexibeler dan hun ouders denken. Mijn ervaring is dat ze zich er eigenlijk niet eens zo veel van aantrekken als ze niet worden uitgenodigd, het zijn met name ouders die stennis schoppen. Zo vermoeiend!

Woensdagmiddag sta ik met Paul op het schoolplein om Tessa's 'gasten' mee naar huis te nemen. Volle bak, maar je wordt maar één keer zes. Opgewonden komen de kinderen naar ons toe.

'Wat gaan we doen?'

'Waar gaan we heen?'

'Wat krijgen we?'

'Wat is de verrassing?'

Paul en ik worden bijna omver geduwd. We rijden onder het genot van een oorverdovend kabaal naar huis. Pien is bij Kiki en Jana is met de tweeling een wandeling gaan maken.

Twee meisjes van Kids Dancing Class worden afgezet door een grote, vieze Defender. Nieuwsgierig loop ik naar de auto om te kijken wie er achter het stuur zit. Een grote man kijkt me vrolijk aan: 'Veel plezier, vanmiddag!'

Een beetje twijfelend steek ik mijn hand naar hem uit: 'Hoi, ik ben Milou, de moeder van de jarige Tessa.'

'Nou Milou, gefeliciteerd. Ik ben Fred, de tuinman van de familie van Laar.' Kennelijk kijk ik niet-begrijpend, want hij vervolgt: 'De ouders van Desirée van Laar.'

'O ja, natuurlijk. Ik ken eigenlijk alleen haar voornaam. Nou, ze wordt thuisgebracht, hoor.' Zwaaiend en toeterend rijdt Fred weg. Leuke tuinman, denk ik, misschien zijn nummer eens vragen. Voor de tuin, natuurlijk.

Desirée en Madeleine zijn nooit eerder bij ons thuis geweest en lopen nieuwsgierig rond.

'Waarom kan ik hier niet om het huis heen lopen?' vraagt Desirée met gefronste wenkbrauwen.

Vol ongeloof kijk ik haar aan. 'Omdat wij buren hebben die onder hetzelfde dak wonen.'

'Wat ruikt het hier raar,' zegt Madeleine.

'Dat is zelfgebakken appeltaart,' zegt Tessa trots.

'O ja, ruikt die zo? Mijn moeder bakt nooit iets. Ze kookt ook nooit. Ze belt altijd Robert.' Desirée zucht teleurgesteld.

'Wie is Robert?' vraag ik verbaasd. Haar vader heet volgens mij Bernhard, de sauvignonman.

'De ketelaar.' Ik moet even nadenken, maar dan begrijp ik dat het meisje 'cateraar' bedoeld. Inderdaad, dat past in het plaatje.

Nadat de kinderen hebben gezongen, hun cadeautje hebben gegeven en een stuk appeltaart hebben gegeten, volgt de speurtocht. In eerste instantie beginnen een paar verwende kinderen te zeuren.

'Ik vind het saai.'

'Waarom gaan we nergens naartoe?'

'Wat een raar feestje is dit.'

Maar zodra ze de walkietalkies zien, wordt het muisstil.

'Jongens en meisjes,' zeg ik op samenzweerderige toon, 'er is een boef in het dorp.' Ik zie direct spanning op de gezichtjes. 'Hij verstopt al zijn schatten, maar wij hebben een geheime spion die ons gaat helpen de schatten te vinden. Hij geeft aanwijzingen via de walkietalkies, die jullie om de beurt mogen vasthouden. Tessa, jij mag eerst!'

Ik overhandig haar het indrukwekkende apparaat en Tessa's wangen beginnen onmiddellijk te gloeien.

'Go,' zeg ik in die van mij, en Tessa's walkietalkie begint te kraken. Met vervormde stem horen we Paul zeggen: 'Jongens en meisjes, luister goed, hier volgt de eerste aanwijzing: loop de tuin uit, blijf op de stoep en loop langs het witte hek tot je een rode auto ziet. Over en uit.'

Iedereen loopt achter Tessa aan, die braaf Pauls instructies opvolgt; luisterde ze altijd maar zo goed! Aan het eind van de straat zie ik Paul half achter een boom staan. De kinderen hebben niets in de gaten en rennen naar de rode auto. Zodra Tessa naast de auto staat kraakt haar walkietalkie weer: 'Let goed op. Ga onder de witte bloemen staan. Over en uit.'

Tessa ziet onmiddellijk de sering een stukje verderop, en als ze eronder staat zegt Paul op strenge toon: 'Zoek de leeuw. Over en uit.'

Verwilderd kijken de kinderen om zich heen. Dan roept er een: 'Daar! Ik zie een leeuw! Kijk!' Desirée wijst naar het stenen beeld van een leeuw boven op de steunpilaar van een smeedijzeren hek. Naast het beeld staat een doosje en onder luid gejoel haalt Tessa er een prachtige ring uit met een grote paarse diamant.

'Mijn lievelingskleur!' roept ze stralend en ze geeft de walkietalkie weer aan mij. Ik geef hem aan Tom, die als tweede mag.

'Go,' zeg ik zacht en Paul vervolgt: 'Ga naar de dikste boom in de straat. Over en uit.'

We lopen maar liefst anderhalf uur door het dorp, en de kinderen vinden het superspannend. Allemaal krijgen ze een klein cadeautje en niemand vindt het nog saai. Als ik die avond Tessa naar bed breng, zegt ze: 'Mam, dit was de leukste dag ooit.'

Paul was verbaasd toen hij mijn verhaal over Suus en Lisette hoorde. Hij begreep de link tussen de dames absoluut niet, en is daar verder ook niet in geïnteresseerd. Ik wel. Het voorval met Suus, die niet wist dat Lisette een dochter had, laat me niet los.

Een paar dagen later, ik ben toevallig op Pauls kantoor om iets af te geven, begint Suus er uit zichzelf over. Ze heeft flinke ruzie gehad met Lisette naar aanleiding van de onthulling in Palladium.

'Hoe kun je zoiets als een dochter nou jarenlang verzwijgen?' Suus wordt weer boos en zit op haar nagels te bijten. 'En dan vertelt ze het nota bene wel aan jou! Aan jou!' Ik weet niet waarom ze dit zo benadrukt, maar nu wil ik ook het naadje van de kous weten.

Suus gaat op geïrriteerde toon verder en ik hoef alleen maar te luisteren.

'Lies zegt dat ze er nooit over heeft gelogen, ze heeft het alleen niet verteld. Het is nooit ter sprake gekomen, zegt ze dan. Nee, gek hè, als je iemand leert kennen bij Jimmy, vervolgens drie jaar lang elk weekend samen gaat stappen en regelmatig bij elkaar logeert, ga je niet out of the blue vragen: "Zeg, heb jij soms kinderen?"'

Ik schiet in de lach, maar maak er snel een hoestbui van als ik Suus' felle blik zie.

'Suus, ik begrijp dat je je belazerd voelt, maar...'

'Nee, Milou,' onderbreekt ze ferm, 'ik vertrouwde haar! Ik heb lief en leed met haar gedeeld, al mijn persoonlijke toestanden en liefdesperikelen met haar besproken en dan flikt ze me dit! Ze wil ook niet vertellen wie de vader is. Ik hoef haar nooit meer te zien.' Boos staart ze voor zich uit.

Toch zitten mij nog een paar dingen dwars. 'Als je bij haar logeerde, waar was die dochter dan? Die moet je toch gezien hebben, of sporen van speelgoed, schoenen in de gang, een schooltas die rondslingerde, dat soort dingen.'

'Lies heeft een dubbele etage. Ik ben nooit boven geweest; ik wist niet eens dat dat deel ook van haar was. Zij woont en slaapt beneden, Lauren slaapt boven met de au pair. Niet te geloven toch? Kun je het je voorstellen?' Suus kijkt me aan.

Voorzichtig vraag ik: 'Heb je haar ook gevraagd waarom ze het je niet heeft verteld?'

'Lies zoekt een man met toekomst, mannen zoeken een

vrouw zonder verleden. Ze heeft er nogal veel voor over om in dat ideaalbeeld te passen.' De cynische toon van Suus legt mij het zwijgen op. My God. Er schieten nog tientallen vragen door mijn hoofd, maar de antwoorden wil ik eigenlijk helemaal niet meer weten.

Arme Lauren.

Om vijf uur 's ochtends schrik ik wakker van een harde knal. Ik hoor buiten het grind kraken en kijk voorzichtig langs het gordijn. Daar zie ik Jana en Standa giechelend naar de garage strompelen.

Sinds Standa terug is uit Slowakije, proberen ze zo veel mogelijk bij elkaar te zijn. Hij heeft een grote klus in Hilversum en zodra Jana vrij heeft gaat ze naar hem toe. Hij komt ook regelmatig 's avonds naar ons huis, en daar zijn Paul en ik eigenlijk helemaal niet blij mee. 's Nachts geen vriendjes over de vloer, is een van onze regels, maar in dit uitzonderlijke geval sliep de schilder een paar meter verderop en daaruit is een relatie ontstaan. Het startpunt hebben we dus zelf gecreëerd en dat is moeilijk terug te draaien. Jana en Standa gaan bijna elke avond stappen en komen steeds later thuis. Nu, op dit onmogelijke tijdstip, besef ik dat er echt weer eens gepraat moet worden. Liefde is mooi, maar je kunt niet de verantwoordelijkheid voor kleine kinderen op je nemen als je maar twee uur hebt geslapen.

Als Tessa naar school is, Pien naar de peuterspeelzaal en Timo en Bram op bed liggen voor hun slaapje, ga ik met Jana aan de tuintafel zitten. Jana is opgewekt en babbelt er vrolijk op los. Dus kom ik maar zo snel mogelijk terzake en vertel haar dat Paul en ik het niet goed vinden dat ze op doordeweekse avonden pas in de vroege ochtend thuiskomt.

'Why? Nothing goes wrong, I'm not tired at all, I'm okay, don't worry.' Nonchalant klapt ze haar gsm open om een sms'je te bekijken. Even ben ik uit het veld geslagen door haar houding, maar ik besluit voet bij stuk te houden.

'Jana, ik maak me ook geen zorgen over jou, ik maak me zorgen over mijn kinderen, voor wie jij moet zorgen nadat je een avond uit bent geweest.'

Ze kijkt verbaasd op van haar telefoon.

'Jana, ik wil dat je begrijpt dat wij hier heel serieus over zijn. Paul en ik vinden het simpelweg onverantwoord als jij iedere avond uitgaat. Ik zal het nog iets duidelijker stellen: in het weekend kun je doen wat je wilt, maar doordeweeks willen we dat je voor twaalf uur thuis bent.'

'O, oké, geen probleem. Trouwens, ik wilde ook nog iets bespreken. Nu Standa en ik een relatie hebben, wil ik zo veel mogelijk tijd met hem doorbrengen. Dat betekent dat ik in het weekend niet meer kan werken. Dat begrijp je natuurlijk wel, toch Milou?' Liefjes kijkt ze me aan en ik vraag me af hoe dit gesprek deze wending kon nemen. Maar ze is nog niet klaar.

'En daarnaast willen Standa en ik graag door Europa gaan reizen, dus wanneer kan ik daar vrij voor krijgen?'

Zaterdag heben Paul en ik een uitje gepland met de kinderen. We gaan naar het Nijntje-museum in Utrecht. Aan de ontbijttafel vertellen we de kinderen ons plan en ze reageren allemaal even enthousiast.

'Mag Jana ook mee?' vraagt Tessa.

Even weet ik niet wat ik moet zeggen. Daar heb ik eigenlijk geen zin in, maar dat kan ik natuurlijk niet tegen Tessa zeggen. Paul lost het voor me op en antwoordt: 'Ik denk dat Jana het Nijntje-museum niet zo leuk zal vinden.'

Tessa springt van haar stoel, rent naar de achterdeur en roept: 'Tuurlijk wel, pappie! Ik ga het wel even vragen.' En weg is ze. Paul en ik kijken elkaar aan. Het is nog vroeg, we waren nog niet wakker genoeg om hierop voorbereid te zijn.

Nog geen twee minuten later komt Tessa terug. Content gaat ze weer zitten, zegt niets en gaat door met het eten van haar boterham. Het is zaterdagochtend: Jana is er niet, Jana ligt nog brak in bed, Jana wil niet mee. Maar mijn gedachten worden abrupt verstoord door Tessa.

'Ze lag nog te slapen, maar ik heb haar wakker gemaakt. Standa was er ook, die heb ik ook wakker gemaakt. Ze gaat mee, maar ze gaat eerst douchen.'

Ik sluit mijn ogen, schud mijn hoofd en kijk dan naar Paul.

'Hoogste tijd, Milou. Vanavond een gesprek,' fluistert hij zachtjes, in de hoop dat de kinderen het niet horen.

'Wat is er vanavond? Gaan we naar de Mac?' Tessa heeft een halve boterham met pindakaas in haar mond, waarvan een deel er praktisch uit valt.

'Tes! Niet praten met een volle mond! En nee, we gaan niet naar de Mac.'

Teleurgesteld kijkt Tessa me aan en eet in stilte verder.

Inmiddels heb ik genoeg ervaring met au pairs om niet volledig uit het veld geslagen te zijn door de houding van Jana. Iedere au pair komt op dit punt; het moment dat ze volledig opgaan in hun eigen leven, zelfverzekerd worden in hun nieuwe omgeving en uiteindelijk hun eigen belang boven dat van het gezin stellen.

Ik herken het, ik weet dat het komt, maar toch... Toch verbaast het me, vooral bij Jana. Ik dacht echt dat ze anders was dan alle anderen. Ik had het gevoel dat ze heel gelukkig was met haar bestaan bij ons en dat ze niet zozeer op zoek was naar meer. Maar sinds Standa in haar leven is gekomen, is alles anders. Ik heb me er lelijk in vergist en wellicht is dat ook de reden dat dit alles me zo dwars zit. Paul en ik hebben er uitvoerig over gesproken en Paul reageerde natuurlijk uitermate relaxed. 'Lou, kom op, maak je niet zo druk. We gaan het gewoon met haar bespreken. We leggen de regels weer een keer uit en zorgen dat we aan het einde van het gesprek alles weer keurig op een rijtje hebben.'

Op weg naar het Nijntje-museum praat iedereen door elkaar. Tessa wil graag vertellen over haar toets op school, Pien wil ook graag iets interessants vertellen, maar komt er niet tussen en gilt aan een stuk door dat ze iets wil zeggen, en de jongens willen muziek. Dat is duidelijk, want elke drie seconden roepen ze 'ziek, ziek' door de auto. Jana zit er middenin en probeert iedereen wat aandacht te geven.

Mijn verwachtingen van het Nijntje-museum waren wellicht wat hooggespannen, maar de kinderen vinden het prachtig. Vooral de ruimte met koptelefoons waardoor ze Nijntjeverhalen kunnen beluisteren, vinden Tessa en Pien superleuk. De Chinese Nijntjeversie is veruit favoriet. Tessa en Pien schateren het uit en praten de rest van de middag alleen nog maar Chinees (oftewel wartaal) met elkaar. In de auto op weg naar huis bespreken we wat we hebben gezien, wat we leuk vonden en wat niet.

'I thought it was really great!' roept Jana. 'Ik ben alleen nog maar in het seksmuseum in Amsterdam geweest, dus ik vond het heel leuk dat ik hier mee naartoe mocht.'

Wat een contradictie: het seksmuseum en het Nijntje-museum. Wat heeft ze al die tijd in Nederland gedaan? Is ze dan werkelijk nog nergens geweest? Geen Van Goghmuseum of Madurodam? H&M, dat zal het zijn.

Na het badderen van de kinderen leest Paul nog een boekje voor; dat is inmiddels een standaardritueel geworden en het is altijd hetzelfde liedje. Met z'n allen verzamelen ze zich op het bed van Pien, waarbij er altijd ruzie wordt gemaakt wie waar mag zitten; iedereen wil natuurlijk naast papa zitten! Dit alleen al duurt zeker vijf minuten. Als dan eindelijk iedereen zijn plekje heeft verworven, beginnen Bram en Timo na drie zinnen al onrustig heen en weer te schuiven. Pien krijgt een elleboog in haar gezicht en gaat huilen. Tessa ergert zich aan het feit dat ze niets hoort en uiteindelijk rennen de jongens vrolijk achter elkaar aan door de kamer en is Paul niet meer te verstaan.

'Hup jongens, kom op. Tijd om te slapen. Hóógste tijd zelfs.' Lachend om mijn twee woeste mannen neem ik ze mee naar hun kamer.

'Zal ik nog een mooi liedje zingen?' Stralend kijken ze me aan, op slag vergeten dat ze niet naar bed wilden. Samen zingen we 'slaap kindje, slaap', waarbij standaard de koe buiten loopt in plaats van het schaap en iedere keer brullen ze het uit van het lachen. Heerlijk, twee jaar en nu al gevoel voor humor.

Paul heeft even de tijd om rustig met Pien en Tessa het boekje te lezen, terwijl ik beneden alvast de tafel ga afruimen.

'Hi Milou.' Ik schrik op en zie Jana in de keuken staan. Goh, ik heb haar helemaal niet horen binnenkomen, denk ik terwijl ik de borden in de vaatwasmachine plaats.

'I'm off. I have a busy weekend, because tonight I'm going to Paradiso. They say there's a great party there and tomorrow we're going with a group to Kienderdaik. You know this place?'

Mijn gedachten moeten even een kleine reset krijgen. Nog geen minuut geleden was ik me mentaal aan het voorbereiden op een gesprek met haar en nu meldt ze me doodleuk dat ze weggaat. En dat terwijl ik haar na ons bezoek aan het museum nog had gezegd dat we vanavond met haar wilden praten.

'Nee, dat ken ik niet. Maar Jana, we hebben toch afgesproken...'

'Ken je dat niet? Ze zeggen dat het een van de grootste toeristische attracties in Nederland is. O nee! Ik hoop niet dat mijn vrienden me meenemen naar een of andere suffe plek!'

'Jana! Stop en luister!' Ik kijk haar geïrriteerd aan. 'We hebben afgesproken dat we vanavond zouden praten. Ben je dat vergeten?'

'O ja, dat is waar. Dat ben ik inderdaad vergeten. Maar ik neem aan dat we ook morgen of maandag even kunnen praten. Ik moet echt weg.'

'Nee Jana, dat gaan we niet doen. Je gaat nu zitten en we gaan praten.' Mijn strenge toon heeft Jana nog niet vaak gehoord en ze schiet razendsnel op een stoel.

Op dat moment komt Paul binnenlopen, zich absoluut niet bewust van hetgeen zich zojuist heeft afgespeeld. Ook de rook uit mijn oren is niet zichtbaar, dus richt hij zich vriendelijk tot Jana.

'Ah geweldig! Je bent er.' Hij pakt een stoel, schuift aan naast Jana en maakt een welwillende start.

'Zoals je weet, willen we met je praten over de bijzondere wensen die je hebt geuit.'

'O, willen jullie het daarover hebben?' Het lijkt wel of ze opgelucht ademhaalt. 'Oké, geen probleem. Dan kan ik jullie meteen vertellen dat Standa en ik niet op reis kunnen vanwege zijn werk en zo. We willen ook eerst sparen. Ik dacht dat jullie dat wel wilden weten.' Ze neemt een slokje water en met onschuldige ogen kijkt ze Paul aan. Is dit met voorbedachten rade, pure stomheid, onwetendheid, onnozele jeugdigheid of wat? Wat is dit? Mijn boosheid is nog niet gezakt, dus ik friemel wat onhandig in een kastje op zoek naar thee met een smaakje. Dat drink ik eigenlijk nooit, maar ik kan me maar beter even afzijdig houden tot ik wat ben bedaard.

'Oké.' Paul slaakt een diepe zucht.

'En? Was dat het probleem? Want dan is dat opgelost en kan ik naar Paradiso. Ik wil niet te laat komen.' Ze doet een poging op te staan, maar Paul is haar voor.

'Nee, Jana. Ga nog even zitten, we zijn nog niet klaar.' Gehoorzaam zakt ze terug in haar stoel.

'Jana, je maakt deel uit van ons gezin, en de manier waarop jij je de laatste tijd gedraagt is onacceptabel. Wij kunnen ons niet aan de indruk onttrekken dat je de reden dat je bij ons bent uit het oog bent verloren.'

'Hoezo?' vraagt Jana schouderophalend.

'O, kom op, Jana!' Ik kan me niet meer inhouden en haal diep adem voordat ik tegenover haar aan tafel ga zitten.

'Je weet heel goed wat we bedoelen. Je denkt alleen nog maar aan jezelf, maar je bent hier omdat je voor ons werkt. Wij zijn erg geduldig en begripvol geweest en we hebben ons uiterst flexibel opgesteld, maar onze flexibiliteit lijkt zich tegen ons te keren!' Ik ben trots op mezelf. Ondanks mijn boosheid heb ik er toch een sterke, duidelijke zin uit gekregen. Maar Jana kijkt ongeïnteresseerd naar buiten.

Paul doet er een schepje bovenop: 'Jana, ik zal duidelijk zijn: je woont bij ons in huis en je bent onze au pair. Wij doen ons best rekening met jou te houden, maar er zijn grenzen; uiteindelijk zijn wij jouw werkgever. De voorwaarden die golden toen je aankwam gelden nog steeds. Met andere woorden: jij vertelt ons niet doodleuk dat je niet meer wilt werken in het weekend. Alles is bespreekbaar, we willen je hier best in tegemoetkomen, maar dan willen we ook dat je onze regels respecteert. Dus geen mannen meer over de vloer, dat is afgelopen nu. Duidelijk, Jana?' Paul kijkt haar streng aan.

'O, dus... Standa mag hier niet meer slapen?' Verdrietig kijkt ze van Paul naar mij.

'Dat klopt, dat is nooit de bedoeling geweest, Jana, en dat wist je,' antwoord ik.

'Goed, dan heb ik niets meer te zeggen. Kan ik nu gaan?'

Dit gaat mis, dit gaat helemaal mis. Was Paul te streng, was ik te hard? We willen met haar praten, we willen helemaal niet dat ze nu weggaat!

Jana staat op en loopt naar de achterdeur.

'Jana! Wacht!' Ik loop op haar af en leg mijn handen op haar schouders. Met een felle blik kijkt ze me aan, in haar ogen glanst iets wat ik nog nooit eerder heb gezien.

'Begrijp je niet dat je het erg moeilijk voor ons maakt? Je kunt echt alleen nog maar aan Standa denken!'

'En jij begrijpt volgens mij niet wat het is om voor het eerst in je leven echt verliefd te zijn!' Ze draait zich om en vertrekt.

De volgende dagen heerst er een gespannen sfeer in huis. Jana is gezellig met de kinderen, maar zodra ik in de buurt ben, verandert haar houding en is ze kil en afstandelijk. Ik besluit het te negeren. Ik begrijp het allemaal wel: ze is verliefd en ze wil zo veel mogelijk bij haar vriendje zijn. Ik ben zelfs bereid een oppas te zoeken op de momenten dat ze heel graag naar een of ander feestje wil met Standa.

Maar ik wil ook dat Jana haar verstand blijft gebruiken en haar verantwoordelijkheid neemt en niet alleen maar domweg haar hart volgt. Dan kan ze wat mij betreft vertrekken.

Ik heb van mijn ouders geleerd dat je maar twee minuten

boos mag zijn, daarna is het verspilling van energie. En Jana is nu bijna een week boos, het is zo langzamerhand wel mooi geweest.

'Jana, it's a waste of energy to act so strange to me and besides that, I find it very impolite and unpleasant.' Ze kijkt me aan; nou ja, ze kijkt langs mijn oor.

'Er is niets aan de hand, Milou. Ik zou niet weten waar je het over hebt.' Een schijnheilig glimlachje verschijnt op haar gezicht.

Ik kijk haar onderzoekend aan en zucht. 'Oké. Het zal wel. Maar ik wil graag zeggen dat we het erg op prijs stellen dat Standa hier niet meer heeft geslapen. Als je een keer wilt uitgaan in het weekend terwijl je eigenlijk moet oppassen, ben ik best bereid oppas te zoeken. Is dat een deal? En kun je dan alsjeblieft ophouden met dat vreemde gedrag? Dat is té vermoeiend!' Met een schuin hoofd kijk ik haar vragend aan.

'O, wat geweldig, Milou! Dank je wel, ik ben zo opgelucht!'

Ongelooflijk, het lijkt erop alsof ik met één zin de lucht heb geklaard.

Omgang met au pairs, het is een vak apart!

'Opi! Opi!' Tessa is door het dolle heen als ik haar samen met mijn vader van school kom halen. Ze vliegt om zijn nek en ik besta even niet meer.

'Gaan we iets leuks doen?' Tessa kijkt hem haast verliefd aan.

'Ja, zeker weten!' Hij kietelt haar in haar zij en acuut schiet ze in de lach. 'Ik heb een grote verrassing voor jou, raad eens.' Tessa kijkt mijn vader onderzoekend aan.

'Dierentuin?'

'Nee.'

'Cadeautje?'

'Nee.'

'Speeltuin?'

'Nee.'

'Nou, dan weet ik het niet hoor. Wat is het? Wat is het?' Tessa springt op en neer.

'We gaan zwemmen! Ik wil wel eens zien hoe goed jij kan zwemmen nu jij je diploma hebt gehaald!'

'Jippie!' Tessa is dolgelukkig en trekt mijn vader mee het schoolplein af.

Eenmaal thuis wil Pien natuurlijk ook mee naar het zwembad en ondanks de tegenzin van Tessa stemt mijn vader toe. Met twee opgewonden meisjes vertrekt hij naar het zwembad en ik besluit met de jongens in de kinderwagen naar de markt te wandelen.

In de dorpsstraat word ik tegengehouden door een jonge jongen met een koptelefoon op. 'Mevrouw, graag even aan de andere kant lopen. We zijn aan het filmen.' Geïrriteerd wijst hij naar de overkant en overdreven rustig steek ik de straat over. Overal staat apparatuur, en een enorm lichtdoek op statief trekt mijn aandacht. Ik heb ook zo'n doek, maar dit indrukwekkende formaat is van een heel andere orde. In de verte zie ik Anne, die ook staat te kijken naar de filmploeg.

'Anne! Anne!' roep ik, en zwaai enthousiast.

'Mevrouw, stil alstublieft.' De jongen met de koptelefoon rent op me af en wijst nu naar een groep mensen. 'We zijn aan het filmen, dat ziet u toch? Even stil alstublieft.' Hij draait zich weer om en ik durf nauwelijks te bewegen. Wat een onzin. Anne komt enthousiast met haar dochtertje op de arm naar me toe rennen.

'Ze zijn *Gooische vrouwen* aan het filmen. Kijk, daar is Linda de Mol.' Ze wijst naar een groepje vrouwen dat voor de lingeriewinkel staat.

'Pas op! Pas op!' Ik draai me om en zie nog net het enorme lichtdoek omvallen. Een luide knal volgt en zwijgzaam kijkt iedereen naar... mij. Naar mij? Hoezo naar mij?

'Dat deden Bram en Timo,' fluistert Anne zachtjes in mijn oor.

'Nee toch, dat meen je niet. O shit.' Ik kijk naar de jongens, maar durf niets te zeggen. Ik wil mezelf natuurlijk niet verraden, misschien heeft niemand het gezien.

'MARTIJN! OPSCHIETEN!' Een luid gebrul weergalmt over de straat en de geïrriteerde jongen met de koptelefoon komt bezweet aanrennen. Hij zet het statief weer recht, trekt de draden bij elkaar en sist: 'Lekker joh, je mag wel wat beter op je kroost letten.' Ik sta perplex. Waar haalt hij de brutaliteit vandaan om zo tegen mij te praten?

In een *split second* bedenk ik een antwoord: '*What? I not understand. I au pair.*' Kijken wat hij doet.

Verwonderd kijkt hij me aan, denkt even na en zucht diep.

Ja jongen, je bent hier in het Gooi, dan moet je ook met au pairs kunnen omgaan, denk ik. Anne kan haar lach nauwelijks inhouden.

'*Well, you don't look like an au pair. I thought you were one of those dumb bimbo's from the area. Just be careful.*' Gek genoeg klinkt hij een stuk aardiger.

'Hé, Miloutje!' In de verte hoor ik een bulderende stem mijn naam roepen. Ik zie het nu, het is Bert, gedelegeerd producent van Talpa.

'Bert! Hoe is het?' Bert komt aanrennen en geeft me drie dikke zoenen.

'Zo, en dit zijn dus dé mannen. De mannen waar ik al van alles over heb gehoord!' Hij buigt naar Bram en Timo en geeft ze beiden een por in hun buik. De jongens reageren enthousiast.

Met zijn opmerking doelt Bert op het fantastische sinterklaas-feestje van Pauls werk.

'Hoe is het met Sanne? Is ze al aan de beterende hand?' Sanne is de vrouw van Bert en een collega van Paul.

'Ja, het gaat wel beter. Ze is uit het ziekenhuis en ligt nu thuis. Die zwangerschapsvergiftiging heeft er behoorlijk inge-hakt. Sanne en onze kleine Jikke hebben het maar net gehaald. Heel heftig allemaal, maar nu gaat het goed.' Hij kijkt opzij en daar staat nog steeds Martijn. De voldane blik in zijn ogen heeft plaatsgemaakt voor schaamte en met open mond kijkt hij me aan.

'MARTIJN. WAT DOE JE HIER. DOE WAT JE MOET DOEN. STA HIER NIET ZO DOM TE STAAN!' Bert buldert nu zo hard over straat, dat Bram en Timo hun handen over hun oren doen van schrik.

'Moet weer verder, Loutje. Leuk je weer gezien te hebben. Kom je binnenkort met Paul op babybezoek?' Zijn stem is weer poeslief, ongelooflijk. Ik knik en hij snelt de straat over naar de filmploeg. Al snel hoor ik hem weer luidruchtig bevelen uitde-len.

'Kom Anne. Laten we poffertjes gaan eten,' zeg ik vrolijk.

'Dat gastje. Wat een bijdehandje, die Martijn!' Anne proest het uit van het lachen. 'Je had hem mooi te pakken!'

'Natuurlijk wel, mama, dat is helemaal niet waar! Natuurlijk mag ik ook meelopen! Jij begrijpt het gewoon niet!' Tessa is boos en verdrietig. Deze week is de avondvierdaagse, een fan-tastisch evenement waar ze helaas nog niet aan mee mag doen. Een aantal klasgenoten mag inderdaad meelopen met hun oudere broer of zus, maar die heeft Tessa niet. Daarbij lopen deze kinderen voor spek en bonen de avondvierdaagse, maar ga dat maar eens uitleggen aan een kind van net zes. Ik heb het geprobeerd, maar Tessa is ontroostbaar.

Om haar wat op te vrolijken heb ik haar favoriete barbecue-worstjes groots ingekocht. Nu nog de barbeque aan krijgen. Inmiddels zit er een halve fles lampenolie op de kooltjes en nog steeds wil het maar niet branden. Soms ben ik een absolute barbecueheld, soms wil het voor geen meter. Wat is toch de truc?

Door mijn gerommel heb ik niet in de gaten dat de kinderen allang niet meer in de tuin spelen. Als ik opkijk zie ik Bram, Timo, Pien, Tessa, Jana en Bobbi op het pad staan, kijkend naar een groepje mensen dat voorbijloopt. Het groepje mensen wordt steeds groter en het lawaai wordt ook steeds heftiger. De barbecue brandt en verbaasd loop ik naar de kinderen. Opa's, oma's, papa's, mama's en heel veel kinderen lopen langs ons huis.

'Dit is een avondvierdaagse! Wat een geluk, Tes!' Tessa straalt en Jana kijkt me onderzoekend aan.

'What are all these people doing here?' Vraagt Jana.

'We call this the...' Ik moet even nadenken, hoe noem je avondvierdaagse in het Engels? 'The evening four days.' Het klinkt bijzonder vreemd, maar ik zou niet weten wat ik er anders van moet maken. 'Het is een nationaal evenement. Kinderen moeten vijf of tien kilometer lopen en krijgen dan een medaille.'

'Maar waarom?' Jana begrijpt er niets van.

'Goeie vraag. Omdat ze het leuk vinden en omdat het een uitdaging is.' Jana schudt niet-begrijpend haar hoofd.

Intussen ren ik op en neer naar de barbecue en dek de tafel, maar als ik terugkom bij de kinderen, zie ik tot mijn grote schrik dat Bobbi er niet meer bij staat.

'Jongens, waar is Bobbi?' roep ik naar Jana en de kinderen.

'Ik weet het niet, hij was hier net nog!' Verschrikt kijkt Jana me aan.

In paniek begin ik mee te rennen met de stroom mensen. Ik roep Bobbi's naam, maar er is te veel lawaai, hij kan me toch niet horen. Al snel besef ik dat het absoluut geen zin heeft om tussen de mensen door te rennen. Bobbi loopt natuurlijk allang ergens vooraan in de stoet, die haal ik nooit meer in. Thuis zeg ik tegen Jana dat ze de kinderen mee naar binnen moet nemen. Ik ga op de fiets verder zoeken.

Tessa staat al met haar fietsje in de hand op straat. Bijdehand kijkt ze me aan en zegt gedecideerd: 'Ik ga mee, hoor. Ik blijf niet hier, ik wil mee.' Ze is vastbesloten, klimt op haar fiets en staat in de startblokken om te vertrekken. Geen tijd voor discussie, denk ik.

'Vooruit dan maar, en niet gaan zeuren als je hard moet fietsen, oké?' Tessa knikt en fietst snel achter me aan. Hard bellend fietsen we langs de mensenmassa, waarbij ik zo hier en daar vraag of iemand een bruine retriever heeft gezien. De meesten hebben hem wel gezien, maar al een tijd geleden. Ik besef dat we meer kans maken als we een stuk afsnijden en zorgen dat we uitkomen aan de voorzijde van de stoet. Het is een wilde rit en Tessa vindt het fantastisch. We fietsen over de hei, binnendoor via kleine paadjes in het bos en uiteindelijk staan we na een kwartier fietsen stil. Een groepje kinderen komt aanlopen en vertelt ons dat zij de eersten zijn. Tessa en ik wachten, uitkijkend naar nieuwe groepen mensen, zo veel mogelijk vragend naar onze hond. Tessa wordt er al goed in en loopt op iedereen af. 'We zijn onze hond kwijt, hij heet Bobbi. Hij is echt heel lief. Als je hem vindt, moet je hem vasthouden.'

'Joehoe, jij daar. Joehoe, hier!' Ik draai me om en een vrouw komt aanlopen met Bobbi aan een soort slinger van aan elkaar geknoopte veters.

'O, je hebt hem! Wat goed van je!' In mijn blijdschap en opluchting geef ik haar spontaan een knuffel. Ze schrikt ervan en ik trek me snel terug.

'O, echt fantastisch! Dank je wel!' Ze lacht vriendelijk en kennelijk een beetje ontdaan door mijn amicale gedrag wuift ze mijn dankbaarheid weg.

'Geen probleem, hoor. Ik denk wel dat hij moe is, moet je z'n tong zien.' Ze zwaait en in ferme pas zet ze haar tocht voort.

Tessa en ik fietsen over de hei terug naar huis. Het is de kortste weg, alleen is Bobbi zo sloom dat we beter kunnen gaan lopen. Met de zelfgemaakte riem probeer ik hem nog mee te trekken, maar hij is te moe om snelheid te maken.

De donkere wolken aan de lucht waren me al eerder opgevallen. Nu wordt het wel erg donker en ineens zie ik een enorme lichtflits, direct gevolgd door een harde donderslag. Shit, dat is dichtbij! Het begint nu ook heel hard te regenen en Tessa gilt het uit: 'Mama, ik word nat! Mama, ik vind dit niet leuk!'

Niet in paniek raken, Milou van Someren. Wat doe je ook alweer als er bliksem is? Ik graaf in mijn geheugen. Moet ik nu juist wel of juist niet onder een boom gaan staan? Stomkop, waarom weet ik dit opeens niet meer?

'Kom Tes, we gaan naar dat bos, daar kunnen we schuilen.'

Onder de bomen staan we een klein beetje droog en in eerste instantie vindt Tessa het helemaal niet leuk. Ze huilt, is bang voor het onweer en is net als ik volledig doorweekt. Maar als ik haar probeer duidelijk te maken dat dit een avontuur is, dat het toch wel heel spannend is dat we hier zo in de regen staan, uitkijkend over die enorme hei, beginnen langzaam haar oogjes te twinkelen. Ze laat het even op zich inwerken en antwoordt dan: 'Ja, inderdaad mam... Wow... Morgen op school zullen ze niet geloven wat een spannend avontuur ik heb meegemaakt. Veel spannender dan een avond wandelen!'

'Hallo, is dit Milou?' Een doorgerookte stem met plat Amsterdams accent weergalmt door mijn auto.

'Ja, daar spreek je mee.' Nieuwsgierig vraag ik me af wie dit is. 'Met wie...'

'Hoi, met Jasmijn,' onderbreekt ze me onvriendelijk. 'Je kent me niet, maar ik bel je omdat we een probleem hebben.'

'Een probleem? O ja? Waarmee dan?' vraag ik verbaasd.

'Onze au pair heeft ruzie met die van jullie. Dat is toch Jana?'

'Ja, dat klopt, Jana is onze au pair. Wat is er aan de hand?' De toon van Jasmijn staat me helemaal niet aan.

'Nou, ik ga dat natuurlijk niet aan de telefoon bespreken. Ik denk dat het slim is als je even bij ons langs wipt.'

'Nou, ik ben onderweg naar mijn werk...'

'Je moet het zelf weten, hoor. Maar ik zeg het je, ik denk echt dat wij even moeten praten. En dat kan niet via de telefoon.'

'Het zou mij wel erg goed uitkomen als je me vast iets meer kunt vertellen. Kunnen die twee dames er niet zelf uitkomen?'

'Zeg, gaan we zo beginnen? Ik doe ook maar gewoon mijn best. Maar goed, prima. Als je zo gaat doen, laat dan maar zitten.'

'Nee, ja, eh, zo bedoel ik het niet. Wat is er dan aan de hand?'

'Jij je zin. Dan zal ik het maar gewoon vertellen. Die au pair van jullie loopt te jatten. Dat is het probleem.'

WAT? Ik rijd bijna tegen de stoeprand. Jana jatten? Nee, dat kan niet!

'Wat zeg je nou? Dat onze au pair steelt? Van wie dan?'

'Dat bedoel ik nou,' snauwt Jasmijn.

'Waar heb je het over? Wil je me zeggen dat Jana jullie heeft bestolen?'

'Ze jat van onze au pair, ja. En dat kan natuurlijk niet. Ze is nu hier en ik heb haar gezegd dat ze moet blijven zitten waar ze zit tot jij hier bent. Want zo gaat dat natuurlijk niet. Onze au pair is helemaal de kluts kwijt. Dus, kom je of kom je niet?'

Jasmijn klinkt behoorlijk pissig en geeft me niet echt veel keus. Snel bel ik mijn productieassistent dat ik later kom vanwege een noodgeval.

Als Jana praktisch zit opgesloten in het huis van Jasmijn, kan ze ook Pien en de jongens niet van school halen. En dat net vandaag, terwijl de jongens hun eerste wenochtendje hebben op de peuterspeelzaal. Mijn schuldgevoel zit me behoorlijk dwars, want ik kan ze zelf ook niet ophalen, ik moet werken.

Tien minuten later sta ik voor een gigantisch, half verguld hek met de letters JM erop. Spannend; Jasmijn en... Het hek gaat open en ik volg het pad tot ik aankom bij het modernste huis dat ik ooit heb gezien. Een stenen bunker van twee verdiepingen, met een asymmetrisch dak zonder ook maar een enkele rechte hoek. Zelfs een aantal ramen is bewust scheef geplaatst. Het werkt enorm op mijn lachspieren. Hoe kun je hierin wonen? Maar ik hou me in, ik ben hier voor serieuze zaken: Jana heeft iets gestolen, al kan ik me daar niets bij voorstellen.

Ik bel aan en Jasmijn doet de deur open. Ik herken haar aan haar extreem blonde bobkapsel; ik heb haar inderdaad wel eens door het dorp zien lopen. Een panterblouse hangt losjes over haar blote schouders. Het ensemble wordt afgemaakt met een zwarte legging en puntige laklaarzen. Dit is zeker geen dame met wie ik ruzie wil hebben.

'Jasmijn?' Ik steek mijn hand uit: 'Ik ben Milou.'

'Kom binnen. Wil je wat drinken?' Jasmijn bestudeert mij ongegeneerd van top tot teen.

'Nee, dank je. Waar is Jana? Ik wil eerst even met haar praten.'

Jasmijn wijst zonder iets te zeggen naar een kamer. En inderdaad, Jana zit daar bevend als een rietje op een stoel. 'Jana, are you okay?'

'O, Milou! Ik ben zo blij dat je er bent. Je moet me geloven, wat zij ook zeggen: ik heb echt niks verkeerds gedaan!' Paniek klinkt in haar stem en een traan rolt over haar wang.

'Kom Jana, we gaan even naar buiten.'

Ik neem haar aan de hand mee naar buiten. Op het moment dat ik de voordeur wil sluiten, hoor ik achter me ineens een mannenstem: 'Zo, en waar denkt dat naartoe te gaan?'

Ik schrik me een ongeluk. Ik draai me om en zie een dun mannetje met lange donkere haren en een rode leesbril à la Elton John. Hij draagt een skinny wit pak en oranje gympen. Hij zet zijn bril op het puntje van zijn neus en bestudeert mij, net als Jasmijn, ongegeneerd van top tot teen. Wow, wat een enge lui, denk ik rillend.

'Dag, ik ben Milou.' Een beetje onzeker steek ik mijn hand uit.

'Ik ben Mario, de man des huizes. Die jongedame daar heeft heel wat uit te leggen,' zegt hij streng terwijl hij naar Jana wijst.

'Dat wilde ik net even met haar bespreken. We komen zo terug.' Hij kijkt me aan alsof ik een kleuter ben die liegt over de koekjestrommel. Jee, wat denkt hij nou? Dat ik heel hard gas geef en door zijn gouden hek rijd?

Binnen vijf minuten weet ik alles. Jana heeft me met horten en stoten verteld wat er is gebeurd. Als we samen weer binnenkomen, zitten Jasmijn en Mario op een witte leren bank en ge-baren ons erbij te komen zitten. Whitney, de au pair, zit met gebogen hoofd op een stoel en kijkt mij niet aan. Ik weet direct waarom en neem vastbesloten het woord.

'Goed, ik zal jullie vertellen wat ik denk dat er is gebeurd. Jana heeft van ons een studieboek gekregen voor de cursus Nederlands. Nadat Whitney bij haar heeft gelogeerd, twee weken geleden, was Jana het boek kwijt. Tijdens de afgelopen les viel het Jana op dat Whitney opeens een studieboek had, terwijl ze daarvoor alsmaar had gezegd dat ze er geen geld voor had.'

'Ho ho. Nou moet je eens even goed luisteren.' Mario zit inmiddels rechtop en met wilde ogen kijkt hij me aan. 'Je gaat mij toch niet in mijn eigen huis vertellen dat mijn au pair geen geld heeft voor een boek? Denk jij nou echt dat wij dat niet kunnen betalen voor haar?'

Ik kijk hem strak aan. Het feit alleen al dat hij zo reageert, zegt mij genoeg: hij heeft beslist geen boek voor haar gekocht.

'Als ik even mijn verhaal mag afmaken.' Ik blijf scherp en gebruik mijn zakelijke stem, dat is de enige manier om dit pand levend te verlaten.

'Jana kan bewijzen dat het boek van haar is; ze had namelijk aantekeningen gemaakt. Die zijn nu wel weggegumd, maar ze zijn nog duidelijk zichtbaar. Jana is hiernaartoe gekomen om haar boek op te halen. Mee terug te nemen. Terug te krijgen. Hoe je het ook wilt noemen, maar in ieder geval niet jatten. Misschien wil Whitney even reageren op dit alles.'

'Joh, onze Whit spreekt nog helemaal geen Nederlands. En Engels is zeker niet ons sterkste punt, hè Mario?' Jasmijn geeft haar man een harde por in zijn zij.

Dit hele gedoe slaat werkelijk nergens op, denk ik boos.

'Goed. Maar wellicht kunnen jullie wel even aan Whitney vragen hoe het zit. Want ik geloof Jana en ik wil graag gaan. Ik moet werken.'

Jasmijn begint zenuwachtig heen en weer te bewegen waardoor de leren bank kraakt. '*Whit, tell me, what is going now we don't know? De book is from you?* Eerlijk hè.' Ze draait zich naar Mario. 'Wat is ook alweer 'eerlijk' in het Engels. Help nou eens mee, kom op.'

Met een diepe zucht staat Mario op en gaat voor Whitney staan: '*Now, you tell us right now. What happening and the truth or I will send you straight back to Africa!*'

Nog geen vijf minuten later zitten Jana en ik stilletjes in de auto op weg naar huis. Arme Whitney. Nou ja, eigenlijk ook weer niet echt. Een dief en een liegbeest is ze ook. Als we onze straat in rijden, begint Jana zachtjes te praten: '*Thank you Milou. Thank you so much. You really saved me.* Ik was echt bang; ze waren zo gemeen. Ik begrijp nu ook waarom Whitney het niet leuk vindt in Nederland, die mensen zijn echt vreselijk!'

'Dat zijn ze zeker.' We staan stil voor ons huis en ik heb eigenlijk haast.

'Luister, Jana, ik moet opschieten. Gaat het lukken met alle drie in de bakfiets?'

'Ja, dat gaat prima. Maak je maar geen zorgen.' Ze kijkt me lachend aan en stapt uit de auto. 'Succes!' roept ze, terwijl ze het portier dichtgooit. 'Ik laat wel even weten hoe het is gegaan met de jongens!' Wat een wispelturig dametje is het toch, denk ik, en rijd snel naar mijn afspraak.

Woensdagmiddag belt Margreet; ze moet echt even met mij praten en het is erg belangrijk. Vanavond komt ze langs, ze kan niet langer wachten.

Met veel bombarie komt Margreet 's avonds via de achterdeur binnen.

'Joehoe! Ik ben er hoor! Louhou! Waar ben je!'

De kinderen liggen net in bed en ik sta boven nog de was te verzamelen. Inmiddels heeft Tessa haar oma al gehoord. 'Oma, oma!' Ze springt haar bed uit en rent de trap af.

'O, ben jij nog wakker?'

'Ik hoorde je.' Tessa slaat haar armen om de nek van Margreet.

'Echt? En dat terwijl ik expres via de achterdeur kwam om jullie niet wakker te maken!'

Ik schud mijn hoofd, wat een grap. Achterom komen om de kinderen niet wakker te maken en dan keihard roepen dat je er bent.

'Ga nu maar snel je bedje weer in. Mama en ik hebben iets belangrijks te bespreken.' Margreet geeft Tessa een duwtje tegen haar billen, maar het mag niet baten.

'Wat dan?' vraagt Tessa nieuwsgierig.

'O, grotemensendingen.'

'Maar ik ben ook groot, ik ben al zes. Dus... dan mag ik het ook weten.'

'Kom, niet zo'n grote mond tegen je grootmoeder. Hop hop, naar bed.'

'Hop hop? Wat is dat nou? Dat is voor een paard, hoor!'

Margreet kijkt Tessa verbaasd aan en ik zie dat haar geduld op is. Het moet wel heel belangrijk zijn wil Margreet zo'n kort lontje hebben.

'Kom op, Tes, naar bed. Geef oma een dikke zoen, dan leg ik je nog een keer onder de deken!'

Als ik weer beneden ben bestelt Margreet een kopje thee.

'Heerlijk, kind. Muntthee graag.'

'O, dat heb ik niet.'

'Sterrenmix dan.'

'Heb ik ook niet.'

'Rooibosthee, dat heb je toch wel?'

'Nee, heb ik ook niet.'

'Jeetje, Milou. Wat heb je wel in huis?'

'Gewoon, thee.'

'Nou, gewoon thee dan maar.' En ze laat zich in een stoel zakken.

'Wat is er aan de hand?' Ik kom maar meteen ter zake, dat maakt het bezoek een stuk korter.

'Nou,' zegt ze met een diepe zucht, 'je weet toch dat we nieuwe buren hebben gekregen in december? Huibert en Marie-Claire.' Margreet staart me aan. Waarschijnlijk verwacht ze een antwoord, maar ik ga rustig verder met de thee.

'Goed, ik dacht echt dat het osm'ers waren. Maar niks blijkt minder waar. Het zijn echt dsm'ers. Niet van ons slag.'

'Dsm'ers, wat is dat precies?'

Geïrriteerd kijkt ze me aan. 'Weet je dat niet, Milou? Dát-soort-mensen natuurlijk.'

Ik knik alsof ik het er helemaal mee eens ben, maar snap het nog niet: 'Oké, wat voor soort precies?'

'Helemaal anders! Je zou denken dat we zo veel overeenkomsten hebben, maar daar blijkt niets van waar. Helemaal niets. De discrepantie tussen onze levensstijlen is mijlengroot of mijlenver, hoe je dat ook noemt. Ik bedoel, ik dacht echt dat dit goede nieuwe vrienden konden worden. Maar het kaartenhuis valt zomaar in één keer in elkaar. Ik... ik ben er zo ontzettend van geschrokken, echt verschrikkelijk gewoon.'

Ik begrijp er helemaal niets van.

'Waaruit blijkt deze enorme discrepantie dan?' Ik gooi de

woorden van Margreet gewoon terug, wellicht dat ik op die manier wat meer te weten kom.

'We hebben nu al eindeloos vaak samen gegeten en geborreld. Daarnaast tennissen we regelmatig met elkaar, dat is werkelijk fantastisch geregeld, want zij hebben een tennisbaan in de tuin. Ik dacht echt dat we van geluk mochten spreken met zulke nieuwe buren. Ze zijn van onze leeftijd, ze hebben ook kleinkinderen, we hebben dezelfde interesses en ze zijn bepaald niet onbemiddeld.' Margreet slaakt een diepe zucht voordat ze vervolgt: 'Maar gisteren kwam Marie-Claire huilend bij me binnenlopen. Huibert is vreemdgegaan. Hij heeft gevreeën met een Braziliaanse au pair uit onze straat. Nou, werkelijk waar, heb je ooit zoiets belachelijks gehoord? Dat meisje is pas zevenentwintig. Hij is potdomme zestig! Dat is toch werkelijk de *bloody shame!'*

Verrast kijk ik Margreet aan. Wow, die zag ik niet aankomen! 'Is hij knap, die Huibert?'

'Wat is dat nou voor rare vraag? Dat doet er toch helemaal niet toe?'

'Nou, ja. Ik vroeg me gewoon af hoe een man van zestig zo'n jong meisje kan regelen. Hij is vermogend, dat zal het wel zijn.'

'Hè Milou, je slaat de plank weer volledig mis. Het gaat erom dat hij zijn vrouw heeft bedrogen met een au pair! Jullie hebben ook een au pair in huis. Ik bedoel, Jana is een leuk meisje. Ik denk echt dat zo'n au pair een gevaar is en dat jullie moeten overstappen op een oppasoma.'

Ik weet niet wat ik hoor. 'Ho ho, wacht even, Margreet. Ga je me nu werkelijk vertellen dat je je zorgen maakt om de betrouwbaarheid van je eigen zoon?'

'Nou, nee. Zo bedoel ik dat niet helemaal. Maar het blijkt weer eens dat je moet opletten met die jonge meisjes.'

De voordeur valt dicht en Paul komt binnen. 'Hé mam, wat gezellig!' Hij geeft haar een zoen en richt zich daarna tot mij. 'Hallo schat, wat ben je weer een stuk vandaag!' En hij geeft me een lange zoen op mijn mond.

'Paul, ik ben hier omdat ik me zorgen maak over de au pair.' Margreet verbreekt ruw ons intieme moment en Paul kijkt verbaasd op.

'Wat is er nu weer gebeurd?'

'Niets, Jana heeft niets gedaan. Margreet, er is niks aan de hand, toch?' Ik geloof niet dat ik het normaal vind als Margreet nu een gesprek begint met Paul over vreemdgaan. Maar Margreet heeft zo haar eigen ideeën en dendert door.

'Jawel, er is wel iets gebeurd. Paul, onze buurman, Huibert, heeft een affaire gehad met een au pair. Dit baart mij zorgen. Jana is zeker geen lelijkerd en ik vind dat jullie gevaarlijk bezig zijn.'

'Mam, is dit een grap?' Paul gaat er even bij zitten.

'Weet je wat we doen? De volgende au pair wordt er een met een snor. Is dat ook weer opgelost!' Ik lach om mijn grap, in de hoop een luchtige wending aan deze bizarre conversatie te geven. 'Kopje thee, Paul?'

Maar Paul is boos. 'Kom op, mam. Dit slaat echt helemaal nergens op. Ik vind het een belediging dat je zo over mij denkt!'

Margreet schrikt duidelijk van Pauls reactie. 'Ik heb je inderdaad goed opgevoed. Als het goed is, dan...'

'Dan wat? Dan zal ik niet vreemdgaan?' Paul kijkt zijn moeder strak aan.

'Ik mag toch zeker zeggen wat ik vind?' Margreet bindt een beetje in.

'Mam, wat vindt papa ervan dat je hier bent om dit te bespreken?'

'Nee, niet tegen papa zeggen! Papa kan dat niet waarderen. Hij vind mij een bemoeial.'

'Daar heb je je antwoord. Dan kunnen we nu overgaan op een ander onderwerp.' Paul en ik kijken elkaar vermoeid aan. Wat een hopeloos mens is het toch af en toe.

JUNI

Een weekendje samen weg. Paul en ik hebben er echt naartoe geleefd. Het afgelopen half jaar heeft Paul hard moeten werken; hij was weinig thuis en alles kwam op mijn schouders terecht. Zolang Paul liever thuis zit dan op kantoor, hij blij is met zijn werk en ik de zorg voor het gezin en mijn werk kan blijven combineren, kan ik ermee leven. Dit is nu eenmaal de verdeling waar we voor hebben gekozen. Maar het is wel hoog tijd dat we er samen even tussenuit gaan om elkaar weer 'opnieuw te ontdekken', om samen lekker uit te slapen, bij te kletsen, koffie te drinken op een terrasje, te winkelen en lekker te eten.

Margreet en Pieter zouden op de kinderen passen, maar Margreet belde af en stelde voor dat mijn ouders het weekend oppassen zouden overnemen. Mijn moeder reageerde gelukkig heel relaxed, ze hadden toch niets bijzonders gepland en mijn vader en zij vinden het heel gezellig om twee nachtjes te komen logeren. Jana is, tot haar grote verdriet, dit weekend niet vrij en heeft opdracht gekregen mijn ouders zo veel mogelijk te helpen. Ik heb haar uitgelegd dat het voor grootouders een zware klus is om ineens vier kinderen onder de zeven jaar om zich heen te hebben. Het zit niet meer in hun systeem, mijn ouders zijn er simpelweg niet meer aan gewend. Jana moet dus helpen waar ze kan en ik hoop dat ze haar handen stevig uit de mouwen zal steken.

Vrijdagmiddag rijden we naar Maastricht. De cabrio van Paul komt met het mooie weer goed van pas en we genieten van een heerlijke rit in de zon. We logeren in een klein bed & breakfast midden in de stad. Onze kamer lijkt een kleine versie van een Franse kasteelsuite, met een prachtig houten hemelbed, een antieke kaptafel en een ruime badkamer met ligbad.

De eerste avond eten we in een lokaal kroegje de 'beste saté uit Maastricht' en kletsen aan één stuk door. We zijn een van de laatsten die het kroegje verlaten en na een romantische wandeling zijn we pas om half twee terug op onze kamer. De volgende ochtend slapen we uit. Pas rond tien uur worden we wakker, kruipen nog heerlijk een uur tegen elkaar aan en duiken daarna samen in bad. Pas tegen twaalf uur zitten we op een terrasje in de zon en drinken koffie terwijl we uitvoerig de krant lezen.

Daarna gaan we winkelen. Paul winkelt hooguit één keer per jaar dus koopt van alles: een nieuw pak, een paar gympen, een nieuwe spijkerbroek en, uiteraard, sokken. Ik heb een waanzinnige tuniek gescoord met laag uitgesneden hals, en vind de meest fantastische schoenen ooit, die ik natuurlijk niet kan laten staan. Paul heeft nog commentaar op mijn aanschaf en vraagt zich af waarom ik nog meer schoenen nodig heb.

'Dat is een vrouwending Paul, dat valt niet uit te leggen.'

Voor het diner hebben we gereserveerd bij Toine Hermsen, een restaurant met een Michelinster in het historische centrum van Maastricht. Aan tafel genieten we van heerlijk eten en bijpassende wijn. Als het dessert wordt opgediend, weet ik niet wat ik zie. Boven op het bolletje ijs ligt tussen de muntblaadjes een prachtige, grote, zilveren ring, zo een die ik al honderd keer bij de juwelier heb aangewezen. Met grote ogen kijk ik naar Paul; ik weet niet wat ik moet zeggen.

'O, ik denk dat ze het verkeerde dessert hebben gebracht,'

zegt Paul en even ben ik teleurgesteld. Dan zie ik aan Pauls gezicht dat hij me in de maling neemt.

'Paul, wow, dit meen je niet!'

'Lieverd.' Hij pakt mijn hand, haalt de ring van het toetje en schuift hem aan mijn vinger. 'Ik ben er de laatste tijd niet echt voor je geweest, je stond er behoorlijk alleen voor. Het spijt me, maar...' Even zwijgt hij en kijkt me doordringend aan. 'Ik hou van je, Lou. Je bent een topper, een supermoeder en een waanzinnige vrouw. Mijn vrouw.'

Met een zachte glimlach kijkt hij me aan en zijn donkere ogen stralen. Met tranen in mijn ogen spring ik op en omhels Paul. Het hele restaurant valt stil, terwijl wij in een innige omhelzing de buitenwereld eventjes vergeten.

Zaterdagmiddag vertrok Paul naar Egypte voor een belangrijke bijeenkomst. Stiekem vond ik het wel even lekker: alleen thuis, met niemand rekening houden en lekker mijn eigen ding doen. De doka was altijd mijn favoriete plek en verwachtingsvol begon ik met het ontwikkelen van een nieuw filmpje. Tot mijn grote verbazing verschenen er foto's die ik niet herkende. De eerste foto was van een geeltje met WIL erop. Vreemd, dacht ik nog, wat een suffe foto. Zou Paul die hebben gemaakt? Bij de tweede foto werd langzaam het woordje JE duidelijk. Er begon al iets te kriebelen in mijn buik. Uiteindelijk had ik vijf foto's hangen met de tekst: WIL JE MET ME TROUWEN? Ik was dolgelukkig, maar tegelijkertijd baalde ik gigantisch. Hoe kon Paul me nou ten huwelijk vragen terwijl hij in Egypte zat?

Toen ik de doka uit rende, stond hij daar met een brede grijns, een grote fles champagne en twee glazen.

Vandaag is onze kleine Pien jarig, vier jaar is ze geworden! We vieren het op zondag; met de familie, onze beste vrienden en een paar buren gaan we onze grote, kleine dochter in het zonnetje zetten. We geven een tuinfeest en iedereen heeft er zin in. Het ziet ernaar uit dat het een gezellig, zomers feest gaat worden, want de verwachting is dat het dertig graden wordt!

Vorige maand is ons dynamische duo drie jaar geworden, maar dat hebben we stilletjes aan de buitenwereld voorbij laten gaan. Natuurlijk hebben ze wel cadeautjes gekregen en veel taart gegeten, maar Paul kwam die dag vermoeid terug uit het buitenland en ik had er domweg geen puf voor. Gelukkig hebben de jongens niet gemerkt dat er geen feestje was; daar komen we volgend jaar waarschijnlijk niet meer ongestraft mee weg.

Er komen zondag maar liefst achtentwintig volwassenen en drieëntwintig kinderen. Eigenlijk een beetje uit de hand gelopen, maar zo gaat dat nu eenmaal. Als je díé vraagt, moet je díé ook vragen en kun je eigenlijk niet om díé heen.

Op Henriëtta, Willem en Charlotte zit ik bijvoorbeeld even helemaal niet te wachten. In de wandelgangen had ik al opgevangen dat Willem toenaderingspogingen had gedaan bij mijn vriendin Alice, die er naar eigen zeggen reuze spijt van heeft dat ze erop in is gegaan. Alice belde vanmorgen dat ze niet naar ons feest komt als Willem met zijn vrouw en dochter er ook zijn. Dat begrijp ik wel, maar het zit me natuurlijk flink dwars. De haat-liefdeverhouding met onze buren is weer even uit balans. Jammer, met Henriëtta kan ik tenslotte ook vreselijk veel lol hebben.

Jana helpt gelukkig ijverig mee met de voorbereidingen en heeft zelfs aangeboden samen met Standa de kindermassa te entertainen. Daar heb ik natuurlijk geen nee tegen gezegd.

Bij de groothandel heb ik mijn auto tot de nok toe volgeladen met drank en hapjes en ik ben al de hele week op ieder vrij moment in de tuin aan het werk. Af en toe kijkt Henriëtta even over de schutting en roept iets onzinnigs, haar gebruikelijke 'schuttingtaal'. Ze komt niet even helpen of een glas koud water brengen, nee, Henriëtta kijkt geamuseerd toe hoe ik me uit de naad werk voor ons feestje. Helemaal niet Goois natuurlijk, om alles zelf te doen, dus in haar ogen ben ik een soort attractie. Ik zou er zelfs geld voor kunnen vragen!

Eindelijk is het zondag en Pien kruipt 's morgens al heel vroeg in bed tegen me aan. Zachtjes fluistert ze in mijn oor dat ze graag haar Mega Mindy-pakje aan wil.

'Tuurlijk lieverd,' fluister ik terug. Teleurgesteld denk ik aan het witte zomerjurkje met roosjes, dat klaar hangt aan de deur van haar kledingkast. Maar als mijn jarige dochter haar zinnen heeft gezet op het Mega Mindy-pakje, weet ik dat ik het haar met geen mogelijkheid meer uit het hoofd kan praten.

De ballonnen waarmee ik de tuin heb versierd, hangen binnen een uur allemaal slap door de brandende zon. Toch wordt het tuinfeest, ondanks de enorme hitte, een groot succes. Niet alleen de jarige Pien, maar al onze kinderen worden overladen met cadeaus. Standa blijkt een genie achter de poppenkast, iedereen is vrolijk en er wordt veel gedronken. Omdat de gasten niet allemaal tegelijk komen en gaan, valt de drukte reuze mee en aan het eind van de middag zitten we met een kleine groep nog even gezellig na te praten aan de grote tuintafel. Overal om ons heen is het een chaos, maar dat wuiven we met een achteloos gebaar weg; we nemen gewoon nog een glas wijn. De kinderen rennen nog steeds door de tuin met zo'n hoog energieniveau dat we de hele straat ermee zouden kunnen verlichten.

'Grandioos geregeld, Lou.' Paul slaat zijn arm om mijn schouders en drukt me even stevig tegen zich aan. Precies op dat moment beginnen de tuinsproeiers te spuiten en voor we het doorhebben zijn we allemaal doorweekt. Iedereen springt lachend en gillend in het rond, blij met deze onverwachte verkoeling.

Paul grijpt de dader in zijn kraag maar moet eigenlijk vreselijk lachen om de grijns op het gezicht van Timo, ons driejarig monstertje.

'Je ziet er goed uit, Lou,' zegt Paul, met een knipoog naar mijn natte jurkje. 'Zullen we ons even terugtrekken?' fluistert hij in mijn oor.

De volgende ochtend brengen Paul en ik samen onze dochters naar school. Pien zit stralend op haar stoeltje naast haar grote zus, die als een zorgzame moeder haar arm om Piens kleine schouders heeft geslagen. Omdat het over een paar weken zomervakantie is, mag Pien zo lang bij Tessa in de klas en de twee zusjes vinden dat prachtig. Na een half uur verzoekt de juf ons het lokaal te verlaten en teleurgesteld druipen we af.

Het liefst zouden we de rest van de dag op school blijven rondhangen, maar onze zelfstandige dochters zitten daar helemaal niet op te wachten. Ze zwaaien nog even naar ons maar zijn al snel weer afgeleid door de drukte in de klas.

Thuis ga ik direct aan de slag om de bende van de vorige dag weg te werken. Natuurlijk heeft Bram precies op deze ochtend zo'n grote poepluier dat ik hem tot onder zijn oksels moet schoonboenen. En alsof ik het nog niet druk genoeg heb, wordt er ook nog aangebeld. Bram zet ik in zijn blootje op de grond en hij rent onmiddellijk weg.

Onze kliko staat al op straat, dus deze luier kan er nog net bij, denk ik, en met het stinkding in mijn hand open ik de voordeur. Tot mijn verrassing staat Henriëtta daar. 'Sorry hoor,' zeg ik, wijzend op de vieze luier. Snel loop ik langs haar heen naar de grijze bak.

'Jullie zijn ook zulke kakkers,' zegt Henriëtta met overdreven geaffecteerde stem en ik struikel bijna over mijn eigen voeten van het lachen. Gek wijf, ze kan zo idioot uit de hoek komen.

'Waarom bel je eigenlijk aan?' vraag ik, terwijl ik weer terugloop. 'Dat ben ik niet van je gewend, Harrie!'

'Ik dacht dat je mijn hulp misschien kon gebruiken bij het opruimen van de leftovers van gisteren.' Ik sta perplex, Henriëtta Wassink herself die aanbiedt te helpen met opruimen! Waar is de verborgen camera?

'Nou, super! Kom binnen, dan drinken we eerst koffie.' Ik doe een stap opzij zodat Henriëtta naar binnen kan gaan, maar ze draait zich om.

'Dan haal ik haar even,' roept ze over haar schouder terwijl ze weer wegloopt. Het kwartje valt; hoe kon ik zo dom zijn, ha ha.

Met behulp van Henriëtta's werkster, Jana en met twee kleine hulpjes in ons kielzog, hebben we in twee uur tijd alle sporen van het tuinfeest uitgewist. De lege wijnflessen hebben we in de bakfiets gedumpt en als we klaar zijn rijdt Jana met een rammelende fiets de straat uit, op weg naar een glasbak. Een mooi plaatje, onze au pair op een bakfiets vol lege drankflessen.

Wanneer ik weer achter mijn bureau zit scan ik eerst even de post. Tot mijn grote verbazing zit er een telefoonrekening tussen van driehonderdtachtig euro. Op internet bekijk ik de specificatie en zie dat er in één week tijd maar liefst zesendertig keer naar hetzelfde mobiele nummer is gebeld met de huistelefoon. Ik pak onze telefoon en bel het betreffende nummer. 'Standa,' hoor ik in mijn oor. Standa?

'Sorry Standa, Milou here. I think I dialed the wrong number. Bye.'

In mijn agenda zie ik dat het gebeurd is in de week dat Standa naar huis was. Nu begrijp ik ook de hoge kosten. Verdorie Jana, denk ik boos, had dan tenminste via Teledump gebeld. Vervolgens zie ik de tijdstippen waarop ze belde en word ik nog veel bozer. Jana belde naar Standa zodra ik de deur uit ging om Tessa naar school te brengen, als ze 's avonds moest oppassen en wanneer ik boodschappen ging doen. Op dagen dat ik buitenshuis werkte belde ze zelfs een paar keer op een dag. Ik ben woedend en bel Paul om af te reageren en te overleggen. Paul zit in een bespreking en loopt er heel even uit om mij toe te spreken.

'Milou,' zegt hij streng. 'Adem in, adem uit. Confronteer Jana ermee. Het is niet het einde van de wereld.' Klik.

Beduusd kijk ik naar de hoorn.

Hij heeft gelijk.

Jana reageert vermoeid als ik met tegenzin vraag of ze even bij me komt zitten.

'What's wrong?' De frons tussen mijn ogen is haar niet ontgaan. Ik vind het ook helemaal niet leuk dat ik haar moet aanspreken op haar belgedrag, het ging net weer lekker allemaal. Maar ik kan niet doen alsof er niets is gebeurd en leg de rekening voor haar neer op tafel.

'Wat is dit?' Ze buigt zich over het papier. Ik wil dat ze zelf ziet wat het is en zeg nog even niets. Op het moment dat ik aan haar reactie merk dat ze het doorheeft, steek ik van wal.

'Jana, je had toch minstens even kunnen vragen of je met Standa mocht bellen terwijl hij in Slowakije was?' Jana kijkt me aan en knikt.

'Nog los van de hoge kosten, heb ik vooral een probleem met de tijdstippen waarop je hebt gebeld. Ik neem aan dat je wel begrijpt wat ik bedoel.' Nu kijkt ze me niet aan, haar handen liggen slap in haar schoot.

'Jana, onze relatie is gebaseerd op vertrouwen. Wij vertrouwen jou met ons kostbaarste bezit, namelijk onze kinderen. Dat is een grote verantwoordelijkheid, maar wij vertrouwen jou.' Even afwachten wat dit voor effect heeft.

Ze reageert niet en kijkt me ook niet aan.

'Jana, ik zal duidelijk zijn: we willen niet dat je onder werktijd privételefoontjes pleegt. Kunnen we dat afspreken?'

'Natuurlijk,' zegt Jana zacht, en ik zie aan haar dat ze zich bewust is van haar fout.

'En wat doen we met de rekening?' vraag ik.

'Ik zal het terugbetalen.' Ze blijft even stil en ik besluit geduldig te wachten. 'Misschien kan Standa me wat geld lenen.'

Het totaal van de rekening is meer dan Jana per maand verdient. Ik wil eigenlijk niet dat ze gaat lenen, dus ik stel voor dat ze het bedrag in termijnen terugbetaalt. Zichtbaar opgelucht gaat Jana daarmee akkoord.

Die avond komt Angela een borrel drinken. Ik ben nog best een beetje uit mijn humeur door het voorval met de telefoonrekening, maar gelukkig kan ik daar met Angela over *levelen*. Klagen over je au pair is *totally not done* en kan echt alleen tegen iemand die er zelf ook een heeft. Typisch eigenlijk, klagen over je echtgenoot, je werk en zelfs je kinderen is volkomen geaccepteerd, maar als je klaagt over je au pair ben je meteen een snob. Gelukkig heeft Angela ook weer iets meegemaakt met haar Teresa.

Het Filippijnse meisje is bijna een jaar in Nederland en

spreekt de taal al aardig. Vandaag was ze helemaal overstuur te-
ruggekomen van een wandeling met Kiki. Ze had ergens op
een stoeptegel de tekst HOND IN DE GOOT gelezen. Teresa
dacht dat daar, zomaar onder de stoep, een hond begraven lag.
Ze was zo van slag dat ze huilend met Kiki naar huis was
gerend.

Ook vertelt Angela dat ze bezig is met een nieuwe au pair
omdat de verblijfsvergunning van Teresa binnenkort afloopt.
Ze hebben net de aanvraag voor een 'machtiging tot voorlopig
verblijf' ingediend bij de IND, de Immigratie- en Naturalisa-
tiedienst.

'Ik heb vijfentwintig pagina's vol zitten schrijven, Milou!'
zegt Angela. 'We moesten al onze persoonlijke gegevens invullen. En wist je dat je moet aantonen dat je genoeg verdient om
naast je gezin ook een au pair te kunnen onderhouden?' Angela drinkt met grote slokken haar glas witte wijn leeg.

'Waar komt ze vandaan?' vraag ik, terwijl ik haar wijnglas bij-
vul en in de keukenkastjes op zoek ga naar borrelnootjes.

'Bolivia; leuk hoor, die Zuid-Amerikaanse meiden. We hebben al volop e-mailcontact en ze heeft zelfs Laren al gegoogeld!
Veel assertiever dan die Filippijnse meisjes. Teresa is echt een
enorme lieverd, maar ze loopt als een schim door het huis. Ik
schrik me iedere keer een ongeluk als ze weer eens onhoorbaar
achter mijn rug opduikt om mijn troep op te ruimen. Ik denk
dat een Zuid-Amerikaanse meer leven in huis brengt, meer pit
heeft.' Angela neemt een handvol nootjes uit het bakje dat ik
net op tafel heb gezet.

'Ja?' zeg ik. 'Denk je dat het per werelddeel verschilt of
iemand leven in huis brengt? Of heeft het misschien met karak-
ter te maken? Of achtergrond? Of positie binnen het gezin? Of
zou het ook een typisch geval van cultuurverschil kunnen zijn?'

'Oké, Milou,' lacht Angela, 'Point taken. Maar het hele circus is nu in werking gezet, dus we gaan ervoor. Het lijkt me ook echt leuk om te horen hoe Fernanda woont en leeft in Bolivia en wie weet kan ze me Spaans leren. Lijkt me enig.' En weer verdwijnt er een handvol nootjes in Angela's mond.

'Wanneer hoor je iets van de immigratiedienst?' vraag ik.

'Dat kan twee tot vier maanden duren. Afwachten dus, en hopen dat we aan alle eisen voldoen.' Ze gooit de laatste borrelnootjes gretig naar binnen en houdt nonchalant het lege bakje omhoog. Binnen enkele minuten heeft ze alles opgegeten. Angela is er zo een die kan eten wat ze wil zonder een grammetje aan te komen.

'Een vriendin vertelde me dat haar hele aanvraag in de prullenbak is verdwenen,' gaat Angela verder. 'Ze had gebeld om te informeren of hun aanvraag al in behandeling was genomen. Toen de medewerker van de IND erachter kwam dat ze erg afhankelijk was van de au pair, heeft hij de hele aanvraag verworpen. "Het gaat om culturele uitwisseling, mevrouw. Niet om het oplossen van uw opvangproblematiek," zei hij. Het hele dossier is vernietigd.'

Met grote ogen kijk ik Angela aan. 'Kan dat zomaar?' vraag ik verbaasd. 'Had ze alles via de officiële weg gedaan?' Angela knikt. 'En wordt de aanvraag dan op basis van dat ene telefoontje geweigerd?' Angela knikt weer. 'En toen? Wat heeft je vriendin gedaan?'

'Die is in het illegale circuit beland,' antwoordt Angela. 'Ze heeft nu een Filippijns meisje dat bij een aantal gezinnen werkt voor tien euro per uur. Ze werkt zes dagen in de week, tien uur per dag. Slimme meid!'

'Tsjonge,' zeg ik peinzend. 'Dan verdient ze per maand meer dan ik. En ze heeft ook nog een dag vrij! Zeker een slimme meid.' Nu drink ik ook met grote slokken mijn glas wijn leeg.

'Zeg Lou, even iets anders. Heb jij Tessa op tijd aangemeld voor het volgende tennisseizoen?'

'Nee, ik was weer eens te laat. Maar ik ken een heel belangrijk iemand in het bestuur, dus Tes wordt vast wel ingeloot.' Ik geef Angela een vette knipoog, maar Angela gaat bezorgd op het puntje van haar stoel zitten.

'Lieverd, ik heb daar geen enkele invloed op, hoor! Er is net een nieuwe commissie voor de jeugd samengesteld. Ik heb daar niets mee te maken en wil dat ook graag zo houden!'

'O jee,' roep ik overdreven geschrokken, 'dus nu moet ik het zelf regelen? Moet ik nu met klotsende oksels het inschrijfformulier gaan invullen? Ik word er helemaal nerveus van, het is zo vreselijk spannend of mijn kleine meisje door de ballotage komt! Zal ik een borrel organiseren voor de commissie?'

Angela schiet in de lach om mijn gedrag.

'Toch fijn dat ik jou ken,' zeg ik quasi-serieus. 'Jij wijst me op dit soort urgente zaken en deadlines. Maar zeg nu eens eerlijk, je zit in het bestuur! Jij kunt Tessa er toch wel doorheen fietsen? Nog een beetje wijn? Nootjes?'

Angela kijkt me even onderzoekend aan. Ik probeer echt zo neutraal mogelijk terug te kijken, maar ze ziet aan mijn ogen dat ik haar voor de gek houd.

'Nee hoor, ik wacht nog een jaartje. Geen stress. Tessa is nog helemaal niet toe aan tennisles. Ze is nog zo speels en dromerig, het zou zonde zijn van de tijd, de moeite en het geld.'

'O, gelukkig. Maar denk er volgend jaar dan wel op tijd aan, wil je!'

'Het moet niet veel gekker worden met die toelatingskoorts in het Gooi. Overal zijn wachtlijsten en procedures, op scholen, op sportclubs, en zelfs in winkels! Als je de juiste personen niet kent, heb je geen schijn van kans. Ik word er niet goed van, zo vermoeiend!' Een beetje moedeloos zie ik hoe de laatste druppel van de tweede fles wijn in mijn glas valt. Oeps, tijd om te stoppen met drinken en lekker te gaan slapen.

De zomervakantie nadert en ik ben er helemaal klaar voor. Dat jakkeren naar school iedere ochtend hangt me zo langzamerhand flink de keel uit. Ook Tessa en Pien zijn behoorlijk uitgeput. Doordat het 's avonds zo lang licht blijft willen ze niet gaan slapen, dus zijn ze 's ochtends moe en niet vooruit te branden. Alles gebeurt in een tergend sloom tempo en ik loop iedere dag als een soort opperbevelhebber commando's uit te delen om de dames nog enigszins op tijd in de auto te krijgen.

Pien is zwaar onder de indruk van het naar school gaan en zit iedere middag als een zoutzak op de bank. Na het avondeten komt ze helaas weer tot leven en tegen de tijd dat ze moet gaan slapen, kan ze de hele wereld weer aan. Erg onhandig, om het zacht uit te drukken.

De heren hebben er gelukkig niet zo'n last van, die leven in hun eigen ritme en doen zelfs op de allermooiste zomerdag gewoon een middagslaapje. Soms ben ik even jaloers op het onbezorgde leven van die gastjes; de hele dag een beetje spelen, lekker door de tuin rennen, je geeft een brul en je krijgt een boterham en drinken, je 'afval' gooi je gewoon in je luier en je mag vijftien uur per dag slapen. Geen haast, geen stress, geen zorgen.

De eerste twee weken van de zomervakantie blijven we thuis. Een beetje bijkomen en uitrusten, rommelen in en om het huis, en naar de speeltuin in het dorp. Omdat ik er deze zomer qua werk niet helemaal tussenuit wil gaan zoals vorig jaar, heb ik met Jana een flexibel vakantierooster gemaakt. Het grote voordeel van freelancen, als je tenminste geen kostwinner bent, is dat je zelf kunt bepalen welke opdrachten je wel of niet aanneemt.

De derde week van de vakantie vertrekken we naar Italië. Jana gaat de twee weken dat wij weg zijn met Standa op pad. In zijn stokoude Volkswagenbusje gaan ze eerst naar Tsjechië, bij de familie van Jana op audiëntie en daarna door naar het ouderlijk huis van Standa. Het lijkt erop dat deze twee jonge tortelduifjes serieus verliefd zijn!

Het boeken van onze vakantie was nog een heel gedoe. Paul wilde niet vliegen, ik wilde niet met de auto. Paul wilde graag met de auto naar Frankrijk, ik wilde graag, net als vorig jaar, vliegen naar Portugal. Paul wilde graag met het gezin, ik wilde graag met het gezin plus vrienden. Gelukkig zwichtte Paul voor de vrienden. Een avond lang hebben we overlegd met wie we onze vakantie zouden willen delen. Eerste criterium: welke vrienden vinden we beiden even leuk, hebben dezelfde interesses en zijn niet saai of hyperactief. Tweede criterium: de kinderen. Het ene stel heeft vervelende kinderen, het andere heeft oudere kinderen. Vrienden die zelf geen kinderen hebben zijn uitgesloten, die zitten niet te wachten op die vier van ons en zullen geen enkel begrip hebben voor onze situatie. Heel lieve vrienden die kinderen hebben in dezelfde leeftijd als wij, hebben geen cent te makken. Uiteindelijk bleven er twee gezinnen over. Helaas hadden ze allebei al andere plannen. Ook de periode die we hadden gekozen lukte niet met Pauls werk. Uiteindelijk liet Paul mij, als troost, de hele reis plannen. Het is Italië geworden en we reizen met de autoslaaptrein.

De eerste keer dat Paul en ik samen op vakantie gingen was in veel opzichten een regelrechte ramp. Murphy's law: anything that can go wrong, will go wrong. We gingen kamperen in Zeeland. Geen van ons beiden had ooit gekampeerd, maar het leek ons superromantisch. Bovendien moesten we oefenen voor de wereldreis waar we samen over fantaseerden. Nou, dat oefenen bleek nodig! Het ging al fout bij het inpakken. Toen onze rugzakken al bijna niet meer dicht konden en loodzwaar waren, kwamen we erachter dat we de tent nog niet eens hadden ingepakt. De reis naar Zeeland werd een enorme onderneming toen bleek dat het openbaar vervoer staakte. We besloten te gaan liften en zaten prompt bij een man in de auto die handtastelijk werd... bij Paul! Toen we bij Spijkenisse langs de snelweg stonden, wilden we bijna weer terug naar huis, desnoods lopend. Maar er stond ons nog iets te wachten: een fikse regenbui. Uiteindelijk arriveerden we pas in Domburg toen het al donker was, en het regende nog steeds.

We besloten the easy way out te kiezen en Paul belde zijn oma wakker, die een zomerhuisje had op een steenworp afstand van onze camping. Toch wilden we graag 'leren kamperen', dus de volgende dag zetten we onze tent op in de tuin van het zomerhuisje. Het was perfect. Lukte het koken op het gasstelletje niet, dan kookten we in het huisje. De douche hoefden we niet te delen met tientallen andere campingbezoekers en toen we na een avond stappen ontdekten dat onze tent omver was gewaaid, hebben we heerlijk geslapen in oma's bed. Na tien dagen hadden we alle ins en outs van kamperen onder de knie en waren we klaar voor onze wereldreis. Al met al was het, zeg maar, een leerzame ervaring.

De meisjes hebben een druk programma op school. Morgen is het Juffendag, dan vieren alle leerkrachten van de school hun verjaardag. Volgende week gaan de kinderen op excursie naar de kinderboerderij; de juf uit de klas van Pien en Tessa gaat emigreren en geeft een afscheidsfeest en de eindejaarsmusical is gepland in de laatste week voor de vakantie. Het is nog maar de vraag hoe ze dit allemaal gaan overleven. De klassenmoeders zijn helemaal in de stress omdat ze alles moeten regelen en ook de kinderen zijn erg zenuwachtig door al die activiteiten. Eigenlijk zat er ook nog een schoolreisje in de planning, maar gelukkig heeft het schoolbestuur tijdig ingezien dat de kans dat alle kinderen op de heenweg al in slaap zouden vallen, erg groot zou zijn.

Ik heb me laten strikken om kostuums te maken voor de musical. Nu ben ik best handig met een naaimachine, maar iets bedenken, ontwerpen en uitvoeren blijkt een stuk ingewikkelder dan ik dacht. Gelukkig werd mij vanmorgen op het schoolplein door de coördinerende moeder 'medegedeeld' dat er nog drie dames in mijn team zitten en ze komen mij vanavond helpen. Ik ken ze alleen van gezicht, ze hebben kinderen in parallelgroepen, dus ik ben benieuwd.

Tijdens het koken gaat de telefoon en gehaast neem ik op. Vast Paul die in de auto op weg naar huis zit. Heel lief dat hij altijd even belt als hij eraan komt, maar negen van de tien keer ben ik net aan het koken. Het is echter een onbekende meneer die wil weten of ik mijn pensioen wel goed heb geregeld. Vriendelijk vraag ik de man om zijn privénummer.

'U wilt mijn privénummer? Waarom?' De man is oprecht verbaasd.

'Nou, dan bel ik u morgenavond rond etenstijd thuis even terug met mijn antwoord!' zeg ik mierzoet. Het blijft stil aan de andere kant van de lijn.

'Ik moet ophangen meneer, ik ben aan het koken voor zeven personen. Fijne avond nog.'

Paul begint net de kinderen voor te lezen, als de deurbel gaat. Ah, daar zullen mijn lotgenoten zijn. Snel geef ik mijn kinderen een kusje en een aai over hun bol en loop de slaapkamer uit. Er wordt weer aangebeld. Nou zeg, wat is dit? Het is half acht, de meeste moeders zijn nu toch zeker met dit avondritueel bezig?

Een beetje geïrriteerd open ik de voordeur en zie alleen maar een grote, ouderwetse naaimachine die nogmaals tegen de deurbel drukt. Per ongeluk, zie ik nu. Onder de naaimachine gaat een kleine, magere vrouw schuil die paniekerig roept: 'Ik hou hem niet meer!' Het is al te laat. Het zware ding valt op de tegels in ons halletje en de onderdelen vliegen alle kanten op. Boven hoor ik de kinderen allemaal door elkaar roepen en Paul komt geschrokken de trap afrennen. Halverwege blijft hij staan, schat de situatie in, groet vriendelijk het minivrouwtje en maakt zich snel weer uit de voeten.

'O sorry, sorry, sorry. O het spijt me zo! Hij was zo vreselijk zwaar!' Verbouwereerd kijken we naar de vloer, bezaaid met de minuscule stukjes van wat een minuut geleden nog een naaimachine was.

Arm mens, denk ik. 'Hoi, ik ben Milou.' Een glimlach forcerend steek ik mijn hand naar haar uit. Maar ze is nog te overstuur door het voorval.

'O, en nu zijn je kindjes ook weer wakker, sorry, sorry. En mijn schoonmoeders naaimachine... O, o.'

Gelukkig komen er nog twee dames aanlopen, van een totaal ander kaliber: twee stevig gebouwde moeders, beiden gehuld in grote, gebloemde jurken, die zussen blijken te zijn. Inge en Anna Bel. Nou ja, soms is rond beter, soms vierkant. Dit wordt vast een bijzonder interessante avond, denk ik.

De gezusters Bel rollen aan de keukentafel de mouwen op

en gaan aan de slag. Sara, het fragiele mensje, blijft maar van streek. Trillend als een schoothondje zit ze erbij en er komt niets uit haar handen.

'Gaat het wel goed met je, Sara?' vraag ik bezorgd.

'Ja. Nee. Ik weet het niet,' zegt Sara. De twee zussen wisselen een korte blik van verstandhouding en gedecideerd sturen ze haar naar huis.

'Relax, wij maken die kostuums in een handomdraai.' Opgelucht verdwijnt Sara en terwijl ik de zussen voorzie van drank en hapjes werken zij stevig door. Een paar uur later liggen er vijftien briljante monsterkostuums klaar voor de kleutermusical.

Jana gaat dit weekend bij Standa logeren en zaterdagavond gaan Paul en ik samen naar het Singer. Het theater en de foyer zijn afgehuurd door een oom en tante van Paul die hun vijfentwintigjarig huwelijk vieren. Er wordt een toneelstuk opgevoerd dat heet: *Passie en/of Communicatie?*

Ik ben benieuwd of er nog bruikbare tips in zitten voor Paul en mij.

Voor een oppas 'raadpleeg' ik Margreet. Zij vertelde me een tijdje geleden dat ze een heel braaf buurmeisje heeft van zeventien dat wel zou kunnen oppassen. Klinkt perfect, dus ik bel deze Philipine, en ze kan. Wel vraagt ze maar liefst zeven euro vijftig per uur.

'Je maakt een grapje?' probeer ik nog, maar ze maakt geen grapje. 'Tjee, veel geld voor op de bank zitten. En wat ga je dan wel niet vragen als je achttien bent?' Ik ben echt stomverbaasd. Jana krijgt drie euro per uur als ze moet oppassen. Hier heb ik nooit echt over nagedacht, het is een standaardbedrag voor au pairs.

Philipine heeft een voorstel. 'Weet u wat? Ik kom zaterdag oppassen voor zeven euro vijftig per uur. Vinden jullie het niks, dan kom ik daarna niet meer. Afgesproken?'

Tjonge, niks braaf meisje, een pittige tante is het. Gewoon keihard onderhandelen! Toch ga ik akkoord; ik heb nu eenmaal geen bataljon oppassen achter de hand, dus ik heb weinig keus. En ze heeft gelijk, als we haar niks vinden is het meteen de laatste keer.

Wanneer ik met twee vermoeide meiden in de auto naar huis rijd, na een extra lange schooldag vanwege het afscheidsfeest van de juf, gaat mijn gsm. Waarom gaat dat ding toch altijd over als ik in de auto zit? vraag ik me verwonderd af. 'Met Milou van Someren,' roep ik overdreven vrolijk in mijn parrot, alsof ik ergens op een heel gezellige plek sta, het reuze naar mijn zin heb en eigenlijk gestoord word door mijn telefoon.

'Milou?' hoor ik zachtjes.

'Ja, met Milou. Met wie spreek ik?' Nog voor ik ben uitgepraat klinken er babygeluidjes door de auto. Ah, zo lief altijd, die zachte geluidjes die baby'tjes maken. Dat vergeet je na een tijdje.

'Milou, it's me, Ruella.'

'Mama, zijn we al bijna thuis?' zeurt Tessa er dwars doorheen. 'Ik moet echt heel nodig plassen.'

Ruella!

'En ik heb dorst,' doet Pien ook nog een duit in het zakje.

'Eén seconde, Ruella,' zeg ik. We staan stil voor een stoplicht en ik draai me geïrriteerd om naar mijn dochters op de achterbank. 'Ik heb iemand aan de telefoon, dus wat doen jullie dan?' vraag ik streng.

'Zachtjes,' zeggen de dames verveeld in koor.

'Goed zo.' Ik ga weer recht zitten en roep tegen Ruella: 'Ik ben er weer, Ruella. Wat fijn om je stem te horen, hoe gaat het?' Ze mag het zelf vertellen.

'Milou, we hebben mooiste meisje van wereld gekregen. Ik zo dankbaar!'

Ik ben oprecht blij voor haar. Fijn dat alles toch goed is gekomen met haar en de baby. 'Gefeliciteerd, Ruella, wat heerlijk voor je. Hoe voel je je?'

'O, fantastisch. Ik bijna geen pijn gehad, het was zo mooi.'

'Mama, ik hou het niet meer hoor! Kun je Ruella niet terugbellen?' Tessa zit met een moeilijk gezicht heen en weer te bewegen op haar autostoel. Alsof ze niet meer hoeft te plassen als ik ophang.

'We zijn er bijna, lieverd, echt. Nog heel even volhouden,' zeg ik, maar Pien heeft ook nog een vraag: 'Mam, wie is dat, wie heeft baby?' Nieuwsgierig kijkt ze me aan via de achteruitkijkspiegel.

'Nog even monden dicht, dames,' zeg ik en tegen Ruella: 'Sorry Ruella, je weet hoe het gaat. Ik ben blij te horen dat moeder en dochter het goed maken.'

'Ja, Milou, echt geweldig om dochter te hebben. En Milou, ik nog iets belangrijks te zeggen.'

Even blijft het stil, ik hou mijn adem in: wat kan dat zijn? Dan zegt Ruella met een stem die trilt van emotie: 'Ze heet Milou. Onze kleine heet Milou, ik hoop je leuk vindt.'

Nadat ik de jongens in bed heb gelegd, trek ik Tessa en Pien hun pyjamaatjes aan. 'Maar wie komt er dan oppassen?' vraagt Tessa nieuwsgierig. 'Die dikke?'

Ach ja, dat was de dochter van Evelien, onze buurvrouw. Die heeft inderdaad een keer opgepast en vervolgens de hele keuken geplunderd. Natuurlijk mag de oppas best iets lekkers uit onze kastjes pakken, maar alles openmaken, proeven en aangebroken weer terugleggen vind ik toch net iets anders.

'Nee lieverd, ze is niet dik en ze is niet dun.' Philipine is gisteren even met mij komen kennismaken. Een leuke, knappe meid.

De bel gaat en Pien rent naar de voordeur om open te doen. Gillend komt ze weer naar boven. 'Mama, mama! Je hebt gelijk! Ze is beetje dik en ze is beetje dun!'

Rustig komt Philipine achter Pien aan de trap op. Geschrokken kijk ik haar aan, maar ze vertrekt geen spier. Ze loopt op Pien af en vraagt: 'Hoe heet jij?'

'Pien,' antwoordt mijn dochter trots.

'Ik ook!' zegt de oppas vrolijk. 'Eigenlijk heet ik Philipine, alleen noemt niemand me zo, behalve mijn moeder... maar alleen als ze boos op me is,' fluistert ze erachteraan.

'Mijn moeder noemt me oliebol als ze boos is,' vertelt Pien. Verbaasd luister ik naar het gesprek tussen de meisjes. Tessa kijkt verveeld, de vermoeidheid is van haar gezicht af te lezen.

'Ik heb een boek meegebracht. Het gaat over een prinses die een heel bijzondere vriendin heeft... Een heks.' Ze laat het omslag zien met een tekening van een prinses en een heks die samen op een bezem zitten. 'Zal ik jullie voorlezen?' vraagt Philipine.

Kleine Pien luistert aandachtig en trekt grote Pien al in de richting van haar slaapkamer. Ook Tessa is geïntrigeerd door het verhaal en loopt stilletjes achter ze aan. Met z'n drieën kruipen ze op het roze bedje en grote Pien geeft mij een knipoog. Wat is dit heerlijk! Een nieuwe oppas die meteen klikt met mijn kinderen. Top! Tevreden loop ik naar onze slaapkamer om me nog even op te tutten voor ons feest in het Singer. Ik heb een nieuw jurkje aan dat Paul nog niet heeft gezien. Altijd spannend of het hem opvalt.

Ik loop de keuken in, waar Paul met een biertje in zijn hand de krant staat te lezen.

'Zullen we gaan?' vraag ik. Hij kijkt op en ik zie direct aan zijn blik dat hij mijn jurkje leuk vindt.

'Je ziet er fantastisch uit, Lou. Nieuw?'

'Deze? Nee hoor, die heb ik al een tijdje,' antwoord ik nonchalant, en direct daarna vraag ik me af waarom vrouwen dit toch altijd doen.

Vrijdagochtend zit ik na een pittig potje tennis met mijn vriendinnen aan de koffie. Bijna alle inwoners van het dorp zijn de revue gepasseerd en ik moet erg lachen om de dames. Het is ongelooflijk waar mensen zich allemaal mee bezighouden, maar dit bijzondere clubje is het absolute toppunt. Mijn tennisvriendinnen hebben er nooit een geheim van gemaakt dat ze graag roddelen; de eerste keer dat ik meedeed, werd mij bij het net al meegedeeld dat ze niets liever doen dan over anderen praten.

'Heerlijk vinden we dat! Vind je toch niet erg, hè Milou? Voordeel voor jou is dat je op de hoogte blijft!' En ze hadden het niet anders kunnen omschrijven, want het is iedere keer raak. Vandaag word ik volledig bijgepraat over de scheidingsperikelen tussen Roelof en Hermance. Roelof heeft een ander en Hermance is koelbloedig aan de kant geschoven. Ze moest zelfs het huis verlaten, zodat de nieuwe liefde van Roelof haar intrek kon nemen.

'Het is toch werkelijk schandalig! Dat je als vrouw zomaar het huis wordt uitgezet na alles wat je voor je man hebt opgegeven!' Iedereen is in rep en roer en praat druk door elkaar.

Verbaasd vraag ik me af wat deze dames opgegeven zouden hebben voor hun man.

'Maar Hermance laat het er niet bij zitten! Ze haalt allerlei streken uit en heeft onder andere alle gordijnroedes in het huis volgepropt met garnalen.'

Even is het stil en worden er niet-begrijpende blikken uitgewisseld. Dan valt het kwartje en beseffen de dames het effect.

'Hoe geweldig! De ultieme wraak! En Roelof komt er natuurlijk nooit achter waar die stank vandaan komt. En maar zoeken!' Iedereen proest het uit.

Dan gaat mijn telefoon en nog steeds lachend neem ik op.

'Met Milou van Someren.' Ik veeg een traan van mijn wang en door de commotie aan tafel kan ik nauwelijks verstaan wie ik aan de lijn heb.

'Goedemiddag, met Antoinne Dirkheuvel. Bel ik gelegen?'

'Jazeker.' Snel loop ik weg bij de kakelende dames.

'Ik wil graag een afspraak met u maken voor een shoot. Ik heb de foto's gezien die u heeft gemaakt voor BeWear en ik was erg onder de indruk.' Mijn hart maakt een vreugdesprongetje; ik wist het, ze waren écht goed!

'Natuurlijk, dat kan. Mag ik vragen waar het voor is?'

'Het betreft een *celebrity* shoot voor het Pink Ribbon-magazine. Onze vaste fotograaf is door privéomstandigheden verhinderd, dus wij zijn met spoed op zoek naar een vervanger. De campagne voor BeWear is ons opgevallen en wij vroegen ons af of u beschikbaar bent.'

Wow, ik kan het bijna niet geloven en sta met knikkende knieën naar een tennisbal te staren. O, ik moet natuurlijk wel antwoorden.

'Pink Ribbon, geweldig. Waar en wanneer vindt de shoot plaats?'

'Aanstaande woensdag, in Amsterdam. Schikt dat? Aangezien het zo kort dag is, wil ik voorstellen om aanstaande dinsdag een *conference call* te houden om het een en ander door te nemen. De rest zal via de e-mail moeten gebeuren, mijn agenda zit bomvol. Is dat akkoord?'

'Prima, dat is geen probleem,' antwoord ik enthousiast.

'Goed. Dan mail ik alle gegevens naar het adres op uw website. Tot volgende week.'

Ik kan het haast niet geloven, dit is super voor mijn portfolio! Met een brede grijns op mijn gezicht schuif ik weer aan bij mijn tennisvriendinnen.

JULI

Jana is met Anet een paar dagen naar Londen. Maandag heeft ze vrij gekregen, zodat ze een lang weekend door de stad kunnen struinen. Met al het gedoe van de afgelopen tijd vond ik het eigenlijk helemaal geen goed idee, maar ze had het al een paar weken geleden gevraagd, dus ik kon het haar nu niet meer weigeren. Toen ik informeerde naar haar trip en waar ze eigenlijk zouden overnachten antwoordde ze nonchalant: 'O, *we are going couchsurfing*.'

'Couchsurfing? Wat is dat?' vroeg ik. Ik kon me wel iets bij het woord voorstellen, maar ik had er nog nooit van gehoord.

'Gewoon, bij iemand op de bank slapen. Ik heb via internet een jongen ontmoet die zijn bank uitleent aan jongeren die de stad willen zien. We kunnen gratis bij hem logeren, dat is natuurlijk top!' Met haar grote, onschuldige ogen keek ze me blij aan.

'Wat? Maar... je kent deze jongen alleen via internet?'

'Echt Milou, het is prima. Maak je geen zorgen.'

'Jana, ik vind dit helemaal geen goed idee. Wat nou als deze jongen...' Even hield ik me in toen ik merkte dat Tessa mee zat te luisteren.

'Hoe weet je nou of hij oké is.' Een cryptischer omschrijving kon ik zo snel niet bedenken.

'Het is echt in orde, Milou. Er is een website, net zoals die voor au pairs, waarop mensen zich kunnen inschrijven: de ene biedt een bank aan, de ander neemt een bank af. Echt, er is niets gevaarlijks aan. Standa heeft het ook een keer gedaan en hij vertelde me juist dat het zo handig was. En als het niet goed gaat, gaan we gewoon weg.' Eigenwijs en vastbesloten keek ze me aan.

Ik zuchtte: 'Nou ja, het is jouw beslissing, maar ik vind het niks. Doe in ieder geval voorzichtig.'

'Natuurlijk, Milou! Maak je maar geen zorgen.'

Inmiddels is het maandag en heb ik spijt als haren op mijn hoofd dat ik Jana heb laten gaan, en haar ook vandaag nog vrij heb gegeven. Jana zit nog doodleuk in Londen en ik was vergeten dat ik door mijn vriendin Noa was uitgenodigd voor een bijeenkomst van en over werkende moeders. Vanochtend belde Noa dat ze me om half twee komt ophalen, terwijl ik helemaal geen opvang heb voor de kinderen.

Maar mijn vader zei altijd: nee heb je, ja kun je krijgen. Dus bel ik Paul op kantoor, en inderdaad reageert hij heel laconiek; hij heeft een rustige dag en kan prima een middag bij de kinderen zijn. Ik ben weer gered!

Als Noa en ik aankomen in Nieuwegein, wemelt het er van de vrouwen. Ze zijn er in alle soorten en maten: knap, strak in het pak, met hoge hakken en veel make-up. Maar ook: onverzorgd, met oversized tuinbroeken, sandalen en een simpele paardenstaart. Verwonderd vraag ik me af hoe al deze vrouwen aan de uitnodiging zijn gekomen en wat hun werkzaamheden zijn.

Het programma is gevuld met sprekers die hoge posities bekleden bij grote bedrijven en de onderwerpen worden bij binnenkomst aan ons uitgereikt:

'More Mothers on top.'

'Deeltijd moeder of deeltijd feminist?'

'Samen. Maar dan ook écht samen.'

'Zeg, Noa, zijn we niet per ongeluk bij een Opzij-meeting te-rechtgekomen?' Lachend bekijk ik de programmaflyer, maar veel tijd om te lachen krijgen we niet, want de eerste spreker dient zich al aan. Anderhalf uur lang luisteren zeker honderd-vijftig vrouwen naar een vijftal sprekers, begeleid door gelikte powerpointpresentaties en ferme oneliners.

'Ambieer een carrière, laat je niet afschepen door je man.'

'Beiden vier dagen, dat is het minimale wat een man moet overhebben voor een kind.'

'Vrouwen aan de top zijn beter dan mannen.'

Goed, met dat laatste ben ik het natuurlijk eens, maar een groot deel van wat ik vandaag hoor vind ik klinkklare onzin. Iedereen moet toch zeker zelf weten hoe hij het doet. Ik begin me langzaam te ergeren aan die opgefokte feministische vrou-wen in de zaal.

Aan het einde van de middag krijgen we allemaal een rood en een groen petje. Een spelletje om de bijeenkomst vrolijk af te sluiten. Alle vrouwen reageren enthousiast; eindelijk kunnen ze hun mening laten horen, al is het maar via het petje.

'Mannen moeten minstens vijf weken zwangerschapsverlof krijgen.'

Verbaasd over deze eerste stelling zet ik direct het rode petje op; ik moet er niet aan denken dat Paul vijf weken thuis zou zitten. 'Ga je nu weer in bed liggen?' of 'Kom op. We zitten al een week binnen. Waar zullen we naartoe gaan?'

'Zo, dame daar in het grijze vest.' Een strenge stem weer-galmt door de zaal. 'Jij bent het er dus als enige niet mee eens. Vertel maar, waarom niet?'

Verschrikt kijk ik op. Shit, ze heeft het tegen mij! Ik kijk naar

Noa en zie een brede grijns en een groen petje op haar hoofd. 'Wat doe jij nou?' fluister ik.

Lachend fluistert ze terug: 'Iedereen pakte groen, dus ik ook. Succes!'

Inderdaad, alles om me heen is groen, zie ik nu.

'Een antwoord graag!' De strenge stem klinkt nog wat luider en een zaal vol boze vrouwen kijkt in mijn richting. Het kwaad is geschied; wat ik ook zeg, ik word gelyncht.

'Eh ja, inderdaad. Ik ben het er niet mee eens.'

'Ja, dat zien we. Kun je even gaan staan, dan kunnen we allemaal horen wat je te zeggen hebt.'

Zenuwachtig sta ik op. 'Nou, ik vind het onzin.' Geroezemoes klinkt in de zaal. Ik begeef me op glad ijs, maar nu moet ik doorzetten.

'Ik moet er niet aan denken dat mijn man vijf weken thuis zou zitten. Hij waarschijnlijk ook niet, hij zou zich dood vervelen.'

Een vrouw in een donkerpaars mantelpak met een moderne bril en perfect gekamde haren staat op. 'Schandalig, deze opmerking. Hoezo vervelen, hij kan toch voor de baby zorgen!'

Demonstratief gaat ze weer zitten, haar groene petje schuin op haar hoofd. Er wordt geklapt en gejuicht.

'Natuurlijk. Hij kan borstvoeding geven, bijkomen van de bevalling en als hoogtepunt van de dag een klein wandelingetje maken. Mijn man zou na drie dagen gillend gek worden en dat is het toch niet waard? Ieder z'n ding.' Resoluut zet ik de pet recht op mijn hoofd en ga weer zitten. Gejoel weergalmt door de zaal, 'schande' wordt er geroepen, maar het interesseert me niets. Wat een eng stel vrouwen! Hoe ze überhaupt ooit een vent hebben gevonden is me een raadsel!

Jana is weer veilig thuis. De eerste dagen hield ze niet op met praten over Londen, de Big Ben, de Topshop en uiteindelijk vertelt ze ook over de *couch owner*.

'O, *he was so horrible. We just couldn't get rid of him!*'

'Wat bedoel je?' Ik geloof niet dat ik het concept *couchsurfing* begrijp.

'Hij volgde ons werkelijk de hele dag! Hij ging overal mee naartoe, maar niet alleen dat, hij riep ook telkens hoe suf het was en of we niets beters te doen hadden dan rondlopen op Covent Garden. Zo irritant! Laat hem lekker met zijn eigen vrienden rondhangen in plaats van met ons. Maar het was zo'n nerd dat hij waarschijnlijk helemaal geen vrienden had. Echt, niet te geloven, hij liet ons gewoon niet met rust,' vertelt Jana grommend.

'Maar... dat hoort er toch zeker bij? Dacht je dat hij zijn bank aan jullie zou uitlenen en zich verder niet met jullie zou bemoeien?'

'Ja, natuurlijk dacht ik dat! Hij heeft zelfs het lef gehad om op de laatste avond een trio voor te stellen. Dat is toch ongelooflijk! Wij! Anet en ik, met zo'n enorme nerd?'

Mijn cola light komt er via mijn neusgaten weer uit, zo hard moet ik lachen.

'Milou, het was echt NIET GRAPPIG!' Haar stem verandert. 'Het heeft me doen inzien hoe gelukkig ik mezelf mag prijzen met Standa. Ik heb hem zó gemist.' Met een trieste blik kijkt ze me aan.

'Dus... ik dacht...'

Even is het stil. Ik veeg de cola uit mijn gezicht en voel dat er iets gaat komen.

'Zou ik maandagochtend vrij kunnen krijgen? Alsjeblieft?' Smekend kijkt ze me aan.

Shit. Ik had zo gehoopt dat ze na haar trip naar Londen de laatste maanden bij ons nog even haar schouders eronder zou zetten. Ik dacht echt een positieve verandering te zien; ik zag haar genieten tijdens het spelen met de kinderen in de tuin, tijdens het koken gisteravond en ook vanochtend, toen ze met Pien en de jongens in de bakfiets een tochtje ging maken. De moed zakt me in de schoenen. Ik wil graag dat ze blij is en gelukkig, maar als een klein kind probeert ze steeds de grenzen te verleggen.

'Waarom, Jana? Wat is deze keer de reden?' vraag ik zuchtend.

'Ik wil gewoon graag mijn weekend met Standa doorbrengen. Van hem genieten, tegen hem aan kruipen, zijn geur opsnuiven, hem vasthouden...'

'Oké, oké. Ik heb het begrepen.' Ik hoef de details echt niet te weten en pak mijn agenda. 'Volgende week maandag is de eerste vakantiedag van de kinderen en ik hoef niet te werken, dus vooruit dan maar.'

Jana is dolgelukkig en rent met haar gsm aan haar oor de keuken uit om Standa te gaan bellen.

De shoot voor Pink Ribbon begint om negen uur. Als ik aankom bij de studio in Amsterdam, heeft mijn assistent de lampen, de lichtschermen en het statief al geïnstalleerd.

'Hoi Jonas! Je bent een topper!' Ik geef hem een zoen op zijn wang en hij glundert.

'Natuurlijk, Lou, geen probleem. Na je telefoontje ben ik meteen alle *equipment* gaan halen. Ik was hier vanochtend om half acht en alles is onder controle.'

Hij knikt met zijn hoofd in de richting van twee ruziënde dames achter in de studio: 'Behalve die twee, daar valt geen controle over te krijgen. Misschien lukt het jou?'

Ik loop naar Silvy en Morgana, de stylistes, die een verhitte discussie hebben.

'Goedemorgen meiden, alles goed hier?'

'O, hoi Milou. Je bent er al.' Silvy staat met haar rug naar me toe en draait zich geschrokken om. Morgana staart door me heen en mompelt een zacht 'goedemorgen'.

'Is er iets aan de hand? Ik bedoel, over een half uur komt Estelle...'

'Niets. Er is niets.' Morgana draait zich om en frunnikt aan een paar jurken op het kledingrek. Goed, dit schiet natuurlijk niet op. Ik heb Antoinne nog gewaarschuwd dat het niet verstandig is om twee stylistes op een shoot te zetten. Het is altijd hetzelfde liedje: gekibbel over wie welke celeb mag aankleden. Ik spreek de dames streng toe en ga mijn eigen voorbereidingen treffen.

Vanaf half tien komt er iedere twee uur een celebrity. Ze worden aangekleed, in de make-up gezet en gefotografeerd. Silvy en Morgana zijn de afgelopen dagen bij alle dames langs geweest om de jurkjes te passen en de opzet voor de shoot is met iedereen uitvoerig besproken.

Helaas kun je bij BN'ers altijd verrassingen verwachten; zo ook vandaag. Onze tweede celeb verschijnt met haar eigen visagist. Ze komt binnen met een hoog getoupeerd kapsel, een dichtgeplamuurd gezicht en ze is nauwelijks herkenbaar. Bijzonder vervelend, aangezien het thema van de shoot 'Natuurlijk Pink' is.

Er volgt een vermoeiende en tijdrovende discussie. De dame in kwestie vindt dat wij rekening moeten houden met haar image, ze vindt zichzelf op deze manier mooier en uiteraard is haar visagist het helemaal met haar eens. Niet zo gek, dankzij haar verdient hij zijn geld. Geduldig probeer ik uit te leggen waar Pink Ribbon voor staat en dat het vandaag niet om haar draait. Uiteindelijk gaat ze schoorvoetend akkoord.

Onze derde afspraak komt niet opdagen en als we haar bellen, blijkt ze in haar bikini in de tuin te zitten. Nee, ze kan nu echt niet meer komen, maar morgen kan ze wel. Onze vierde afspraak vindt dat het gekozen jurkje haar borsten niet positief genoeg benadrukt en heeft het doldwaze idee om haar zelf meegebrachte tenue aan te trekken. De laatste komt een uur te laat en zo eindigt mijn dag om half negen 's avonds met maar vier geslaagde shots; nummer vijf zal morgen moeten plaatsvinden.

De volgende dag blijkt nummer vijf gelukkig een schat. Ze vindt het heel erg dat ze het vergeten was, gedraagt zich zeer professioneel, heeft geen rare ideeën en binnen een uur staat ze erop. Dat is een enorme meevaller, waardoor Jonas en ik nog ruim de tijd hebben om de foto's te selecteren. Het resultaat is erg goed geworden en ik ben ervan overtuigd dat Antoinne tevreden zal zijn.

Eindelijk is het zomervakantie. De eerste dag liggen Tessa en Pien de hele dag uitgeput op de bank tv te kijken, en ik laat ze maar even. De dagen daarna bloeien ze weer helemaal op. Uitslapen, lunchen in de tuin en lekker rommelen in huis doet de dames meer dan goed. Al snel is het huis volledig ontploft. Overal ligt speelgoed en slingeren verkleedkleren. Zelfs het zand uit de zandbak ligt voor een groot gedeelte in huis. Mijn vier kinderen en hun vriendjes en vriendinnetjes die komen spelen maken zo ongelooflijk veel rommel, dat ik het simpelweg niet kan bijhouden, dus geef ik het maar gewoon op. Een vriendin, die werkt als pedagoog zei: 'Lou, kinderen herinneren zich later echt niet of het ouderlijk huis opgeruimd was of niet; wel dat het gezellig was en dat ze plezier hebben gehad.'

En dat is natuurlijk zo, dus daar klamp ik me aan vast als ik weer eens struikel over al die troep. Ik ga in ieder geval niet meer als een bezetene opruimen in de wetenschap dat zodra ik me omdraai, er weer een nieuwe mand met speelgoed wordt ontdekt.

Het is prachtig weer vandaag en de sproeier doet wonderen. Er rennen maar liefst zeven kindjes gillend van plezier door de tuin. Tessa en Livia hebben hun bikini aan. Ze zijn, naar eigen zeggen, écht te oud om bloot of alleen met een zwembroekje aan in de tuin te lopen. Ze komen zo langzamerhand in de leeftijd dat ze zich schamen voor hun borsten (welke?) en dus is de bikinitop van groot belang. Ik moet daar stiekem om lachen, want de dames rennen door de sproeier met een bikinitopje dat volledig overdwars hangt.

'Lou!' Ik kijk opzij en zie Roos in de tuin staan. Ze kijkt bezorgd.

'Hi!' Ik spring op en geef haar een zoen. 'Koffie?'

'Nee. Nee, dank je. Luister, ik heb een probleem. Ik heb luizen ontdekt bij Tom. En hij heeft hier natuurlijk vorige week geslapen...'

'Ah nee. Dat meen je niet.' Geschrokken kijk ik haar aan.

'Sorry Lou, ik heb het gisteren ontdekt. Tom zat maar te krabben en, nou ja, hij zit helemaal onder. Ik ben nu alles aan het wassen.'

'Tessa! Tessa! Kom eens hier!' Ik wil direct weten waar ik aan toe ben. Met een handdoek wrijf ik Tessa's haar droog en nauwkeurig controleer ik achter haar oren en in haar nek.

'Wat moet ik eigenlijk zien?' vraag ik aan Roos, en ze kijkt met me mee.

'Daar, dat is een neet.' Roos trekt tussen haar nagels een klein, wit balletje uit Tessa's haar. 'Kijk, ik krijg het er nauwelijks uit, dus dit is zeker een neet. En als er neten zitten, zijn er luizen.'

Moedeloos zak ik onderuit in mijn stoel. Ik kan wel huilen.

'En nu?' Ik staar naar het gras en krijg visioenen van tientallen vuilniszakken met wasgoed.

'Nu moet je alles wassen,' antwoordt Roos praktisch. 'De hoezen van de banken, kussenslopen, dekbedhoezen, knuffels, de kleren van de kinderen en vergeet de jasjes niet. Je moet de auto uitzuigen, het huis schoonmaken en de kinderen behandelen met speciale lotion en een luizenkam.'

Wanhopig kijk ik Roos aan. Het vrolijke gegil in mijn tuin gaat gewoon verder, de kinderen zijn zich nog niet bewust van wat hen boven het hoofd hangt.

'Als je het écht grondig wilt aanpakken, is het verstandig om alle kleren van de kinderen te wassen.'

'Sorry? Wat zeg je? Nee toch, vier kledingkasten!'

'En wat dacht je van je eigen kledingkast? En die van Paul? Als je kinderen luizen hebben, hebben jullie ze waarschijnlijk ook.'

'NEE! Getver.' Ik heb meteen overal jeuk. 'Kun je even kijken? Als ik het ook heb, wil ik het wel graag weten.'

Roos buigt zich over mijn haar. Even is het stil en voel ik haar vingers door mijn haren woelen. 'Het spijt me, Lou. Ik zie er zelfs een lopen, je hebt ze ook.'

Lamgeslagen sla ik mijn handen voor mijn ogen en zak met mijn hoofd op mijn knieën. Dit kan niet. Dit is niet waar.

'Roos, knijp eens in mijn arm... AU! Shit!'

Binnen vijftien minuten zijn alle spelende kinderen opgehaald door paniekerige ouders. Met een verwijtende blik trekken ze zo snel mogelijk hun kinderen uit mijn tuin, alsof ík er
iets aan kan doen! Alleen Angela geeft me een zoen en wenst
me sterkte.

Jana heeft deze ochtend vrij en is met wat vriendinnen naar
Hilversum. Ik stuur haar een sms dat ze eerder thuis moet komen vanwege een EMERGENCY.

De kinderen spelen vrolijk verder in de tuin, terwijl ik de
bedden afhaal, de knuffels verzamel en alles wat ik verder te-
genkom in vuilniszakken prop. Na een half uur heb ik maar
liefst twintig zakken vol, draait de wasmachine op zestig graden en zit de vriezer vol met haarbandjes, speldjes en elastiek-
jes.

Als Jana een uur later thuiskomt en ik haar het nieuws vertel, begint ze te huilen. Het luizenimage staat in Tsjechië op
een nóg lager niveau dan in het Gooi.

Bij de apotheek haal ik een hele set middelen tegen luizen,
waarmee ik de hoofdjes van de kinderen te lijf moet gaan. Het
blijkt een groter drama dan ik had kunnen vermoeden: kleine
Pien gilt het uit, ze vindt het stinken, het prikt en het kamme-
tje doet pijn. Haar knuffel kan haar nu ook niet troosten, want
die zit in de was. De jongens blijven nauwelijks stilstaan en bij
Tessa knip ik maar meteen een stuk van haar veel te lange haar
af. Als ik klaar ben met mijn eigen haar en de kinderen allemaal op de bank (zonder hoezen) voor de tv heb geplaatst, denk
ik: zo, en nu Jana.

'O my God! O... this is the most terrible thing that has ever happened to me! And Standa will be so shocked.' Snikkend zit ze op de
stoel.

'Kom op, Jana, stel je niet zo aan.' En inderdaad, Jana heeft ook luizen. Ze huilt tranen met tuiten en zwaar geïrriteerd smeer ik haar hoofd in met de lotion. Toch voel ik me ook een beetje schuldig. Het arme kind krijgt eerst waterpokken van ons, en nu luizen! Nou ja, risico van het vak, zullen we maar zeggen.

De volgende ochtend zit ik aan de keukentafel koffie te drinken. Ik heb mijn haar al drie keer gewassen, maar krijg de vieze lucht van de luizenlotion er niet uit.

'Joehoe, Milou! Ben je thuis?'

Met een chagrijnig hoofd kijk ik op en zie Margreet bij de poort staan.

'Ja, Margreet, kom maar binnen,' antwoord ik matjes. 'Maar voor je gaat zitten moet ik je vertellen dat Huize Van Someren een paar nieuwe huisdieren heeft.'

Margreet zet haar Prada-tas op tafel en kijkt me vragend aan.

'We hebben luizen.'

Geschrokken pakt Margreet haar tas weer van de tafel, drukt hem stevig tegen zich aan en doet een stap naar achteren.

'Als je op dat krukje gaat zitten, is er niets aan de hand. Luizen kunnen niet vliegen en niet springen.'

Voorzichtig gaat Margreet zitten. Ze kijkt met een kritische blik om zich heen, maar houdt wijselijk haar mond.

Als Jana de keuken binnen komt zegt ze: *'Jana, how are you? Maybe you can get me a nice coffee, with milk.'*

Jana kijkt mij met opgetrokken wenkbrauwen aan en zuchtend zeg ik: 'Jana is bij de kinderen, Margreet.' Met tegenzin sta ik op om koffie te zetten.

'Zeg Lou, je mag ook wel wat aan de tuin doen. Hij ziet er niet uit.' Ik slik en tel tot tien. Ik weet dat ze gelijk heeft. Door het keukenraam zie ik dat het gras deels is vergeeld, dat de rozen in de border zijn uitgebloeid en dat de rest van de tuin vol ligt met speelgoed.

'Zodra ik klaar ben met het luizencircus, zal ik de tuin doen, Margreet,' zeg ik bits.

'Je bent flink uit je humeur, Lou, ik zag het meteen toen ik binnenkwam.'

Goh, dat is knap, denk ik cynisch.

'Gelukkig heb ik een nieuwtje waar je vast weer helemaal vrolijk van wordt.' Margreet begint opgewonden heen en weer te schuiven op het krukje.

'Pieter en ik hebben een nieuw huis gekocht!' Verwonderd kijk ik haar aan. Ik heb ze nooit gehoord over eventuele verhuisplannen. Zouden ze naar het buitenland gaan? Daar word ik inderdaad vrolijk van. Niet meer zo dichtbij, maar wel een heerlijk huis met zwembad waar we in de vakantie met de kinderen naartoe kunnen. Wel de lusten, niet de lasten.

'We hebben het huis gekocht van Henriëtta en Willem. Gisteren hebben we getekend!'

Mijn visioen van het witte huis met zwembad spat als een zeepbel uit elkaar.

'WAT? Hiernaast?' Ik sla mijn hand voor mijn mond, alsof ik net het verschrikkelijkste nieuws ooit heb gehoord.

'Nou Milou, het lijkt wel alsof je er niet blij mee bent. Dit is toch geweldig! Zo kunnen Pieter en ik nóg meer van jullie en de kinderen genieten.'

In een soort trance sta ik op, loop naar de koelkast en pak een koud blikje cola. Dan loop ik naar de gang en bel Paul. Hij is net zo geschoqueerd als ik.

'Getekend, Paul. Ze hebben al getekend. Wist jij hier iets van? Wist je überhaupt dat je ouders wilden verhuizen?' Op al mijn vragen antwoordt Paul stilletjes 'nee' en we realiseren ons dat er niets meer aan te doen valt.

Als ik de keuken weer in loop, zit Margreet nog steeds op haar krukje en roert tevreden in haar koffie.

'Ah, daar ben je weer. Waar was je nou ineens? Ik zat te denken, als ik hiernaast woon, moet je de tuin wel een beetje beter op orde houden, hoor. Om vanuit mijn huis uitzicht op deze rommel te hebben vind ik wel heel erg ongezellig.'

De volgende ochtend kan ik mijn bed niet uit komen, zo moe ben ik. Paul regelt dat Jana een wandeling met de kinderen gaat maken, zodat ik me nog even kan omdraaien. Als ik anderhalf uur later beneden kom, zit Jana onderuitgezakt in een tuinstoel en is het in huis en in de tuin een enorme bende. Ook zie ik dat de schone was door de vuile was heen ligt en geschrokken roep ik Jana, die met een verveelde blik naar binnen sjokt.

'Jana, *what happened?*'

'Geen idee,' antwoordt ze droogjes.

De stress van de luizen en van het nieuws dat Margreet mijn nieuwe buurvrouw wordt, begint me te veel te worden en ik schreeuw tegen Jana: 'Dit meen je niet! Je hebt de kinderen toch wel in de gaten gehouden? Hoe kan dit nou in zo'n korte tijd gebeurd zijn?'

'Weet ik veel! Jij begrijpt echt helemaal niets!' roept Jana terug.

'Waar heb je het over?' Boos staan Jana en ik tegenover elkaar. 'Kijk nou naar het wasgoed! Nu kan ik helemaal opnieuw beginnen!'

'Die was van jou interesseert me geen REET!' gilt Jana.

Geschrokken kijk ik haar aan. Ze heeft zo'n felle blik in haar ogen dat het me beangstigt. Op slag word ik weer rustig.

'Jana, zo praat je niet tegen mij! Ik ga nu eerst even naar de wc, en als ik terugkom gaan we hierover praten. Dit kan zo niet.'

Zonder haar antwoord af te wachten loop ik weg. Op de wc trek ik mijn broek naar beneden en wil gaan zitten. Ik verstijf als ik een harde plons hoor. Geschrokken draai ik me om en zie nog net het randje van mijn iPhone onder in de pot liggen. Tuurlijk, dat kan ik er prima bij hebben. Ik sluit mijn ogen en met mijn hand reik ik zo ver ik kan, tot ik de telefoon voel. Ik ren naar de keuken en gejaagd leg ik de telefoon in de oven.

Als ik opkijk zie ik Jana in de keuken staan. Er lopen tranen over haar wangen, maar tot mijn verbazing zie ik ook een vage glimlach. Dan realiseer ik me dat mijn broek nog op mijn knieën hangt.

Vijf minuten later zitten we samen aan de keukentafel. Jana begint met praten: 'Milou, I can't do this anymore. I...'

Wat zegt ze? Wat kan ze niet meer? Onderzoekend kijk ik haar aan; ik geloof niet dat ik wil horen wat ze nu gaat zeggen.

'Ik wil weg, Milou. Ik wil mijn eigen leven gaan leiden en niet dat van jou.' Ze kijkt me niet aan, maar staart naar een yoghurtvlek op de keukentafel.

'O...' Ik zucht diep en weet niet wat ik moet zeggen. Ergens zat dit er dik aan te komen en had ik veel eerder de signalen moeten opvangen, maar dat is makkelijker gezegd dan gedaan; door mijn drukke leven kan ik nu eenmaal niet alles bijhouden.

Eigenlijk ben ik niet eens boos, eerder teleurgesteld en verdrietig. Ik trek mijn knieën op en gooi mijn armen eromheen. Jana zit als een schichtig vogeltje op haar stoel. Ze is een bijzonder meisje. Het zijn een paar enerverende maanden geweest met haar in huis; ze heeft me een flink aantal hartverzakkingen bezorgd, maar ze heeft ons ook veel goeds en vrolijkheid gebracht. Het belangrijkste is wel dat mijn kinderen haar geweldig vinden. De kinderen weten niets van de ergernissen die ik af en toe heb, of van de vele gesprekken die Paul en ik over en met Jana hebben gehad. Zij hebben acht maanden intensief met haar geleefd en voor hen voel ik het grootste verdriet. Het blijft een tijdje stil en uiteindelijk zeg ik: 'Jana, ik vind het heel erg dat je weg wilt gaan. Ik kan een miljoen redenen bedenken waarom je moet blijven, maar het blijft jouw leven en alleen jij kunt bepalen wat je ermee wilt doen.'

Eindelijk kijkt Jana me weer aan en de tranen stromen als een waterval over haar wangen. Ze staat op en slaat haar armen om me heen terwijl ze snikt: 'Het spijt me Milou! Echt, ik vind het heel erg, ik had nooit gedacht...'

'Het is goed, Jana. Het is goed.'

Die avond zitten Paul en ik verbouwereerd op de bank. De ontploffing van gebeurtenissen gaat ons niet in de koude kleren zitten. De zomervakantie is begonnen, alle kinderen zijn zes weken thuis, we hebben luizen, we krijgen Margreet als buurvrouw en nu wil Jana weg. Mijn energieniveau lijkt te zijn gedaald tot het absolute minimum en tot overmaat van ramp heb ik vanavond ook nog een half uur brakend boven de wc gehangen. Ik kan niet wachten tot we naar Italië gaan, nog maar een paar dagen en dan kunnen we allemaal écht tot rust komen...

'Kom op, Lou. Ga gewoon even mee. Je kunt wel een uitje gebruiken na al die toestanden.' Henriëtta heeft vanavond een sieradenparty en zeurt al een paar dagen of ik mee wil. Ze voelt zich heel erg schuldig dat ze zich niet had afgevraagd of ik wel blij zou zijn met mijn schoonouders als buren. Het leek haar juist zo'n leuke verrassing, dus ze had expres niets aan ons verteld. En ja, ze hadden spontaan besloten te gaan verhuizen.

'Dus je gaat mee?'

'Nou... eigenlijk ben ik doodmoe en duik ik zo liever mijn bed in,' antwoord ik kortaf.

Henriëtta kijkt me geïrriteerd aan. 'Hè, doe niet zo ongezellig! Chris gaat ook mee...'

'Nee, echt,' zeg ik zwakjes.

Paul zit aan de keukentafel mee te luisteren, maar staat nu op en slaat zijn armen om me heen. 'Lieverd, ga nou even. Je hebt het zo druk gehad.'

Een kwartier later zit ik bij Henriëtta in de auto. Ze rijdt haar Vogue met hoge snelheid door het dorp en als we aankomen bij het huis van haar vriendin, parkeert ze via een ingenieus videoscherm feilloos haar auto.

'Ik wist niet dat jij zo'n mooi videoding in je auto had zitten?' Verbaasd wijs ik naar het schermpje, waarop exact de boom rechtsvoor en de paal linksachter te zien zijn.

Trots kijkt Henriëtta me aan: 'Mooi hè? Willem is ook zo'n schat. Nadat ik jouw bumper eraf had gereden, heeft hij deze VentureCam erin laten zetten. Briljante gadget! En ik heb sindsdien ook niets en niemand meer aangereden. Goed, ik zal je even inlichten over vanavond. Hermance woont hier pas een maand. Ze is net gescheiden van haar man...'

'Laat me raden: Roelof.'

'Ja, inderdaad! Ken je ze?'

'Nee, dat niet, maar ik heb wel gehoord over de gordijnroedes,' antwoord ik droogjes.

'O, ha ha, fantastisch mens, die Hermance. Maar goed, om even terug te komen op de *home sale*: haar ex, Roelof, heeft haar geen cent meegegeven. Uiteraard wordt daar nu nog om ge-vochten, maar Hermance kwam op het lumineuze idee om sie-raden te gaan verkopen. Zodoende houdt ze toch het hoofd boven water.' Inmiddels praat ze zachtjes en kijkt me bloed-serieus aan: 'Het is eigenlijk de bedoeling dat je sowieso iets koopt. Zo helpen wij haar indirect.'

'Laten we nou eerst maar eens kijken wat ze verkoopt, voor-dat je me tot iets verplicht!' Lachend lopen we naar het huis.

Binnen worden we verwelkomd door een Fillippijns meisje dat gekleed is als dienstmeisje. Ze biedt ons een glas champag-ne aan en begeleidt ons naar de zitkamer die vol staat met da-mes. De meesten staan te kletsen, een enkeling bestudeert de sieraden.

'Harrie!' Een vrouw met prachtige donkerbruine krullen komt op ons af. 'Wat fijn dat je er bent!' Ze geeft Henriëtta drie dikke zoenen, alsof ze elkaar in geen jaren hebben gezien. 'En je hebt ook nog iemand meegenomen, wat enig!' Ze kijkt me aan, houdt even in, maar dan krijg ik ook drie dikke zoenen.

'En jij bent?' vraagt ze met zangerige stem.

'Milou van Someren, de buurvrouw van Henriëtta.'

'Geweldig dat je bent gekomen! Kijk rustig rond, de cham-pagne wordt rondgebracht en vergeet niet: bijna alles is hier te koop!' Ze geeft een knipoog en loopt met kleine pasjes door naar de volgende nieuwkomers. Ik kijk Henriëtta even vragend aan.

'Als je wilt, kun je ook haar bank, een schilderij, de stoelen of een lamp kopen. Tot nu toe is alles nog steeds van haar man, dus...' fluistert Henriëtta.

'Aha, zit het zo.' Ik onderdruk een geeuw. Wat doe ik hier eigenlijk?

Samen lopen we naar de eerste tafel, waar kettingen, armbanden en broches liggen uitgestald. Het ene sieraad is nog lelijker dan het andere en ik vraag me af of ik hier überhaupt iets kan vinden wat bij me past; het overgrote deel is blinkend goud met grote gekleurde stenen. Terwijl ik doorloop naar de volgende tafel, kijk ik even achterom en zie Henriëtta een ketting passen met een heus Fabergé-ei eraan.

'Hé, kijk eens uit je doppen!' Er valt plotseling een stilte en ik zie Jasmijn, of *all people*, met een woeste blik naar me kijken. Haar flinterdunne witte blouse is doordrenkt met champagne en ze kan zo intekenen voor de *wet T-shirt contest* op Ibiza.

'O, sorry! Ik lette even niet op.' Met moeite hou ik mijn lach in.

'Nee, dat kun je wel zeggen. Moet je kijken, ik ben kletsnat.' Ze dept haar blouse met een servetje, maar dat helpt natuurlijk niets. Het feit dat ze geen bh draagt, maakt het er niet beter op.

'Hoe is het met Whitney?' Wellicht niet het beste moment om dit te vragen, maar ik kan het niet laten.

Jasmijn kijkt me ineens schichtig aan. Het volume van haar stem wordt aanzienlijk lager als ze antwoordt: 'Whit is terug naar Afrika. Mario vond ook onze zilveren lepels onder haar matras, dat moeten we natuurlijk niet hebben. Terug met die handel.' Met grote ogen kijk ik haar aan. Wat een vreselijk mens.

'Alles is alweer op de rails, hoor. We krijgen nu die Filippijnse daar, die de champagne uitdeelt.' Ze wijst naar het meisje in het dienstmeisjesuniform.

'Zij is de au pair van Hermance. Maar ja, Hermance heeft natuurlijk geen cent meer te makken. Dat uniform krijgen we erbij, handig.'

Met medelijden kijk ik naar het Filippijnse meisje; zou ze er echt de hele dag zo bij moeten lopen?

'Hermance is wel een slimmerd hoor; ze creëert afstand tussen haar en de au pair door haar in zo'n pakkie te laten lopen. Best een goed idee, dus dat gaan wij ook doen.'

Arm kind.

Om half tien heb ik het wel gezien. Behalve Chris en Henriëtta zijn er nog twee vriendinnen en ik stel voor om bij mij thuis nog een glas wijn te drinken. Henriëtta gaat een fles champagne halen en luidkeels roept ze: 'Want eenmaal aan de champie, smaakt de rest als magere melk!'

De roddels vliegen over tafel en Chris kijkt mij af en toe verwonderd aan. 'Maak je niet druk, dit is standaardprocedure. Van bubbels komen nu eenmaal babbels, dus geniet ervan,' fluister ik grinnikend.

Eerlijk gezegd kost het me moeite om te genieten. De afgelopen dagen was ik niet vooruit te branden en ik loop een beetje met mijn ziel onder mijn arm. Ik zie hoe Jana met de kinderen speelt, met ze lacht en ze troost en heb eindeloos nagedacht over hoe ik mijn kinderen moet gaan vertellen dat Jana eerder weggaat. Ik wil hun graag bijbrengen dat het leven een groot avontuur is dat je niet kunt plannen. Vooral Tessa wordt steeds wijzer en sensitiever en ik hoop dat ik haar kan uitleggen dat Jana nieuwe ambities en nieuwe dromen heeft en aan een nieuw avontuur wil beginnen.

'Zeg Lou, wat ben jij stil vanavond!' Henriëtta geeft me een por in mijn zij.

Ik kijk op en zie dat iedereen mij nieuwsgierig aankijkt. Even twijfel ik, zal ik het zeggen? Heb ik daar zin in? Ach, wat maakt het ook allemaal uit.

'Jana heeft verteld dat ze weggaat.'

De dames reageren geschokt en roepen door elkaar: 'O, wat vreselijk' en 'O, wat een drama'. Henriëtta staat zelfs op en slaat haar armen even stevig om me heen.

Tjee, denk ik, het lijkt wel alsof ik zojuist heb verteld dat Barack Obama is vermoord.

'Rustig aan, dames! Ik ben verdrietig omdat ik haar zal missen, maar ze blijft in ieder geval tot ik een nieuwe heb gevonden. En dat kan nog even duren, dus het valt allemaal wel mee.' Ik neem nog een slokje en leun vermoeid achterover.

'Nou, dat is dan een geluk bij een ongeluk. Daar moeten we dan maar op drinken!' Henriëtta heft haar glas en lachend toosten we op de meest onzinnige gebeurtenis die ik me kan voorstellen: een au pair die pas vertrekt als de nieuwe is gearriveerd.

Mijn planning voor de vakantie is volkomen nutteloos geweest. Morgen vertrekken we naar Italië en ik heb nog niets voorbereid. Wel heb ik eindeloos veel wassen gedraaid, maar dat had meer te maken met de nasleep van de luizenplaag dan met het vooruitzicht van de vakantie.

Jana heeft vandaag de kinderen onder haar hoede, zodat ik mijn handen vrij heb voor alles wat moet gebeuren. Paul heeft een belangrijke vergadering en zal niet voor zeven uur thuis zijn; op zijn hulp hoef ik dus niet te rekenen. De hele dag ben ik in de weer met tassen, kleren, speelgoed verzamelen (dat vervolgens door de kinderen weer uit de tas wordt gehaald), en ik haast me van winkel naar winkel voor de laatste attributen en snacks voor onderweg.

Als Paul 's avonds pas om elf uur thuiskomt, lig ik in bed te lezen. Ik ben bekaf en heb nauwelijks energie om hem vrolijk te begroeten. Ik leg mijn boek opzij, nestel me nog iets dieper in mijn kussen en hoop dat Paul snel uit de badkamer komt en ook in bed duikt.

'Lou, wat is dit?' Met een lijkbleek gezicht, een tandenborstel in zijn mond en een doosje in zijn hand komt Paul de badkamer uit. Ik knijp mijn ogen tot spleetjes om te zien wat hij bij zich heeft.

'O, dat. Nou ja, dat heb ik gekocht,' antwoord ik.

'Ja, dat begrijp ik ook wel. Maar waarom?'

Ik zucht even diep. Ja, waarom heb ik dat gekocht? 'Ik weet niet, Harrie maakte een grap en... dat heeft me toch aan het denken gezet.'

'Wat voor grap? Denk je echt dat je zwanger bent?'

'Ik weet het niet. Ik... ben alsmaar zo misselijk.'

Paul strijkt met zijn hand door zijn haar en een lach verschijnt op zijn gezicht. 'Wow, Lou. Stel je voor...' Hij gaat naast me zitten en legt zijn arm om mijn schouder. 'Vijf kinderen. Dat zou pas echt een grap zijn!' Met grote ogen kijkt hij me aan, geeft me een zoen op mijn mond en zegt: 'Kom, waar wachten we nog op!'

Een paar minuten later zitten we hand in hand op het uiterste puntje van het bed en staren afwachtend naar de Predictorstick in mijn hand. Ik denk terug aan mijn gesprek met Ruella: 'Plus is pregnant'. Ik voel een harde kneep in mijn hand. Yep, plus is pregnant.

DANKWOORD

Met dank aan onze au pairs: Katherina, Lenka, Mila, Sheryl Lou, Magdalena, Anet, Julia, Wildene, Karito, Laura, Su-El, Brandy en Candice.

En natuurlijk aan Maarten & Hubert, voor hun steun en begrip.